岭南师范学院
岭南文化研究院系列成果

广州湾
Guangzhouwan

现场

何杰 著

中山大学出版社
SUN YAT-SEN UNIVERSITY PRESS

·广州·

图书在版编目（CIP）数据

广州湾现场/何杰著 . —广州：中山大学出版社，2023.6
ISBN 978 - 7 - 306 - 07777 - 6

Ⅰ . ①广… Ⅱ . ①何… Ⅲ . ①中法关系—租界地—地方史—史料—湛江 Ⅳ . ①D829.12 ②K296.53

中国国家版本馆 CIP 数据核字（2023）第 057041 号

Guangzhouwan Xianchang

出 版 人：王天琪
策划编辑：王延红
责任编辑：王延红
封面设计：周美玲
责任校对：张陈卉子
责任技编：靳晓虹
出版发行：中山大学出版社
电　　话：编辑部 020 - 84110283，84113349，84111997，84110779，84110776
　　　　　发行部 020 - 84111998，84111981，84111160
地　　址：广州市新港西路 135 号
邮　　编：510275　　　　传　真：020 - 84036565
网　　址：http://www.zsup.com.cn　　E-mail：zdcbs@mail.sysu.edu.cn
印 刷 者：佛山市浩文彩色印刷有限公司
规　　格：787mm×1092mm　1/16　17.75 印张　318 千字
版次印次：2023 年 6 月第 1 版　　2023 年 6 月第 1 次印刷
定　　价：68.00 元

# 序　　一

## 新闻＋历史＋地理＝广州湾"现场"

这是一位新闻记者追寻广州湾历史的书。

这是一名新闻人对广州湾历史所做的一些探究和寻找。

广州湾！曾几何时，这一片土地风云际会，硝烟四起……岁月流逝，烽烟消散，历史湮没，老街依然端庄地矗立在法国枇杷的树影里。这是广州湾现场的遗存。然而它不会讲话，只是默默地呈现在人们面前。

本书的作者何杰首先是一名记者，当他开始情不自禁地端详起老街，面对它那苍凉又华丽的身影时，他就被吸引，想去触摸它、感知它、了解它、还原它。

研究历史如同奔赴一次采访，对于现代人来说，当我们赶到老街，赶到历史的发生地时，就已经永远错过了第一现场。该如何寻找现场感呢？唯有寻找第二现场，甚至第三现场！寻找当事人、知情人、目击者，寻找丰富的现场细节来完成报道。历史的当事人已经湮没，但是知情人、目击者却留下了痕迹。何杰开始搜寻浩如烟海的档案、史料，寻访历史人物的后人，了解那个时代，那个时代里的人物、事件、细节、趣味、人性……

那些丰富的、精彩的、立体的、鲜活的现场，需要作者通宵达旦、孜孜不倦、无数次去寻觅、搜索、思考、组织，也包括实地调查和对话采访。

作者从遥远的安菲特利特号写起，问题却扎扎实实地落在"安菲特利特号到底停在哪里"这样一个湛江人最为关注的切入点。最终作者查证出，这艘船于1701年3月7日离开法国莫尔比昂省的路易港前往广东，在法国海军部的一张印制于1908年的广州湾地图上找到了它的停靠点，即地图上标示"鱼扎堆"的地方，就是被人们称为"广州湾村"的南三灯塔村。

"过了赤坎的寸金桥，往遂溪方向，有一栋房子，湛江人如今仍叫它海关楼。不明白的人也许会问，湛江海关不在赤坎寸金路呀？这栋房子明明是部队的营房，为什么叫它海关楼？"这是一个既浅近又吸引人的开头，从现实入手，带出来的是雷州关的厚重历史。厚重之中也不乏这样鲜活的市井画面："1941 年 9 月 28 日夜，赤坎南华大酒店正举行一场送别宴，雷州关副税务司袁福昌马上要调到上海，临行自是宴饮不断。这一日的饭局一直到晚上十一点。"叙述中有细节，回望中又与现实有勾连。作者笔下的历史严谨丰富，又鲜为人知，几乎可以伸出手去，触摸到历史的温度。

本书中有大量这类有温度的书写，如评述文车、黄略争斗事件时这样表达："……只是一件偶发事件，却反映了在对日经济作战中，文车、黄略人民不分昼夜为抗战抢运物资的事实。而这种抢运从 1937 年起一直持续到 1943 年日军入侵雷州半岛才结束。主观上讲，文车、黄略两乡乡民抢运物资只是为了养家糊口，为了自身的经济利益，但客观上来说，他们多运一袋米和一尺布，前方的抗日将士就可以少忍饥挨冻，大后方军民就不用忍受高物价、高通胀，持久抗战才能有效进行。"也包括一些让人惊叹的细节："细看这栋楼的每一个房间，竟是一间间用《千字文》'天地玄黄，宇宙洪荒'诗句编号的商铺。……根据湛江市区街名变化记录，龙总督街就是现在的和平路，救火局街就是现在的大众路。笔者终于明白，那栋让笔者驻足的破旧建筑，就是当年赫赫有名的广州湾中国国货公司。""笔者在霞山新园路市体委宿舍找到了江升贵的女儿江蔓青。……对于父亲等人捐 15 万国币买飞机这件事她毫不知情，直到看了抗战时的报纸，才知道父亲很伟大。"

这样立足现实的表达并非在解构历史严谨的秩序，而是一种更加虔诚的寻找。隔着岁月的尘沙，作者殚精竭虑，无数次寻寻觅觅，终于找到了带着温度的历史现场。

历史的魅力也正在于此。无数次回头，寻找那些远去的背影，隔着时空对话，每一个时代的人，不都是历史长河中孤独的旅人么？总会有后来的人，在迷茫的时候伸出手，在冥冥中摸索着寻找，终于摸到了故人的衣襟，就赶上去，聊一聊。过去与现在就这样串在了一起，寻找者从此不再孤单。

这些文字是对历史的回望。但正如新闻作品的特点之一———不完美一样，这些探究的文字也不能说是完美的，甚至可能是残缺的。总会有新的史料出现，更新人们现有的认识，修正原有的判断，但这样的文字自有其特有的价值，如当作者将第一次涉及、聚焦、论证的某一领域的议题作为写作对象的时候，可能会有更多的人开始关注这些议题，从而也就会有新的发现和研究成果出现。所有的发现和研究成果，都将使历史这盏烛火更加明亮而丰盈，以更好地照亮我们来时的路。

岁月无声，江山有情；回到现场，致敬历史。

是为序。

梦 秋

# 序　二

与何杰兄认识是非常偶然的。2012年6月的某日，骆国和老先生打电话给我，邀我到中山二路吃牛杂，出于对骆先生的尊重，我就没有拒绝。到牛杂铺后，见到骆先生与另一位精干男子在一起。"介绍一位搞地方文化的人士给你认识。"骆先生言。就这样，我与何杰兄认识了。

见面后，记得何杰兄不断地给我讲有关广州湾方面的东西。我的专业是民国史，在中国第二历史档案馆查档时，便略知有关广州湾的资料是比较少的——因为我是湛江本地人，故在第二历史档案馆一年多的查档岁月中，也稍微留意家乡的史料，所以当时并没有如何回应何杰兄的话题。

后面的时间里，记不清我是如何走进广州湾研究领域的，但一定是他"忽悠"我介入广州湾研究的，这是一个不争的事实——很惭愧，目前自己没几篇这方面公开发表的论文。每次见到何杰兄，我们讨论的话题几乎都是"广州湾"。其间我们也知道目前学术界对广州湾的研究是远远不够的，尤其是关于抗战时期的历史。抗战时期，广州湾由于特殊的租借地角色，成为中日双方战争物资的主要运输通道。如时人常奥定先生在《经济封锁与反封锁》一书中提及："从广州湾、北海，侵入华南的仇货，仅麻章、遂溪一路，每日即达四十万元之多，年约一万四千万元。"[①] 而长期从事我国战时经济贸易方面研究的郑友揆先生则认为："1942年申报运往法国在华南的租借地广州湾的货物竟占国统区出口总额的38.4%。这些货品主要是政府统制的桐油、猪鬃等，它们实际上是运往美国或苏联

---

① 常奥定：《经济封锁与反封锁》，重庆1943年，第32页。

的。"① 抗战时期广州湾运输通道的功能可见一斑。也许是因为史料的因素，从某种角度而言，目前整体上有关广州湾的研究还处于发展阶段。正是基于此，何杰兄在这几年，至少在我与他相识的这几年，都处于寻找广州湾史料的状态。我不时地接到他的电话，说又在哪里哪里找到一些资料；说哪里哪里有一些广州湾的档案，看看如何弄回来；说什么时候霍子常的后人、陈学森的后人、许爱周的后人……来湛江，要见一下；说什么时候有空一起到遂溪档案馆、雷州档案馆、（广东）省档案馆查档；说现在在哪里，一起到雷州、遂溪拜访××的后人；等等。傅斯年先生说，我们做史学，是需要"上穷碧落下黄泉，动手动脚找东西"。信哉，斯言！

据了解，这几年，何杰兄已从日本、法国、越南和中国台湾、香港地区及南京、广州等地弄回来数万张有关广州湾方面的档案资料，找到不少广州湾时期的文献史料。正是在此基础上，他在工作之余，陆续写出一些有关广州湾的文章发表在报刊上，呼吁人们对广州湾历史的关注！

现在何杰兄准备出书，以便使更多的人受惠，真不错！在这本书中，我们将会看到不少有关抗战时期广州湾的历史，如《美国轮船驶入广州湾运"特矿"》《统制物资桐油的贸易和走私》《从广州湾运入的军火足够国民政府用两年?》《抗战时期广州湾至遂溪的国际邮路》《广州湾中国国货公司》等文章，这些文章为我们提供另外一个以档案史料为支撑的视角来了解广州湾的历史，增强我们对抗战时期广州湾地位与功能的了解，奠定了广州湾国际通道的学术研究基石。我也相信这些视角将会拓展广州湾研究的领域。从地理位置来看，湛江（广州湾在1945年后改名而来），地处滨海地带，三面环海，极利于海洋交往；境内的徐闻早在汉代便已成为海上丝绸之路即为明证。故而2016年湛江便被国家列为"一带一路"海上合作战略支点城市。"重视历史、研究历史、借鉴历史，可以给人类带来很多了解昨天、把握今天、开创明天的智慧。"（习近平语）关注广州湾（湛江）的历史，了解不同历史时期的湛江，无疑会对我们建设美好湛江产生一定的作用。

---

① 郑友揆著：《中国的对外贸易和工业发展（1840—1948）》，上海社会科学院出版社1984年版，第193页。

一直以来，我都是于研究中自得其乐，并没有给任何人写过前言、后记的经历。但经不住何杰兄之诚恳，于此我只能勉为其难地写上几个字，不妥之处，还望见谅。

陈国威

# 目　录

# 租借广州湾

# 安菲特利特号遇险

法国于 17—18 世纪掀起"中国热"，以希腊海洋女神命名的法国船舶安菲特利特号（l'Amphitrite，海神号）两次远航中国，为法国后来在华活动开辟了道路，特别是促进了海上丝绸之路的发展。安菲特利特号船第二次来中国时，因遇台风，与广州湾结缘。

## 远航来中国

安菲特利特号（图 1）于 1697 年在法国中西部的一个沿海城市拉罗歇尔开始服役，它能承载 500 登记吨①，装备 30 门大炮，配置 150 个船员。

**图 1　安菲特利特号**

① 1 登记吨 = 2.83168 立方米。

安菲特利特号曾被法国国王借给了"中国皇家公司"的创始人，而这家公司的母公司则是著名的东印度公司。

安菲特利特号第一次远航中国时，旅途并未遇到太大的波折。我们感兴趣的其实是这艘军舰的第二次航行。在那个年代，航行的风险是很大的，因为技术设备的局限，水手们都没有办法准确预测台风等海上灾难。

安菲特利特号于1701年3月7日离开法国莫尔比昂省的路易港，开始到中国的第二次航行。这次航行的目的地是中国广东，船上的乘客有9名传教士和"中国皇家公司"的成员。

船上装载的货物大部分都是给清朝康熙皇帝的贡品，为的是能够顺利在中国推行与法国的贸易计划，并且简化中国海关的进出口操作——要知道，这些操作在当时都是异常烦琐且成本高昂的。

## 遭遇暴风雨

经过近五个月的航行，安菲特利特号驶入了南海通道。此时正是南海暴风雨多发季节。安菲特利特号在到达中国海岸之前经历了四次暴风雨的洗礼。

上了年纪的湛江人也许还有印象，在霞山的海滨公园有一座碑，是法国人所建，新中国成立后被拆除了，这座碑被湛江人称作登陆纪念碑。据1942年的《大广州湾》一书记载：此碑为法人纪念法船安菲特利特号于康熙年间渡航来华遇风驶入本埠，特于该地立碑纪念。湛江人的说法和《大广州湾》一书记载的不同，可能是历史的误会。那么，这座碑到底是纪念法军登陆广州湾还是纪念安菲特利特号登陆广州湾？安菲特利特号和广州湾到底有什么关系？历史的真相到底是怎样的？历史回到1701年的7月：

第一次台风过后，安菲特利特号的桅杆被打断了，前甲板上的设备也被刮走了，甚至艉楼也被吹掉了。

暴风过后，海面很快恢复了平静，船员虽将前桅帆的帆缆索具用替补的桅楼的横桁补好了，但这时安菲特利特号已经失去了原本的风光。

原本顺风的话，船行四个小时就能到达澳门，可是风突然间停了，紧接着又是一场暴风雨。这次安菲特利特号被风吹到了西南方。

暴风雨第三次袭击了这艘千疮百孔的军舰。船员在日记中写道："我已经开始厌倦不停地向您描述我们所经历的风暴，但如果不是特别的，我是不会再提的。但这不是一部小说，小说可以吹得天花乱坠，可以为了取悦读者，构想出各种各样的冒险……这次，比前两次都来得猛烈，船差点就沉了，我们成功体验到了所有能在海上遭受的苦难。"①

船长德拉希高迪耶尔想要退回最近的一处避风港——上川岛，但是他已经无法操作船只了。在那个暴风雨的夜晚，安菲特利特号没了主锚、小艇、帆架和帆，连桅杆也一个接一个地被摧毁。船已被损坏得无法操纵，但神奇的是，黑暗中，这艘船竟在许多看不见的岛屿间随波穿行，并且在日出之前漂出了 50 法里②!

终于，安菲特利特号停下来了，船员们在一个叫作放鸡岛的小岛上花了半个月左右的时间尝试修补船只。不久，安菲特利特号又遭受到了第四次风暴。船只又被推移到更西边的地方。

在中国官员的帮助下，安菲特利特号被拖行了 15 法里（约 60 公里）在一个很不错地方停靠，船员们可以在那里过冬以及修补船只，并且已经确认当地人都非常友善。

这个停靠的地方就是广州湾。

## 安菲特利特号在广州湾

安菲特利特号驶进入广州湾航道，法国船员日记里有这样的记载："电白城来的中国领航员是个精通业务的人，给我们带路带得很好。由于风速降低，加之潮汐的影响，我们只用了三小时左右就能进入港口。人们在两个远远地伸入海里的沙滩之间穿过。这两个沙滩是平行的，中间形成了一条一法里多宽的运河。在进入这条运河时，人们发现水深只有五至七法寻③，但人们越驶近港口，就发现水越深。终于，我们毫不担心地进入

---

① 《L'Amphitrite》à Kouang-Tchéou-Wan（16 novembre 1701 – 10 mai 1702），Jean-Yves，Hanoi，G. Taupin，1940，Indochine.

② 1 法里约合 4 公里。

③ 1 法寻约合 1.624 米。

港口，因为我们发现水深几乎有十法寻。我们在一个水深为八法寻的地方抛了锚。"①

上岸之后，船员们便很快从疲惫以及航海疾病中恢复了过来。在广州湾停留的那段日子是舒适的，生活也很简单。在修复船只期间，船员生活惬意。

船上的一位耶稣会传教士洪若翰神父致拉雪兹神父的信中写道："一位 Ou-Tchuen 官员的差役通知我们，其主子将亲自向我们表示他对我们的抵达甚为关注。他果然在昨天（12 月 21 日）上午在五艘帆桨战船的护送下来了，对我们进行了礼节性的访问。他竭尽全力表示了对我们的友谊，其说话的方式颇为客气。他向我们许诺，他将尽力为我们提供帮助。他还提议留几个人给我们，以便我们外出时有人带路。他恳切地请求我向您保证，我们对他的举动甚为满意。此人叫陈老爷（Tchen-lao-ye），帖子上的署名是陈龙（Tchen-Loung）。我们请他和陪他来的三位其他官员用了午餐。我们吃东西的方式很讨他们喜欢。他们觉得我们请他们喝的甜烧酒非常好喝。三时左右，他乘坐其帆桨战船返回，我们发了三发炮弹以向他表示致敬。炮弹的火药很好，炮声使陪他来的中国人吓了一大跳。一刻钟之后，德·拉里戈迪埃尔先生和我对他进行了回访。我们在到达与离开他处时也分别受到了三声炮响的礼遇。我们给他送上了我们的礼物。他在晚上九时左右打道回府，是时，他的船发了三发炮向我们致意。此外，您将会很高兴地得知我们在此生活得很富裕，这显然是您关照的结果。四个法郎能买一头牛，一个苏币（相当于 0.05 法郎）买一打鸡蛋，一只童子鸡的价钱也只要一个苏币。您可以想象我们的船员吃了多少东西。人们可自由地前去打猎，所打的猎物有野猪、鹿和猛兽的幼仔。山鹑与沙雉经常跳到德·拉里戈迪埃尔先生的桌面上。上帝似乎通过让他们在此找到富裕的生活，对这些先生过去所受的苦难进行补偿。"②

六个月的短暂停留之后，修补好的安菲特利特号在 1702 年 5 月 10 日起航开往广州。

---

① 《L'Amphitrite》à Kouang-Tchéou-Wan（16 novembre 1701 – 10 mai 1702），Jean-Yves，Hanoi，G·Taupin，1940，Indochine.

② 耶稣会传教士洪若翰神父致国王忏悔师、本会可敬的拉雪兹神父的信（1704年 1 月 15 日于伦敦）。见［法］杜赫德著《耶稣会士中国书简集：中国回忆录（Ⅰ）》，耿升译，大象出版社 2005 年版，第 340 页。

# 安菲特利特号到底停在哪里

对湛江人来说，广州湾是一个面积很大的概念。安菲特利特号到底停在哪里？湛江人有多种说法。更多的人认为停在现在南三岛的广州湾村附近。历史是否如此？

据法文档案记载，海军部保存的一张海湾地图清晰地标明了广州湾的位置，表明船长德拉希高迪耶尔当时很确定他所处的位置。停靠的位置是个被称作"*Morue du Bouquet*"（"鱼扎堆"）的海滩。[1]

笔者找到了法国海军部的这张 1908 年广州湾地图（图 2），地图上所标示的"*Morue du Bouquet*"（"鱼扎堆"）海滩停靠点就是被人们称为"广州湾村"（现南三灯塔村）的地方。南三岛的广州湾村，埋下了 1898 年法国租借广州湾的引子。

1702 年，安菲特利特号的军官们绘制了海岸的地图，由他们起草的文件也上报到海军部，但这些文件躺在海军部被遗忘了两个世纪之久。直到 1895 年至 1896 年间，在中日甲午战争结束后不久，当所有的外国舰队都忙于研究中国沿海之时，由阿尔及尔号巡洋舰和炮艇狮子号及精灵号（Lutin）组成的法国舰队才重新对广州湾进行了勘察。[2]

1940 年 11 月 21 日，法属印度支那总督、海军上将德古在广州湾当局的帮助下，在广州湾西营为远东法国学校校友会建立的一块纪念碑剪彩，而这块纪念碑纪念的是安菲特利特号：一艘因商业目的在中国海岸停靠的法国军舰。

---

① «L'Amphitrite» à Kouang-Tchéou-Wan（16 novembre 1701 – 10 mai 1702），Jean-Yves，Hanoi，G·Taupin，1940，Indochine.

② Gouvernement general de l'Indo-chine. Territoire de Kouang-tchéou（Chine）. Hanoi-Haiphong：Gallois，1906：8.

图2 法国海军部地图（圆圈处）标示了"Morue du Bouquet"（"鱼扎堆"）海滩
在现在的南三灯塔村

图3 1940 年 11 月 21 日，法属印度支那总督、海军上
将德古在广州湾西营为纪念碑落成剪彩

# 一个法国士兵日记里的广州湾事件

　　一个法国士兵，1898 年 11 月 5 日来到广州湾，用日记的方式记录了他亲历法国租借和占领广州湾的过程。这个士兵名叫莱昂·苏伯曼（Léon Silbermann）。莱昂·苏伯曼把他所有的战场经历汇编成一本书——《士兵苏伯曼战争回忆录》，1910 年出版。其中部分日记内容涉及他在广州湾度过的岁月。

　　到目前为止，能确定的涉及广州湾的外国人日记只有两本（另一本为方施华·摩列在 1900 年和 1901 年被派遣到广州湾期间所写的日记）。因此，苏伯曼的日记对研究法国占领和租借广州湾初期的历史非常重要。因为他从战争前线目睹了战争的全过程，给我们提供了真实的战场感受、法国士兵在战争中的死亡情况，以及他参加战争的理由等。

　　虽参军 15 年，但苏伯曼只是一个下士。他大部分时间都在赤坎百姓村的兵营里度过，打仗、写日记。他的日记写得很乱，时间、地点也常弄错，有些战役连名字都不知道。为了弄清他在广州湾所写的日记的内容，我们结合中方的研究成果，对他的日记进行整理，并加以对比研究。我们发现，他的日记里竟然记载了许多有关广州湾的重大事件，包括新埠之战、麻章之战、平石事件、黄略之战等。

## 新埠之战（1899 年 10 月 9 日）

　　在了解新埠之战前，我们有必要对法国租借广州湾的背景做一番追溯。1897 年，德国强占胶州湾，接着俄国强租旅顺、大连。1898 年，英国强租威海卫、九龙半岛和大鹏、深圳两湾。法国在中法战争后，已占领越南，并将其作为殖民地。除此之外，法国又处心积虑地要在中国西南沿海占领一个据点，以巩固其在越南的统治，同时将据点作为侵略我国西南的桥头堡。1898 年 3 月 11 日，法国照会清政府，要求租借广州湾作为停船趸煤之所。

图 1　法军入侵广州湾（法国人画作）

1898 年 4 月 22 日，法国派军舰在雷州半岛登陆（图 1），企图把遂溪、吴川两县部分土地划为"广州湾租借地"。当时，法国远东舰队总司令比道里爱尔海军准将，发电报给法国海军部长柏拿特海军上将，说："我于今天……四月二十二日，在广州湾之东南方，位于雷州半岛上的一个废弃的炮台，升起了法国国旗。军队登陆时举行了庆祝仪式，帕斯卡尔号、袭击号、狮子号在距离炮台六百公尺处排成行列抛锚，鸣放礼炮二十一响，邻近村落居民来看热闹。拉·比道里爱尔。"①

法军的野蛮侵略激起当地人民的反抗。他们自发地进行武装抗击，抗

---

① 法国外交部：《外交档案：中国（1894—1898）》，第 67 号，法国国家出版社 1898 年版，第 52 页。

击很快演变成为一场以农民为主体，包括爱国官绅、士兵在内的反抗法帝国主义侵略的大规模武装斗争（图2）。在占领海头（图3）后，法国侵略军不断增兵，建营筑路，四出焚掠，入村伤人。人民忍无可忍，进行还击，抗法斗争爆发。在法国士兵苏伯曼来到广州湾前，吴川及霞山南柳村村民吴邦泽、吴大隆等率领南柳、海头、洪屋、菜塘、龙划等村庄的抗法勇士已对法军的入侵进行了多次抵抗。在抗法保家的爱国热情推动下，1899年8月下旬，文车营义勇80人，向驻在赤坎百姓村高岭的法军兵营进行夜袭。由于法军有备，义勇随即撤退。法军在受到极大震动之余，企图报复，以消灭抗法力量。

图2　中国人民抗法（画作）

苏伯曼在日记中这样写道：

　　1899年10月9日，一项侦察指向了赤坎（Cheu-Cam），一个拥有五六千居民的小城市。我们包括官员在内，总共也只有82个人，由麦特队长指挥。他对我们有救命之恩，若是没有他，我们早已成了一支比我们强大很多的武装力量的瓮中之鳖了。但是我们必须撤退，

图3 刊登在法国《世界报》(*Le Monde Illustre*) 的海头炮台

对方上千人对付我们82个人，而且我们不可能立马就能获得增援。

这一天，有一个人应该得到所有的赞誉，他是我们的军号手艾克 (Heck)，他的肩膀和背部都受了伤。尽管队长坚决要求，但他依然拒绝让人背扶，他说："在这种形势下，每个射击手的价值都是不可估量的。"大约在傍晚5点的时候，我们到达了我们那时的基地百姓村 (Pé-Sé)。我们的情况相当凄惨，全身湿透，精疲力竭，而且全天都没有一点东西下肚。队长马上给我们分配了一点酒，还有小饼干，给每人50发子弹（我们已经耗尽所有的军需品，其中包括伤残人员的配给）。然后，我们必须立即启程，因为在基地，有人通知我们，说一队来自海头的援军要来与我们会合。他们担心会像我们一样掉落陷阱，于是要求我们带路。夜已漆黑，我们沿着窄窄的林间小道，艰难地前进着。为了缩短队列，我们一个贴一个前行。好不容易走出了小道，我们见到了援军，他们走的是另一条路。在这一天，我们至少行走了40公里，其中在作物地里，在被淹没的水稻田里，在沼泽地里，我们大步疾走了20来公里。我已经发了140子弹，为此，我的右肩膀还肿胀了好几天。

这是一场完全没有先兆的战斗。我们发现自己误入了一个陷阱，面对着在数量和地形上占有绝对优势的敌人——他们对于环境的熟悉，就如自家一般。他们知道可以藏身何处——房子里，有的在甘蔗地里，仅在我们无法前进或者准备撤退的时候出现。于是，每当看到中国人出现，我们就必须开枪。尽管如此，我们还是珍惜我们的弹药。然而，当我们被上千个敌人包围时，唯一能逃脱的机会很明显就在于我们有武器和火力的优势。在这种情形下试图突围，完全就是疯狂的举动，我们必须不停地扫射，直至打完最后一颗弹药。①

而中方关于这一天的战斗是这样描述的：

> 在10月8日下午，法兵就放出谣言，说明日攻打麻章。当时练勇负责人冯绍琮闻讯，即向李钟珏汇报，并严加戒备。乃9日天明，法兵五百名（后据调查实不足二百名），用声东击西之计，潜由赤坎埠外渡河，经福建、东山等村，直趋黄略村背后，进行偷袭。当时黄略练勇，因为听说法人攻打麻章的警信，即派出队伍支持，走到新坡地方，远远看，见法兵数百，在东面疾走，知道它必攻打黄略，我军即回村保护，行至中途，与法兵相遇，法兵首先开枪，我军亦即开枪还击。战斗打响后，黄略村的群众闻声齐出支援，东路华封、平石，西路的麻章练勇，皆赶来支援，法兵偷袭的阴谋未得逞，在我军奋勇冲击下，退至双港村，我军三面包围，又退到海边新埠地方，被我（军）包围在新埠。相持至下午，法军由海头派出援兵百余，到福建村上岸，时已天黑，不敢接战，乃掩护撤退回百姓岭兵房。这一战役，我军战士表现出无比的英勇，当场杀死法兵八人，伤数十人，给法兵偷袭的阴谋以严重的打击，我军牺牲二人，伤十五人。更重要的是，通过"新埠之战"挫折了敌人的锐气，提高了抗法人民作战的信心。②

从日记的描述来看，苏伯曼并不知道他们被包围在赤坎新埠，也没有写到法军士兵伤亡情况。中方也并不知道法国士兵只有82人。

---

① Kouang-Tchéou-Wan（Chine Méridionale），Souvenirs de campagne par Le Soldat Silbermanr, Plon, 1910, pp. 145 – 175.

② 遂溪人民抗法斗争调查工作组：《1898—1899年广东遂溪人民反抗法帝国主义侵略广州湾地区的斗争（续）》，载《理论与实践》1958年第2期，第52页。

# 麻章之战（1899年11月5日）

钦差大臣苏元春于1899年10月18日到达遂溪海头。苏元春在广西曾和法国人打过交道，一向亲法，这次谈判一开始便和法人勾结。正如李钟珏所说："苏子熙军门（苏元春）到海头，所乘者法舰，所驻者法兵营，苏使此来，不啻一法国官员。余在赤坎预备之行台，曾不一顾。"[1]（图4）

苏元春排斥李钟珏，不许他参加谈判。苏和法国提督、法国远东舰队总司令高礼睿谈判后，答允将硇洲、东海两岛划入法国租借地。消息传开，遂溪县民心激愤。两广总督谭钟麟亦反对，他打电报给清总理衙门

图4　苏元春在法国军舰上（法国人画作）

说："硇、东两岛为五府商民出入必由之道，万不可轻弃。"[2] 清政府得知后，觉得苏元春此举有失"天国"尊严，更恐激起民变，于是下旨训斥苏元春："苏元春办理此等重要事件，何以未与该督抚商明，遽行允许租界，草率迁就，殊属冒昧。硇、东既为五府出入要区，如归租界，则五府

---

[1]　李钟珏：《且顽老人七十自叙》，台湾文海出版社1974年版，第234页。

[2]　王彦成、王亮辑：《清季外交史料》卷140，书目文献出版社1987年版，第19-20页。

民心必不甘服，激成变故，朝廷亦不能强众情之所不愿，压以兵力。"①苏元春被申斥，不敢割让两岛。高礼睿便准备用武力压迫，他发电报给法国海军部："广州总督通知苏将军说，总理衙门否认他有权解决岛屿问题。苏不愿割让，谈判因而破裂。该督以居民已经深受激动，行将造反为威胁。因此，我需要两营步兵和一排炮兵。"②法军企图扩大侵略，于是便有了"麻章之战"。

苏伯曼在日记中写道："一位在当地生活了 20 年的传教士，他很了解周遭的情况，他给我们提供了那支袭击我们的队伍的信息，因为我们很清楚我们正在跟一支正规军打交道。他跟我们说，每一个连，由 250 个士兵组成，他们有 30 面旗，一半红旗，一半白旗。你们之前与 8 个连交手，也就是大约 2000 名士兵，还有一些大炮。"③

孙子曰："知己知彼，百战百胜。"情报是知彼的重要媒介，是决定战争胜负的关键因素之一。法方侦查的情报基本准确。值得注意的是，法国传教士充当了战争间谍。

广东藩司在 1899 年 1 月 12 日发表通告，由李钟珏代理遂溪知县。他 2 月 4 日到赤坎，7 日至遂溪接事，这时正是农历春节。2 月 11 日，他即赴赤坎，召集福建、潮州、广州、高州、雷州五会馆董事商人，探询地方情形，并筹办团练。他亲赴法兵占据的海头察看形势，认为赤坎已在敌人的掌握之中。李钟珏在组织抗法武装团练的工作上进行了一系列的部署，如筹募经费、制定规章、招募人员、选拔领导、购办军火、加强训练，并逐步落实。因为当时各阶层人民有反抗法国侵略的义愤和决心，所以很快就筹集到 4 万两银子，他派员赴广州善后局购买了"前膛抬枪五百杆，单响毛瑟二百杆，士乃打枪三百杆，药弹每枪五百"④。有了武器，他就选拔壮丁，开始组织训练工作。

当时成立的抗法武装有 6 个营，驻点为黄略、麻章、文车、平石、仲伙、志满等 6 个村。其中，黄略、麻章为大村，成为重要的据点。每营练勇 250 人，共 1500 人。这是受过训练的队伍。据李钟珏所记，每营有团

---

① 《清季外交史料》卷 141，前揭，第 1 页。

② 法国外交部：《外交档案：中国（1898—1899）》，第 33 号，法国国家出版社 1900 年版，第 22 页。

③ Kouang-Tchéou-Wan（Chine Méridionale），Plon，1910，pp. 145–175.

④ 李钟珏：《遂溪剩稿》，油印本，第 10 页。

丁 250 人，练勇 250 人，共 500 人，不过，团丁一般是指年龄在 16 岁以上 50 岁以下的壮丁，也可以说是后备队伍，因此 6 个营的练勇，虽然只有 1500 人，而队伍实际上有 3000 人。

苏伯曼在日记中继续写道：

> 这件事之后，中国给我们派来了一个有名的苏元帅，他掌管着东京边境的中国主力部队……
>
> 广州湾的人民冷冰冰地迎接了苏元帅。我们必须派一个刺刀炮兵连陪护他。与中国传统习俗不一样，没有一个有名望的中国人来欢迎他。我还记得当他经过赤坎的时候，当地人看着他，眼神带着深深的敌意。他们谴责他勾结蛮夷，而所谓蛮夷，说的就是法国人……
>
> 我知道苏元帅是中国政府派来与我们勘定边界的，我们也看到了人民是如何接待这个官员的。另外，我们知道，我们的对手是中国的正规军，并且，他们早已决定毫不客气地将我们杀掉。通过采纳我们的体系，他们开始在离我们基地 2 公里的地方即赤坎的山岗上建防御工事——我们用望远镜能够清晰地看到。他们还在甘蔗田尽头的一片广阔的平原上挖土，那些高高的甘蔗完全将他们遮住了。他们在试图给我们设置陷阱，显然，我们面对的是一支正规军。然而，我们所做的一切都是按规矩办事。这太不公平了！
>
> 在很短的时间内，我们连就病倒了 40 人，他们都是由于过度疲劳和食物匮乏而生病的。至于其他人，尽管痛苦，但是也不敢表露出来，因为担心会因此被要求撤离。总体而言，我们差点就困窘到了要回撤的地步。但我们始终没沦落到那个地步，因为海军准将从我们队长报告的士兵精神状况中了解到，我们会将使命贯彻到底。"圣母"并没有将我们遗弃在苦难中。他们给我们寄来了几箱货物，里面有信纸、香皂、蜡烛，还有巧克力。我们一下子就拥有了我们所急需的，这帮了我们很大的忙。
>
> 海军上将是个行动派，我们知道他不会没有动静。确实，他命令组织起一支由三个连组成的强攻特遣队，还配备有从停泊在白雅特港湾军舰上借来的四门 65 mm 炮。于是这支特遣队就在我们基地的庭院里组建完成了。另一个连也马上被派去侦察赤坎的右翼，海军司令给他们运来了炮。在我们的基地，从来都没有出现过这样戏剧性的场景：水手、炮兵还有海军陆战队士兵，在小院子的中心，混在一起扎

营，挤得水泄不通。我们唱歌，我们在高喊中建立情同手足的感情：海军士兵万岁，海军陆战队万岁，法国万岁！每个人脸上都洋溢着勇赴前线的喜悦，我们激动地等待着战斗的到来。

1899 年 11 月 5 日上午 6 点，我们开始向麻章进发。同时，我们还有两艘军舰在赤坎后面的那条河上前进。在我们到达执行行动的小山丘之前，我们头顶飞过了那两艘军舰以及我们基地朝着强盗团伙的老巢发射的麦宁炸弹。于是，当我们到达小山丘时，我们目击了这场恐怖的袭击。中国的防御工事塌了，村落也着火了，大炮爆炸发出了可怕的巨响。在军舰和基地停止攻击之后，我们的炮兵便开始攻击。这震耳欲聋的炮声淹没了命令传达的声音，硝烟在我们面前骤集成浓雾，把我们掩护起来。我们毕竟接受过专门的战斗训练，而且这次，我们还有一顿冷的午餐，我们跟军官一起，无私地分享我们的硬鸡蛋还有一些冻肉。我们之间亲密无间，但却恪守纪律。总而言之就是：士兵爱着他们的将领，将领也爱着他们的士兵。

正当我们的队长笑着切开一片肉，并准备送进嘴巴的时候……叮叮砰砰，一阵枪林弹雨向我们飞了过来。"卧倒！"队长命令道。那些中国人，那些我们以为会在如此的轰炸之后被打倒的中国人，已经在村前沟壑旁挖好的土堆里占据了非常有利的位置，毫不畏惧地等待着我们。

我们马上排成狙击队形，并摆出了匍匐狙击的姿势。然后我们便开始了对土堆的不断射击。从呼啸而过的子弹来判断，敌人的数量很多。我旁边战友的枪柄被一颗炮弹打折了。一个名叫霍耶尔（Rozier）的军士，受了致命伤。我所在的这个排，一个名叫皮斯特（Pister）的士兵发出了一声惨叫，倒下了。没多久，又轮到了我排的一位中士。子弹来得是那么疯狂。我曾试着伸出手去收集一个子弹壳，想以此作为纪念。但马上，就有一阵枪林弹雨扫到了离我的手仅有几厘米的地方。……

大约 10 点钟的时候，敌人的火力从两侧向我们浇灌而来。于是我们的后备部队开始入场。在敌人的援兵到达的时候，炮兵部队用尽了他们的弹药。……我们坚持到了下午 4 点，直到打完最后一板子弹，我们不得不撤离。接着，那些中国人离开他们隐藏的土堆，又向我们扫射了一轮弹雨，伤了我们好几个人，但是他们不敢对我们穷追猛打，于是我们重新向 Pé-Sé（百姓村）出发，晚上就能到达。这一天，我们差不多发射了 500 颗炮弹。仅我们一个排 13 个人，就发射了 1263 颗子弹。巧合的是，这一天恰好是我登陆广州湾的周年纪念日。①

中方关于麻章之战的描述是这样的：

1899 年 11 月 5 日，法国军舰驶入赤坎沙湾外，发炮向麻章轰击，然后派兵四百余人，从洪屋下村和宫曲村分两路进攻麻章。麻章练勇迎击，在东菊村与法军相遇。此地周围开阔，只有一道道牛车路坎，练勇利用这些深坎做掩蔽，法军找不到目标，子弹都在路坎上飞过。练勇用抬枪和毛瑟枪向占据高地目标暴露的敌人密集射击，打得法军狼狈不堪。抬枪放后，烟雾遮蔽阵地，法军看不见练勇，地形又不熟，寸步难行。黄略、文车、志满、平石等地各营义勇又赶到助战。此时，义勇、团丁加上武装村民有千余人，人人奋勇向前，激战至下午 6 时，法军大败，狼狈上军舰逃回海头。这一战，击毙法军官兵八人，伤七十余人，我方仅伤九人，是抗法斗争中最大的一次胜利。②

中方取得麻章之战胜利的关键在于熟悉地形、讲究战术。在赤坎东菊村，当时有很多很深的车辙印，这是牛车经过时留下的。中方的练勇趴在车辙印里面，车辙印就是很好的掩体，法军无法射到。

## 平石事件（1899年11月12日）

苏伯曼在日记中写道：

11 月 12 日，法国军舰上的海军少尉让·顾伦（Jean Gourlaouen）

---

① Kouang-Tchéou-Wan（Chine Méridionale），Plon，1910，pp. 145 – 175.

② 苏宪章编：《1898—1899 年的抗法斗争》，见《湛江文史》第 9 辑（法国租借地史料专辑），1990 年，第 282 – 283 页。

和约瑟夫·库恩（Joseph Koun）在奥克山炮台（门头）旁边的一座山上散步，被两个中国士兵发现了，当场就被抓住斩首。报道这起双人谋杀案的记者主动通告了海军司令，并补充说这两名官员的尸体已经被剖开，心脏被掏出来，扔给了狗吃，并且他们对所有落入他们手中的法国人都会如此对待。

海军司令一收到这个令人发指的消息，便命令门头（Mont-Aou）的指挥官将炮弹瞄准在水边抛锚的中国炮艇，并抓了这艘炮艇上的所有中国人作为战俘。其中包括雷州参将陈良杰、雷琼道台周炳勋，以及其他一些高官。同时命令两个炮艇轰炸麻章（Ma-Tchéoung），这是一个挨着犯罪现场的村庄，那里的人民也对我们充满敌意。中国炮艇被我们的海军士兵用刺刀包围了，船长被押到了当特尔卡斯托号（d'Entrecasteaux）军舰上。炮艇上的所有帆樯索具已被卸去，我们还拆了船体的主要部件。全体船员被留在海边，但是被近距离地监视着；最后我们在货舱底部发现了150支步枪。

经海军司令许可，在广州湾停泊的两艘炮艇和一艘中国巡洋舰，被勒令未经许可不能擅自离开港口，否则就会被击沉。同时，一些承认参与谋害那两名官员的囚犯被即时处决。另外，被证明无辜的人被释放，但个别被指认犯了其他罪行的人将被继续关押，他们的脖子上戴着枷锁，被派往海岸工事服最繁重的劳役。最后，一支陆战队占领了坐落在河边的后海镇（How-Hoï），那里被指证有很多暴力煽动者。①

中方对平石事件也有记载：

11月12日，法军又组织对平石村的进攻。首先由被法军占领的门头炮台，开炮向平石村轰击。然后法军多人，渡海向平石村攻击，遭遇到义勇坚强的抵抗，当场击毙法一画、二画②军官各一名，并被练勇取首报功，平石村义勇，只伤三人。这一事件，引起法帝的恼羞成怒，认为中国民兵杀害了他们的军官，遂派人到广玉兵轮上，强将雷琼道台周炳勋、参将陈良杰扣留作为人质，并特加渲染地向我国总

---

① Kouang-Tchéou-Wan（Chine Méridionale），Plon，1910，pp. 145–175.
② "画"是老百姓对法国军官军衔的称谓。

理衙门提出严重的抗议，说法军舰笛卡儿号官员是在门头散步时被杀害的，以掩饰他们向中国人民进攻的罪行。法国外交部并命毕盛向总理衙门提出抗议和下列要求：（一）广州湾勘定租界，即行批准；（二）事由遂溪县主使，即作凶犯看待，应将知县并团丁凶手，均即正法；（三）被害者首级，尚在遂溪县署，应即送还；（四）解决广东省交涉各种积案。①

毕盛又向总理衙门提出，恤"被害者家属银二十万法郎并将两广总督即行革职"。又提出工业租让的要求：（1）从广州湾至安铺的铁路建筑权。（2）高、廉、雷三州矿山的开采权。在这种危急情况下，腐朽的清政府手足无措，答应了法国的全部要求。

平石事件是一起严重的外交事件，关于它的起因，法国士兵苏伯曼引用法国的外交辞令："两位海军军官在奥克山炮台（门头）旁边的一座山上散步"时遭到杀害。中方的说法是："法军多人，渡海向平石村攻击，遭遇到义勇坚强的抵抗，当场击毙法一画、二画军官各一名。"显然，双方说法完全不同。

多年以后，直到1931年，曾任殖民地步兵上尉、广州湾武装司令的博南格在他的《法国在广州湾》一书中道出了两个法国军官被杀的真正原因："名叫顾伦和库恩的官兵在哨岗附近执行测量任务时被一群中国民兵暗杀并斩首，地点发生在门头村对面的平石村，而位于门头村的小要塞正是被笛卡尔舰的陆战队所占领。"②

平石事件是著名的黄略之战的直接导火索。

## 黄略之战（1899年11月16日）

平石事件引起了法军的疯狂报复。对此，苏伯曼在日记里写道：

---

① 遂溪人民抗法斗争调查工作组：《1898—1899年广东遂溪人民反抗法帝国主义侵略广州湾地区的斗争（续）》，载《理论与实践》1958年第2期，第54页。

② 景东升、何杰主编：《广州湾历史与记忆》，武汉出版社2014年版，第44页。

　　11 月 16 号，海军司令下令进行一场新的攻击。这一次，我们有两个海军陆战队，半个炮兵部队，一小部分的中国连①，还有舰队的火炮。我们上午 6 点开始出发，指挥官是陆军中校马罗（Marot）。上头还给他配了一个名叫勒伯瓦（Leblois）的指挥官，他是个有很高功勋的军官，并且有胆量、有经验。仅在 24 小时内，所有的广州湾士兵都认识并喜欢上了他们。

　　两艘军舰，笛卡尔号和袭击号停泊在了赤坎的海面，从上午 5 点开始往麻章方向开火，那里是动乱分子的居住地。为了不妨碍炮火射击，我们被要求向右前进。我们来到村口，在准备破门而入的时候接到了回退并穿过河流的命令，这样能更快地突破。大概上午 9 点的时候，我们穿过那片 10 月 9 号发生战役的田野，随后在 10 点的时候铺开了狙击队形，每人间隔三步长。我所在的连跟以往一样在前方，其他连在左方呈梯队，还有一个后备部队隐藏在甘蔗田里。炮兵一半在左翼，一半在右翼。当我们进行战斗部署的时候，中国的正规军从高地往下走，隐藏在战壕边。他们有大量的黄色旗帜，只有长官的旗帜是白色和红色的。范兰神父（P. Ferrand）估计他们大约有 7000 到 8000 人。

　　一刻钟内，我们在约莫 800 米的地方与对手怒目对峙。我们半蹲着，没有射击。随后，第一轮的子弹开始呼啸起来，并且一些战友开始欢呼；不得不说，这些都是从东京来的年轻人，在开始的时候确实不太让人省心。但很快，来自另外两个方向的火力，以我从未见过的强度和密度开始齐发。这样的扫射持续了半小时。在此之后，后备部队与我们会合，我们在他们的掩护下在枪林弹雨中前进，直到距离敌人 500 米。麦特队长让他的连队带着刺枪向战壕前进，其他连跟随我们的脚步。说时迟那时快，在猛烈的攻击下，并在东京的华人小分队的帮助下，敌人的战壕被突破了，这些都证明了我军极大的勇气。敌人被我们的炮弹紧追，向四面八方逃窜。

　　中午的时候，我们进入了那些中国人自称不可攻破的战壕，并在那里高声呼喊："法国万岁！上校万岁！麦特队长万岁！"上校让人在钓鱼竿末端挂上了国旗，军号手朝着国旗吹号。这样的号声我听过了很多次，但从来都没有像今天这样让我感动过。伴随着几百号人发

_____

①　法军中的中国连，一般为法军从越南老街等地招募来的华人士兵。

自胸膛的吼叫："法国万岁！"上校说道："我的孩子们，我为你们感到高兴。"

那些战壕，完全根据现代技术原理挖造，证明我们面对的是经过训练的部队。我扫了一眼内部，简直惨不忍睹。那些尸体，面部已经扭曲，而且血迹斑斑（让我猜想到这些受到致命伤的人，是我们的人用枪柄打死的）。这些尸体从护墙一直延伸到战壕内部，有些面朝着天，有些面朝着地！敌人放弃了 4 门大炮以及大量各种型号的步枪，还有些特制步枪竟长达 3 到 4 米。

然而对我们来说，这一天还没有结束。……接着我们步行到了黄略村（Van-Luoc），它是广州湾中国军队的主要据点。在这里的半天，我们付出了 2 亡 12 伤的代价，其中一个是军官。……范兰神父，他仍然跟我们在一起，并且在这场战役中表现出色。据他说，敌人损失了 400 来人，或死或伤。

⋯⋯⋯⋯⋯

第二天晚上，海军准将的指令传来，他命令我们返回。

⋯⋯⋯⋯⋯

两天之后，麻章（这个村的人们对我们的敌意最浓厚）的中国官员，来向我们投诚。那些陪同的人对我们说，在 11 月 16 号那天，在黄略，我们杀了他们 400 多人。这确实很令人惋惜。但是，是谁挑起的这场屠杀？难道他们没有责任？难道不是他们使我们极度的贫苦，甚至杀了两个正在散步的军官，还以将他们的心脏扔给狗吃而自豪？①

中方的记载如下：

为广大义勇所预料不及的这一次大规模的进攻，在 1899 年 11 月 16 日清晨开始，法兵先以火炮轰击麻章墟，并以少数人佯攻麻章，以牵制麻章的练勇不敢他往。而以大队八百余人，分三路进攻黄略，来势极为凶猛。黄略义勇大半在田间割禾，闻警仓卒抵御，原只有练勇三百五十人，助战村民也不足五百人。在众寡悬殊、敌人炮火极猛的情况下，黄略村人民发挥了英勇无畏的精神，浴血抗战，从侵晓战

---

① Kouang-Tchéou-Wan（Chine Méridionale），Plon，1910，pp. 145–175.

至八时，牺牲很大，退回新埠、陈村仔一带，在泥沟炮垒中坚持作战。当时盼望西路麻章救应，总不见到。麻章、志满两营，为敌人炮火威胁，停留在赤泥岭，不敢前进。只文车营在哨官杨秀湘率领下，坚决前来支援黄略，在九东地方，为敌人拦截，杨秀湘手骨被击碎，仍然坚持指挥作战，后因伤重，抬下火线。李钟珏当时闻讯，面恳驻在万年桥高州镇马介堂部下潮勇数百名，前往黄略救援。这些腐败的官兵，迟迟出队，及到黄略，已下午二时，敌人用开花炮轰击村中，起火焚烧。潮勇不敢前进。这时敌人已至厚田岭头二层案山，接近黄略村。在众寡悬殊、死伤惨重的情况下，黄略义勇乃下令先疏散老幼，然后义勇向遂溪县城撤退，下午四时，黄略村遂为敌人暂时占领。……在这一战斗中，黄略村哨官王喜卿、王明卿、王炳章，文车营哨官杨秀湘等，为国捐躯。黄略义勇战死六十九名，伤一百二十五名。文车义勇战死十八名。黄略村居民住屋被焚毁千余间，十去其六，牺牲惨重，可见当时黄略村人民英勇抵抗的激烈。①

这一天，钦差大臣苏元春与法国海军提督高礼睿签订了《大清大法两国因租给广州湾互订条款章程》（图5）。条约的主要内容：（1）广州湾租借给法国，租借期为九十九年；（2）东海、硇洲、赤坎、新圩、志满皆划入租界，准许法国驻兵、筑炮台；（3）法国可以从赤坎修筑铁路到安铺，铁路电线所到之处，可以在水面停船和陆上盖房。条约签订之后，遂溪知县被革职，清廷任命李鸿章接替谭钟麟为两广总督。广州湾成为法国的租借地（图6、图7），直到1945年。②

---

① 遂溪人民抗法斗争调查工作组：《1898—1899 年广东遂溪人民反抗法帝国主义侵略广州湾地区的斗争（续）》，载《理论与实践》1958 年第 2 期，第 55 - 56 页。

② 苏宪章编：《1898—1899 年的抗法斗争》，载《湛江文史》第 9 辑（法国租借地史料专辑），1990 年，第 285 页。

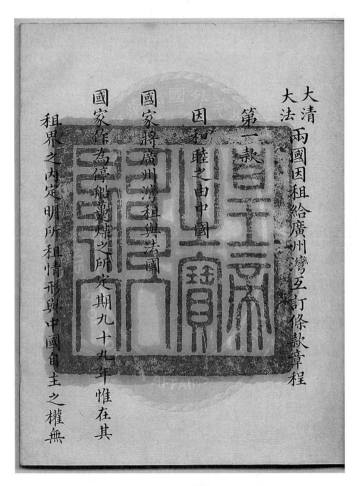

图5 《大清大法两国因租给广州湾互订条款章程》（局部）

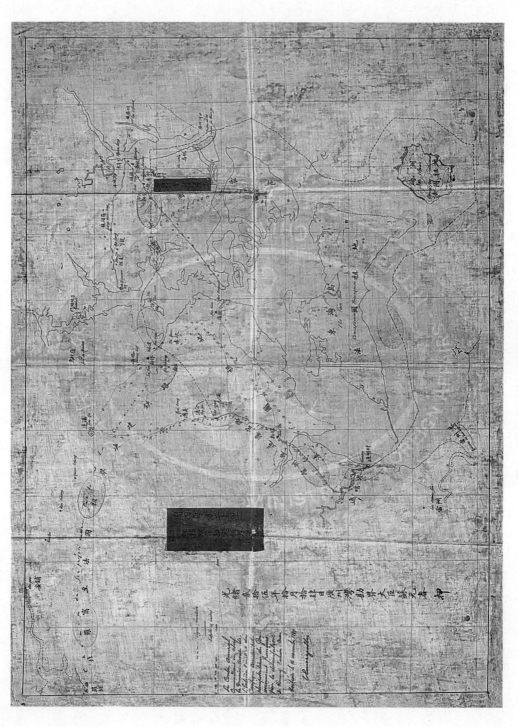

图6　1899年，苏元春画押的广州湾租借图

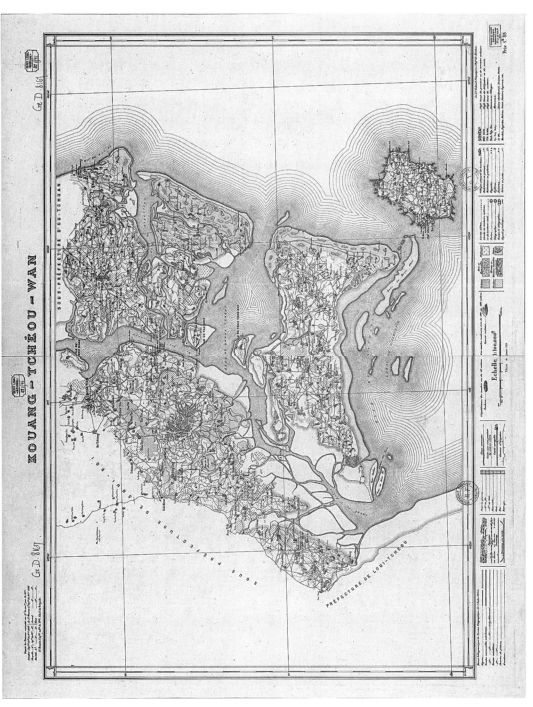

图 7　广州湾全图（法国国家图书馆藏）

# 结　论

　　法国士兵苏伯曼的日记给我们研究法国租借并占领广州湾提供了现场的一手材料。对于中方的研究者来说，历史是审慎研究的结果，是一系列重大事件的真相与来龙去脉；对士兵苏伯曼而言，历史是身处现场的无数碎片。

　　从苏伯曼日记看战争的性质，法国普通的士兵带有法国人的种族优越感，带有法国殖民主义的傲慢和偏见，混淆了正义和非正义、侵略和反侵略，他们侵略的理由似乎总是正确的，他们的屠戮行为往往被加以粉饰。

　　苏伯曼日记中的细节值得我们思考，法国士兵在整个事件中，已是强弩之末，假如不是清政府的腐朽和无能，假如遂溪抗法勇士一再坚持，并且主动出击，抗法斗争谁胜谁负，还不得而知。然而，历史从来没有假设。

# 雷州关的建立

# 中国设关扼咽喉

过了赤坎的寸金桥，往遂溪方向，有一栋房子，湛江人如今仍叫它海关楼。不明白的人也许会问，湛江海关不在赤坎寸金路呀，这栋房子明明是部队的营房，为什么叫它海关楼？别着急，且听笔者慢慢道来。原来这房子旧时是雷州关，全称为"雷州关税务司公署"。

图1　修缮过的雷州关旧址

抗战时有人这样描述雷州关："南方的田野是橙色的，在广州湾——也可说雷州半岛，更因为山野边境无垠，因而初到这里的旅人，就可遥远地眺望到这里白色的建筑物——雷州海关（图1）。它虽比不得华盛顿的白宫，然而在这里一带，确能说是本地的'白宫'了；它建筑的华丽，虽没有古时阿房宫那样五步一楼，十步一阁，但它的华美与瑰丽也确实是这个天地里所独有的。"①

读者不禁要问，这"白宫"很重要吗，值得这样形容？要想了解这"白宫"，那就要先谈谈雷州关。

---

① 金叶：《雷州海关》，载《中学生战时半月刊》1940年第25期，第34页。

## 多番交涉
## 法国拒绝交还广州湾

1899 年签署的中法《广州湾租界条约》是一个不平等条约，中国人民一直想废除它。"一战"结束时，随着中国废约运动的展开，中国政府在人民运动的推动下，已经考虑着手收回列强在华租借地问题。巴黎和会召开时，中国代表在会上提出了这一要求，但和会以该问题与会议主旨无关而拒绝列入讨论范围。

1921 年 11 月 12 日至 1922 年 2 月 6 日，美国、英国、日本、法国、意大利、荷兰、比利时、葡萄牙、中国九国在美国首都华盛顿举行国际会议，史称华盛顿会议。

中国代表以情势变迁为由再次提出废除租借条约、收回租借地的主张。法国代表在会上表示愿意有条件交还广州湾租借地。

法国代表维维亚尼表示，法国欢迎中国的主张，可以考虑交还广州湾租借地，但需加上一些条件：（1）以其他列强放弃在华租借地为先决条件，法国不能成为放弃租借地的唯一国家；（2）确保法人在广州湾租借地收回之后的权益，"一切私人权利应获得尊重"；（3）中国必须保证不将如数归还给它的地方割让或租借给任何其他国家。①

由于法国以其他国家交还在华租借地为先决条件，法国此项声明含糊不清，并无诚意。

华盛顿会议结束后，随着中国国内形势的变化，特别是北伐战争的胜利，中国强烈要求列强放弃在华特权。1930 年 10 月 1 日，威海卫回归中国，引起轰动。在中国政府看来，下一步应该回收广州湾了。

1930 年 11 月 4 日，即威海卫回归一个月后，中国外交部正式通知法国驻华大使，要求开启广州湾谈判：基于两国利益，中国政府认为广州湾回归问题需尽早解决。因此恳请驻华大使促请法国政府迅速遣使到南京，商讨归还广州湾事宜。

---

① 刘利民：《列强在华租借地特权制度研究》，湖南人民出版社 2011 年版，第358 页。

法国政府重申了立场：除非其他列强都归还租借地，否则不会启动任何关于广州湾的谈判。

## 扼住咽喉
### 设广州湾边区办事处打击其贸易

法国政府态度如此强硬，中国政府别无选择，决定打击广州湾租借地的弱点——商业。

贸易走私是广州湾商业的支柱，走私货物主要是鸦片。据法国学者安托万统计，广州湾的鸦片销售量在 1931 年至 1936 年每年为 30 ～ 40 吨。[①] 禁止鸦片走私到内地及周边地区，就是扼住了广州湾的咽喉。

图 2 《关声》画报上的黄坡分卡

1930 年 1 月 5 日，国民政府决定在广州湾周边设立关口链条，扼住广州湾的咽喉。中国政府叫这个关口链条"广州湾边区办事处"，隶属于琼海关。琼海关先后在广州湾外围设置和管理梅菉、黄坡、芷寮、石门、麻章、福建、大埠、沈塘、斗门、双溪、雷州、麻罗门（也称外罗门）等 12 个分卡。[②] 部分分卡如图 2、图 3、图 4、图 5 所示。

---

① ［法］安托万著：《广州湾租借地——法国在东亚的殖民困境》下卷，郭丽娜、王钦峰译，见《广州湾官方生鸦片销售情况表》，暨南大学出版社 2016 年版，第 201 页。

② 湛江海关编：《湛江海关志（1685—2010）》，内部资料，2011 年，第 99 页。

图3 《关声》画报上麻章分卡职员宿舍

图4 《关声》画报上的福建分卡

图5 《关声》画报上的大埠分卡

措施立竿见影，对广州湾的外贸活动造成强烈冲击。西营东方汇理银行经理指出，1931年上半年，广州湾贸易量收缩。商人在各关口外团团转，急得如热锅上的蚂蚁，商品如要通关，要么通过行贿，要么夜间偷运，要么雇人从沼泽地背过去，最后实在没有办法，干脆雇船运往海南，但这样只能应付一时。次年，中国政府再次施压，增加关员盯住广州湾边界。中国政府不惜人力物力，重拳出击，显示出打击广州湾走私的决心。广州湾一向以走私贸易为经济支柱，此时在合法海关收紧绳索的情况下，流失了大部分收益，对外经济活动几乎窒息。①

当然，中国政府不止于经济目的，用海关施压的目的是迫使法国回到谈判桌上，谈判广州湾回归问题。但是海关策略并没有取得预期成果，1931年9月，日本入侵东北三省，中国政府必须应对，暂时无暇顾及广州湾。

1932年，由琼海关管理的广州湾边区办事处改属北海关，办公地点从梅菉迁至遂溪县麻章墟。

---

① ［法］安托万著：《广州湾租借地——法国在东亚的殖民困境》下卷，郭丽娜、王钦峰译，暨南大学出版社2016年版，第189页。

# 构建半月形封锁线

1941年9月28日夜，赤坎南华大酒店正举行一场送别宴，雷州关副税务司袁福昌马上要调到上海，临行自是宴饮不断。这一日的饭局一直到晚上十一点。

乐极生悲，袁福昌刚走到贝丁街口（现赤坎兴华路），突然闪出一个黑影，拔枪向他射击，他顿时倒在血泊之中。路人见状，把他送往法国医院，还惊动了寸金桥公共医院院长司徒朝前来会诊。袁福昌因流血过多，昏迷不醒。医院认为无可挽救，任其出院，将其送回赤坎旅馆。还好他命大，亲友从茂名连夜请来一位治跌打的医生，医生为其开了两服药。经数次喂饮后，他第二天清醒过来。①

袁福昌为何遭黑枪？1941年10月3日的《工商日报》有这样一种说法：他平日办事努力，缉私甚多，在这之前他又破获一桩运纸币出口案，故为奸徒衔恨所致。

袁福昌遭枪击案的背景是广州湾附近的走私与缉私的较量。说到缉私，应该从雷州关的成立讲起。其实，广州湾周边中国海关的机构经历了从粤海关税务司管理的高雷常关到琼海关管理的广州湾边区办事处的变化，广州湾边区办事处改属北海关管理后，北海和广州湾的恩恩怨怨就公开说道了。

---

① 香港《工商日报》，1941年10月3日。

## 北海关：上书在广州湾附近设海关

据《北海杂录》记载，广州湾未租借给法国人以前，北海每年进口洋药1000多箱。法国租借广州湾后，鸦片贸易急剧变化，原从北海进口销往钦州、廉江、灵山、博白等地的洋药，均被广州湾私运取代。致使北海进口的洋药每年下降至100多担或200担不等。广州湾对北海港贸易量的影响可见一斑。

由于广州湾是无税港，不收厘金，因此，大西南和高雷钦廉的货物"舍弃"北海而转向广州湾进出，北海港的贸易额由此急剧下降。

北海商人对在广州湾设关征税的要求最为强烈。1909年，北海商会群情鼓舞，发起在广州湾附近设关之请；1929年，北海商会在北海召开的高雷钦廉行政会议上提出：呈请省府，仿照澳门之设拱北、香港之设九龙往例，设立广州湾征收进出口税。此后，北海商会委派代表在广东省商联代表大会上也提出了《请在广州湾择要加设关卡，杜私运，而维国税，以补救北海商业》的议案，但问题未能得到解决。①

现在广州湾边区办事处属于北海关管辖，北海可以说话了。1935年11月，北海关税务司向总税务司提交《关于沿广州湾边界加强缉私工作的报告》。报告指出，鉴于广州湾沿边走私情况严重，国家每年蒙受损失100万元以上，建议在广州湾附近设立一个直属海关。1936年1月1日，总税务司转达国民政府财政部通令，在广州湾周边成立雷州关，全称"雷州关税务司公署"，直隶总税务司署。

## 雷州关：水陆完善封锁线

1936年1月3日下午4时，雷州关成立典礼在麻章举行（图1）。出席典礼的嘉宾有高州、雷州、琼崖、钦廉等各地方官员。典礼现场有一副

① 湛江海关编：《湛江海关志（1685—2010）》，内部资料，2011年，第99页。

对联写着："完成国民革命，实现世界大同"。雷州关首任关长穆麟（Muling V.，俄国籍）致辞：雷州关之成立，以缉私为主要工作，一切需仰仗地方机关随时加以协助。①

图1　雷州关成立典礼

　　雷州关成立后，根据设立沿广州湾边界的"缉私警戒线"设想和征税工作的需要加紧工作。同年7月，国民政府公布"国内沿海各口岸分卡分所清单"，内列雷州关管辖分卡、分所共15个。分卡有水东、梅菉、芷寮、黄坡、西埇尾、大埠、福建、麻章、城月、沈塘、雷州、安铺；分所有电白、博贺和双溪（巡缉所）。单内注明：西埇尾、福建、麻章、城月、沈塘是设在广州湾边界的陆路分卡。以后，还在大埠附近海上设趸船分卡。西埇尾、福建、麻章、大埠、沈塘是遂溪、吴川和海康从陆路进入广州湾的通道，大埠趸船分卡是廉江、吴川从水路进入广州湾的必经之路。② 这样从水路、陆路形成一条对广州湾半月形的封锁线（图2）。

---

① 黎卫生：《雷州关成立记》，载《关声》1936年第4卷第8期，第41页。
② 湛江海关编：《湛江海关志（1685—2010）》，内部资料，2011年，第101页。

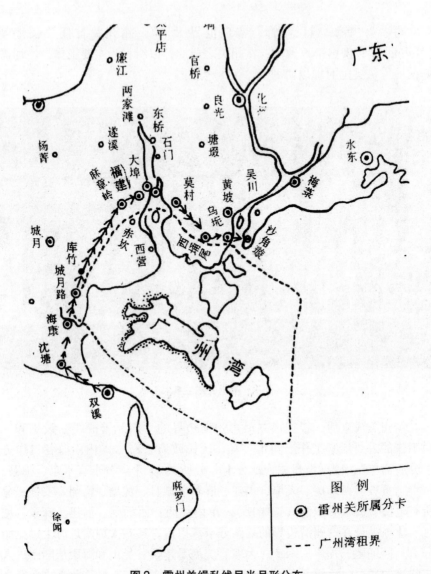

**图2 雷州关缉私线呈半月形分布**

［来源：《湛江海关志（1685—2010）》，内部资料，2011 年］

初期，雷州关总关设于遂溪县麻章墟，为了便于缉私，1938 年 8 月 1 日，迁至遂溪县寸金桥西端的麻章岭（今湛江市赤坎区寸金路海关楼）。1942 年，这条半月形的封锁线得到进一步的加强和扩大，扩大到茂名、台山等。是时，雷州关辖有 5 个段 26 个分卡和分所。

## 较量：走私与缉私

雷州关封锁广州湾后，缉私工作成效显著。据统计，雷州关稽查私货变价及罚金从 1939 年的 50 万元上升到 1942 年的 400 万元，增加了 8 倍。[①]

1938 年初，张炎到南路任职，认真查缉走私，不留情面，对首责分子狠狠打击。1938 年秋，以汉奸罪处决信宜县走私军用物资资敌的豪绅林绳武（清举人）。1939 年 1 月，又处决了电白偷运钨砂资敌的许宝石、许伯伦父子。国民党军第 35 集团军总司令邓龙光的父亲邓秀川依仗儿子的势力进行走私，1939 年春，被张炎所属吴茂化游击大队截扣。张炎雷厉风行的缉私行动，触动了一部分特权阶层的利益，在巨大的压力下，张炎于 1940 年去职。

张炎被解职后，戴朝恩率部队接替了驻防任务。戴不但不缉私，反而走私、放私。原来，戴与陈学谈为广州湾地区的两大地方势力，盘根错节，呼风唤雨，能量极大。1941 年，廉江自卫队队长、著名私枭黄铿竟将中央税警 12 人身上绑上大石沉落大海。在蒋介石的过问下，黄被捕杀，而另一私枭、廉江县长邹武则逍遥法外。[②]

雷州关的建立是否打击了广州湾的经济？据统计，广州湾的财政盈余从 1936 年的 1 万多皮阿斯特（当时用的货币单位）变为 1941 年的 140 万皮阿斯特，上升了约 140 倍。[③] 广州湾的财政盈余不降反而剧增，这是为何？原来广州湾对雷州关来了一个反封锁。

---

[①] 连心豪：《近代中国的走私与海关稽私》，厦门大学出版社 2011 年版，第 268 页。

[②] 湛江海关编：《湛江海关志（1685—2010）》，内部资料，2011 年，第 132 页。

[③] ［法］安托万著：《广州湾租借地——法国在东亚的殖民困境》下卷，郭丽娜、王钦峰译，暨南大学出版社 2016 年版，第 395 页。

# 寸金桥：经济封锁和反封锁

　　雷州关建立的目的是遏制广州湾的走私，打击其经济，迫使法国重新回到谈判桌上，进而交回广州湾。为此，国民政府于1936年在广州湾附近建构了一条半月形的封锁线。然而到了1937年，抗日战争全面爆发，中国需要国际社会的支持，特别是对抗战物资的支持，广州湾通道成为中国争取抗战物资的贸易窗口。（图1）雷州关作为这个通道上的中国海关的桥头堡，国民政府利用它与法国、日本之间展开了复杂的经济封锁和反封锁作战。

图1　西营的长堤码头

# 第一阶段（1938年—1940年6月）

## 法国：禁运—通融—关闭

1937年7月7日，抗日战争全面爆发，日军驻上海第三舰队司令长官长谷川清于8月25日发表所谓"遮断航行"宣言，宣布封锁上海至华北沿海。9月5日，日海军部又宣布封锁我国全部海岸，企图阻断中国外援物资的输入，这就迫使中国必须另行开辟国际通道，以维持抗战力量。在此情况下，地处中国南邻，与我国广西、广东、云南三省接壤，且有水陆交通便利条件的法属印度支那（越南），遂成为中国用以打破日本封锁的首选之地。

广州湾属于法属印度支那管辖，广州湾通道成为法属印度支那通道的一个有机组成部分，广州湾执行越南的禁运政策。

于是，国民政府训令驻法大使顾维钧同法国政府交涉。令人遗憾的是，当中国政府正式与法国洽商借道一事时，法方以种种借口推诿。

这个时期分为三个小阶段。

**第一小阶段，从日军全面侵华战争爆发到1938年广州失陷。**

在这一阶段，由于英、美对日本的绥靖态度以及法国自身对印度支那安全的考虑，法国拒绝了中国借道运输的要求，并最终在1937年下达了"十月禁令"，禁止中国军火过境越南，并将禁运对象的范围扩大到机械和汽车。

中国驻法国大使顾维钧和法国外交部秘书长莱热就经广州湾过境中国的外援物资问题有过一段交涉：[①]

> 接着我又提出经广州湾过境的问题。广州湾位于中国南部，广州西南沿海，根据两国间的条约，已租给法国。我告诉他，该地法国当局近来拒绝中国货物过境，中国政府认为，广州湾的地位与印度支那

---

① 《顾维钧回忆录》第三分册，中国社会科学院近代史研究所译，中华书局1985年版，第293页。

不同。因此我问莱热，去年10月的内阁决议是否对广州湾有同等效力。

　　秘书长说，不仅同样有效，而且更为适用。因为相比之下，广州湾是个很小的地方，那里发生的一切事情都很容易引人注目。尽管它是一块租借地，但在日本人看来，那里的法国当局应对发生的一切负责。日本人一直在向法国表示强烈不满，指责它在过境问题上偏袒中国。

　　据《申报》报道：华南对海外交通，只有法属安南广州湾转滇内运之一途，平日经港转运广州之一切军商用品及救伤药物等，悉改此途转运，历来畅通无阻。乃最近驻港法署发出通告：所有汽车，无论属于军事及商用，一概不能取道法属安南广州湾运入中国，即使救护车辆现时亦不能例外。

　　顾维钧也回忆道，经由印度支那的过境运输，对于中国继续进行抗日战争至为重要。由于日本占领了沿海各省并封锁了中国的几乎全部港口，这一重要性就更为增加。日本人旨在切断中国的全部供应，使之不能继续抵抗，从而迫使中国向日本屈服。自从大多数沿海省份沦陷之后，广州以及位于它西面的广州湾的一些较小港口，便成为国外货物经由香港运进中国的重要入口。[①]

　　**第二小阶段，从广州沦陷到"二战"爆发。**

　　1938年10月，武汉、广州相继沦陷，抗战运输大动脉广九、粤汉铁路中断。法国对华政策出现反复。在中国政府的外交努力下，法国在不改变禁运立场的前提下，采用变通的手段为中国暗中提供了过境便利，使印支通道自1939年起进入运输的高峰期。

　　在这一阶段，法国采取了与英、美有限援华政策相平行的政策，通过对禁令的文字修改，缩小了禁运的范围，以变通的手段为中国提供了一定程度的过境便利。

　　1939年，广州湾开始繁荣起来。从1899年法国租借广州湾起，广州湾从没有像现在这样繁荣过。从广州湾航驶香港一线的轮船就有大宝石、大宝门、大金山、大中山、大顺康、凯门、鲤门、永和、永华、天成、康

---

　　① 《顾维钧回忆录》第四分册，中国社会科学院近代史研究所译，中华书局1986年版，第165页。

利、山东、恒生等一二十艘。大量的物资涌到广州湾，寸金桥货物堆积如山。广州湾入口货物，以煤油、电油、布匹、棉纱为大宗；出口货物包括席包、矿产品、花生油、土产糖、家禽、桐油、五倍子等。

据统计，1939 年 1 ～ 8 月，广州湾与香港的贸易额增加了 4 倍以上，如表 1 所示。

表1　1938 年 1 ～ 8 月与 1939 年 1 ～ 8 月广州湾与香港的贸易额

单位：港币（万元）

| 项目 | 1938.1 ～ 8 | 1939.1 ～ 8 | 1939 年比上年增加 |
|---|---|---|---|
| 国产经广州湾入香港价值 | 510.0 | 1555.1 | 1045.1 |
| 由香港入广州湾货品价值 | 556.6 | 2591.7 | 2035.3 |

资料来源：《经济新闻》，载 1939 年 9 月 28 日《星岛日报》。

1939 年 2 月日本占领海南岛，直接打击了法国对华援助政策，广州湾防卫空虚，风雨飘摇。

此时，雷州关的主要职能不是封锁广州湾，而是通过借道广州湾，保障从广州湾进来的外援物资快速方便地进入大后方。

**第三小阶段，从"二战"爆发到 1940 年 6 月法国沦陷。**

在这一阶段，法国关于印度支那通道运输的政策发生波动和逆转，并最终关闭了印支交通线。

1939 年 9 月，"二战"爆发，法国对华借道问题从此被纳入法国的战时轨道，进入一个异常波动的时期，并最终发生了重大逆转。

1939 年 11 月，日军从钦州湾登陆，发动了旨在切断印度支那交通线的南宁作战并占领了该地，桂南会战打响，中国军民血战，取得昆仑关大捷后，日军退守越南；11 月 30 日，日本外相野村会见法国驻日大使亨利，要求法国停止对华借道并同意日本向河内派遣军事监视团。

1940 年 6 月 22 日，以贝当为首的法国政府与德军签订停战协定，不久迁往小城维希，成为德国的傀儡，历史上称为"维希政府"。

维希政府成立后，一改此前法国对中国抗战事业的同情和支持，在日本的压力下，关闭印度支那通道，并派出监视团监视过境物资。

# 第二阶段（1940年7月—1941年12月）

## 日本：禁运，禁运

日本大本营海军部 1940 年 7 月 12 日宣布，派遣海军大佐圆山英助、海军少佐日高信作等十余人为监视员，前往广州湾，担任监视货物过境事宜。

日军一到来，即在广州湾施行禁运，限制水陆交通。寸金桥为遂溪县、广州湾交界地，为进入广西之重要枢纽，自禁止货物运输后，该桥法界一端即设有木栅，禁止车辆及限制行人来往，中越双方均有军队荷枪扼守。

广州湾总公使罗庇和斯在日军的压迫下规定：输运货物之大车，须停于距离边界 200 米外之地点。同时海湾亦规定禁例，泊在西营海湾之轮船，上午 6 时前不准起卸货物；下午 6 时起，亦制止起运工作。①

禁运的物资为花纱、布匹、汽油、煤油、润滑油、电机等，都是中国抗战急需的物资。同时发布新的货运条例：（1）货运实行许可证制度。货物运输须向当地警局领取通过证，注明所驶路线与限定时间及所载货物种类与到达地方。（2）货物要缴纳特种营业牌税。商人办运入口货物，须领"运入营业证"；办运出口货物，须领"输出营业证"。各证注明所运货物数量不能超过定额，税费按申请所运装货物多少而定。每证要缴纳越南币 350 ～ 600 元不等。②

如此严格的禁运措施几乎让广州湾成为死港。在广州湾商家的抗议下，广州湾不断放宽禁运政策，也采纳了避开日军监视团的办法，昼伏夜运。

这一年，由广西及粤南路各地通往广州湾的路线有三条：（1）经郁林、廉江、遂溪至广州湾，此为广西通往广州湾的主要路线。因所有公路已被破坏，交通完全使用挑夫，郁林至赤坎全程约需五日。廉江地处粤南

---

① 《大公报》1940 年 7 月 16 日。

② 韦健编：《广州湾商业指南年鉴合辑》，东南出版社 1943 年版，第 21、26 页。

与广西之要冲，西通郁林，东经遂溪、麻章而达广州湾。自越桂公路及西江被敌封锁后，不仅桂省货物取道于此，而且湖南土产亦有经广西转运此地出口者。（2）由信宜、茂名、化州、梅菉、黄坡经海道运往广州湾，途中阳春以上用挑夫，以下用木船，这也是主要交通线之一。梅菉扼内地水陆交通之咽喉，广西货物除取道郁林、廉江陆运外，亦有经信宜、茂名、化州，再由水道经此运出者。（3）由西江、新兴、罗定、阳春，经阳江再由海道到广州湾，途中阳春以上用挑夫，以下利用大帆船。①

在雷州半岛军民的努力下，打破日军的严密封锁，货物运输激增，雷州关地位在国统区凸显。据统计，雷州关 1940 年进出口货物 93 万吨，货值为 1.51 亿元（国币），居国统区海关之首，次于沦陷区的上海、天津和胶州。1941 年进出口货物 68 万吨，货值为 4.25 亿元（国币），居国统区海关之首，次于沦陷区的上海和天津。②

# 第三阶段（1942年1月—1943年2月）

## 雷州关：严查日货，封锁物资资敌

太平洋战争爆发后，1941 年 12 月 25 日，香港沦陷，中国抗战进出口货物的转运枢纽不复存在。日军也迅速垄断了香港到广州湾的航线，大量的日货在广州湾倾销，同时在广州湾设立公司，收购军需物资钨、桐油等。

据中统情报：敌近为吸收我土产计，特携大批港币，并派汉奸及葡人来湾大量收买。其办法如下：（1）先派汉奸在湾西营贝丁街创立大原公司及金城公司，表面是各种出入口货，实则是向各行商吸收钨矿、桐油、青麻及其他军用所需物品，现该两公司已先后开张。（2）利用葡人罗德礼（澳门著名葡商）为掩饰，在西营南天酒店设

---

① 《财政部驻香港外汇管理专员孟昭瓒视察报告》1940 年 6 月 10 日，中国第二历史档案馆藏贸易委员会档案，三〇九/179。
② 《海关中外贸易统计年刊1940—1941》。

写字楼，向各行商签订货单、汇款及各种信用担保。（3）派汉奸进行赇买我沿海缉私人员，及利用走私土棍，向内地吸收货品。（4）货品购得后，即来西营括流街敌内河营运处装运出口。①

最近广州湾等地，货物价格较之内地为高，大部分原因即为敌方大量收购物资所致，其所收之货物有：（1）五倍子，敌人收购运往广州，制成染料，再向我倾销；（2）桐油。在梧州桐油每担售价300余元，运至沙坪，可售600元左右。敌人收购运存香港，一般敌伪汇款回国困难，存款不如存货，故亦多作囤积。（3）钨砂。敌引诱私偷运钨砂，以大批纸烟或少数花纱等物与之交换，颇堪注意。②

据学者统计，日伪在广州湾设立的公司有14家：三井洋行，收买桐油、矿产，主持者为松木；万和洋行，收买桐油、矿产，主持者为机发；岩井商会，收买桐油、矿产，主持者为喜多彰；三菱洋行，收买青麻、五倍子、竹木，主持者为佐佐木等。

面对日本以广州湾为基地的经济封锁和入侵，雷州半岛人民和雷州关执行国民政府的经济反封锁政策，在广州湾和日本人进行经济作战。

据《大光报》报道：南路当局施行反封锁，将租界外周陆道缉私网加强组织力量划分两大段，计由遂溪寸金桥起，至沈塘止，吴川、黄坡至石门，分由各县长负责，指挥团队，会同各缉私队查缉，严防一切物资外输，即牲畜亦在禁运之列。在吴川缉获私运之猪、鸡、鸭数十万元，已将货没收外，并拘究货客多名，故目下由内地输出牲畜、物产已告绝迹。同时逮捕和枪毙了大走私犯邹武。

雷州关也发布了桐油管理细则，规定运往沦陷区的桐油需领证。同时禁运一大批日伪的棉纱。

这一年，雷州关取得了不俗的成绩，输出了国统区78.83%的贸易物资，如表2所示。这让日军感到害怕，1943年2月，日军入侵广州湾，截断了广州湾通道。

---

① 《敌伪经济汇报》第40期，中央调查统计局特种经济调查处，1943年油印本，第415－416页。

② 《敌伪经济汇报》第40期，中央调查统计局特种经济调查处，1943年油印本，第421－422页。

表2　1942年进出口货价值关别统计

| 关别 | 进口价值 | | 出口价值 | |
|---|---|---|---|---|
| | 金额（千元） | 百分数 | 金额（千元） | 百分数 |
| 兰州 | 12,495 | 0.86 | | |
| 西安 | 2,065 | 0.14 | | |
| 洛阳 | 122,587 | 8.48 | | |
| 重庆 | 15,962 | 1.10 | 2 | 0.001 |
| 万县 | 2,509 | 0.14 | | |
| 沙市 | 2,835 | 0.20 | | |
| 长沙 | 59,711 | 4.13 | | |
| 上饶 | 58,202 | 4.03 | | |
| 温州 | 12,749 | 0.88 | | |
| 福州 | 38,043 | 2.63 | | |
| 曲江 | 69,619 | 4.82 | | |
| 梧州 | 141,595 | 9.80 | 710 | 0.37 |
| 南宁 | 35,942 | 2.49 | 4,363 | 2.28 |
| 北海 | 3,065 | 0.21 | 715 | 0.37 |
| 雷州 | 632,351 | 43.75 | 151,037 | 78.83 |
| 麓州 | 12,995 | 0.90 | 279 | 0.15 |
| 昆明 | 217,664 | 15.06 | 34,225 | 17.86 |
| 思茅 | 5,347 | 0.37 | 280 | 0.15 |
| 合计 | 1,445,736 | 100.00 | 191,610 | 100.00 |

数据来源：《中央银行经济汇报》1943第4-5期。

注：此表数据仅为国统区海关数据。战时特殊物资一般不纳入海关统计。

# 国际通道

# 抗战时期广州湾"国际通道"探析[①]

　　抗战时期，广州湾仍然属于法国的租借地，但经过建设，拥有先天优势地理位置的广州湾与外界已搭建起比较成熟的交通网络。通过海路的运输线，广州湾与香港、澳门及越南建立起比较密切的货物运输往来关系，"港澳湾""湾越"等专有名词正是那段历史的反映。而广州湾与大西南的往来，则主要通过陆路网络。1939年至1942年，大量的抗战物资通过这些成熟的交通网络进入或运出内地。这些抗战物资的往来，为抗战的胜利做出了巨大的贡献。

　　古语曰："兵马未动，粮草先行"，此是对战略物资在战争中重要性的一种肯定。而战略物资的获取，又往往与交通运输线有关。1937年抗日战争全面爆发后，日本深知个中意义，迅速对中国进行封锁，企图阻断中国从外面输入战略物资。而国民政府则实施了反封锁，多渠道、多方式地从外界获取外援物资，以维持抗战力量。国民政府反封锁的一大举措就是开辟多线路的国际运输线。"如何维持国际运输路线，乃有关中国存亡之问题。"[②] 粤港交通线、滇越铁路、滇缅公路、印支通道、西北国际交通线、驼峰航线等，都是当时国民政府努力开辟的国际交通线。对此学界已有不少的论述与研究，取得了不俗的成果。但综观绝大部分的研究成果，却发现有一条线路几乎没有一位学者详细论述到，尤其是它的海路方面——这就是以当时法租借地广州湾为中心的国际进出口运输线，或者说是"广州湾国际大通道"。诚如租界史专家费成康先生所言："多年来陆续出版的史料表明，在中华民族最危险的时候，广州湾租借地确是大量抗

---

　　① 本文系陈国威、何杰合撰，原载《岭南师范学院学报》2018年第2期，第102–114页。

　　② 国民政府交通部：《十五年来之交通概况》，1946年，第69页。

战急需物资从海外运往抗日后方的通道。"① 可以说，1939 年至 1943 年的广州湾是中国政府获取国际援助及出口物资最重要的国际交通线。笔者不揣浅陋，根据所掌握的原始档案资料，参考相关文献，梳理抗战时期广州湾的交通概况，对抗战时期这条海路通道的建设与经营做一初步的研究，以求正于方家，并期望促进抗战时期中国交通线路的深入研究。

## 关注缘由

1937 年抗战全面爆发后，有鉴于当时的国力情况②，国民政府把抗战和建设的立足点放在外援上，而抗战前期国民政府用以获取外援的主要方式是以货易货。如 1938 年 3 月至 1939 年 6 月，当时苏联先后给中国三笔共计 2.5 亿美元的易货援华贷款。1938 年 12 月美国则批准了第一笔对华 2500 万元的桐油贷款。这样，一方面有大批抗战物资亟待运入，另一方面又有大量偿债物资急需输出，因此必须有安全而畅达的国际交通线加以保证。正是由于认识到国民政府在经济和军事上对外国的严重依赖性以及在国际交通中的缺陷，战争全面爆发后，日本即迅速实施封锁战略，全面实施对华经济作战的方针和策略，对素恃海上交通优势的中国"实行海面监视，促成对方经济上的破产和军需上的枯竭"③。

早在 1937 年 8 月 25 日，日本海军第三舰队司令长谷川清就宣布封锁长江口以南至汕头海岸。9 月 5 日，日本外务省和海军省联合发表第二次声明："日本政府前以早日收拾时局，安定事态之目的，对于中国船舶，遮断在中国东南海岸交通。今次更扩张其区域，决自昭和 12 年 9 月 5 日正午起，遮断中国船舶，在北纬 40 度 0 分东经 121 度 54 分，至北纬 21 度 33 分东经 108 度 3 分之中国海岸，青岛及第三国之租界地不在此限。

---

① 费成康：《广州湾研究进入新阶段》，载《岭南师范学院学报》2015 年第 1 期，第 53 页。

② 据资料统计，抗日战争前夕，我国石油、钢铁、机械、车船等几类重要战略物资的自给率仅分别为 0.2%、5.0%、23.5%、16.5%。见杜恂成《民族资本主义与旧中国政府（1840—1937）》，上海社会科学院出版社 1991 年版，第 251 页。

③ 《日本参谋本部关于华北用兵时的对华战争指导纲要》，见李巨廉、王斯德主编《第二次世界大战起源历史文件资料集》，华东师范大学出版社 1985 年版，第 7 页。

此项措置为敦促中国之反省而实行者，日政府当然尊重第三国之和平通商，而毫无对此加以干涉之意图，惟外轮籍发生怀疑时，仍得登轮检查。倘载有战时禁制品，日政府亦得行使优先购买权。"[①] 也就是说，日本将封锁区域扩至北起秦皇岛、南迄北海的全部中国海岸，以进行临时检查、捕拿和扣留船只为手段阻断中国海上交通，并由海军进行了一系列的封锁作战。由此，粤汉铁路成为中国"进口军需品及出口货物之唯一路线"[②]，中国政府被迫通过广九铁路与粤汉铁路的接轨，获取炸弹、飞机和飞机零部件、高射炮、野战炮、机枪、安全子弹、雷管、安全导火线、TNT 炸药、甘油炸药、磷、无烟火药、鱼雷、探照灯以及防毒面具等战略物资。针对此情况，1938 年 10 月，日本迅速占领了华南重要港口广州和华中重镇武汉，切断了中国当时最重要的交通动脉——粤汉铁路。至此，中国的海上交通除沿岸小港有零星的走私外，几乎全在日本的控制之下。这对中国的对外贸易及战略物资输入产生了很大的影响。1939 年 2 月，日本继之占领海南岛。1941 年更是将香港攻占。其后，中国国民政府实行了反封锁措施，陆续开发了滇越铁路、滇缅公路、西北路线、印支路线、驼峰航线等，寻求国际交通线路的支援。相关研究对此已有所论及。但若从地理位置考虑，一条线路被众多研究者忽略，这就是当时的法租借地——广州湾通道。

广州湾是华南沿海的一个港口城市，1899 年，正是看中了它的地理位置，法国向清政府租借了该地区，作为其大印度支那战略的一部分。而根据 1937 年日本发布的声明，封锁区域不包括"第三国之租界地"，此无疑为当时国民政府开辟国际交通线路留下一个大的空间。这个大空间也为当时的媒体、情报所记载。如在 1943 年，具有敌伪背景的《新亚》杂志相继发表多篇文章谈及广州湾特殊的地位："这几年间，广州湾却俨然成为渝方拖延妄战的谋略要地。""自从滇越和滇缅路线截断及日军占领香港后，广州湾已成为渝方仅存的密输路线，因为一切物资的输入，只要经过寸金桥的法方检问站，便可以沿着遂章公路转入广西和重庆；内地物

---

① 李景禧：《封锁海岸与对策》，见齐春风《中日经济战中的走私活动》，人民出版社 2002 年版，第 49 页。

② 王晓华、李占才：《艰难延伸的民国铁路》，河南人民出版社 1993 年版，第247 页。

产的输出，也可以不经汕头广州，而由广西直接运到广州湾。"① "从日军进驻广州湾，占领雷州半岛后，渝方在西南的防御势力已经崩溃，同时广州湾的特殊性也因此丧失，使重庆过去利用广州湾法租界地区，吸收物资，转运入内地的计划，亦完全归于粉碎。由此而观，日军进驻广州湾，对重庆之打击实至巨大。"② "日军和平进驻广州湾以来，法政府的行政虽一仍其旧，然而为着截断了对渝方的物资运输线，那许多（可以说是全部）靠运输和操纵物资的投机分子们便都如热锅上的蚂蚁了。他们将往何处去呢？恐怕不能不彻底把自己改造而成为东亚共荣圈的一员吧。"③ 而日本本土的报纸也在披露相关内容："在中国事变之后，广州湾作为重庆方面物资的补给道路发展起来。根据关于禁绝援蒋物资的日法协定，我国可以在广州湾驻扎监督官员。虽然重庆方面有幕后活动策划获得物资，但是随着这一次进驻，其活动将被停止。"④ 敌伪这些相关的报道、情报其实也从另一个侧面说明抗战时期广州湾国际通道的重要地位，是日本对广州湾的定位。这也难怪在抗战时期，在如此一个华南偏僻地带，居然开设了十多个公司专门从事战略物资贸易及走私。⑤

　　事实上，1940 年 6 月，国民政府财政部贸易委员会的报告中也提及抗战时期广州湾的交通地位情况："吾国沿海口岸自被敌施行封锁后，出口路线遂因之发生变动，就广东省而言，向由广州及潮汕出口者，今则悉由沙鱼涌运出。粤南沿海因受敌舰之监视，则悉改由澳门及广州湾出口。惟自中山、江门陷落，拱北关通路完全切断后，所有出口货物，则均集中于广州湾。"⑥ 另一份来自 1939 年广东省银行的调研报告亦提及："广州湾在南路未与各省沟通公路以前，仅为南路数县出入口货物所经之门户，但自抗战十余月间，西南公路遍设，本埠与广东、广西、贵州、四川各

---

　　① 银汉：《日军进驻后之新生地带——广州湾一瞥》，载《新亚》1943 年第 8 卷第 4 期，第 18 - 19 页。

　　② 《日军进驻广州湾》，载《新亚》1943 年第 8 卷第 4 期，第 1 页。

　　③ 林欣欣：《广州湾印象记》，载《新亚》1943 年第 9 卷第 1 期，第 29 页。

　　④ 《广东省南部有前景的物资出口港广州湾今后的经济方向》，载《日本产业经济新闻》1943 年 3 月 4 日。

　　⑤ 齐春风：《中日经济战中的走私活动》，人民出版社 2002 年版，第 194 - 195 页。

　　⑥ 孟昭瓒：《广州湾及广东南路视察报告》，香港档案馆藏，档案号：HKMS175 - 1 - 1296。

省，均有陆路可通，广州沦陷后，湖南、湖北之交通，亦经广西，而南下于此。广州湾现已成为我国各省极大出海港口，谓为国际路线，亦无不可，其对于我国贸易运输上之重要性，不言而喻。"① 当时另一文献则言："自中日战事发生以来，全国海口相继失陷，最近□□为完成其封锁计划，实行在汕头登陆，广州湾地位，随之增高。盖以硕果仅存之北海，时有被占之可能，经皆裹足不前，海防则货积如山，运输困难，暂成於塞状态之中，广州湾既可免受□舰威胁，复有公路连系，且属自由港，遂起世人之注意，遂致颓唐之市骤然趋向繁荣。"② 后人回忆中则有记述，曰："广州湾是当时唯一可以通行的国际进出口运输路线。由广州湾公路直达重庆，中途不须中转，汽车运输一周可到。"③ 从这些文献资料中我们有理由认为，抗战时期在华南地区最南端的海岸中存在着一个交通要道，这个交通通道为抗战输送了不少战争物资。这个交通通道至少在时人眼中是存在的，这是值得我们关注的地方。

## 广州湾地理位置概况及战时广州湾"国际通道"

新中国成立后，湛江港成为中国第一个自行设计和建造的、世界上少有的现代化深水良港，是中国大西南和华南地区货物出海的主要通道，也是中国大陆通往东南亚、非洲、欧洲和大洋洲航程最短的港口。湛江的前身就是广州湾，1899 年法国租借广州湾，看中的就是它的地理位置。抗战时期，广州湾通道能够成为一个重要的交通要道，与其得天独厚的地理有关。"广州湾位于吾粤之西南，湾广水深形势险要，为我南路出口要港。"④ 多份资料都指向广州湾是一个很重要的交通枢纽的事实："广州湾前为吴川、遂溪及海康一部分县治，扼高雷及两阳十一县及梅菉特别区之

---

① 陈玉潜：《广州湾及南路各地调查报告》，载《银行周报》1939 年第 23 卷第 6 期，第 10 页。
② 《广州湾通讯》，载《棉情月志》1939 年第 21 期，手抄本。
③ 蓝德尊、蓝复初：《利昌公司》，见中国政治协商会议西南地区文史资料协作会议编《抗战时期的西南交通》，云南人民出版社 1992 年版，第 358 页。
④ 《南路民众对于广州湾贻害南路之宣言》，载《广东南路各属行政委员会公署公报》1926 年第 1 期，第 126 页。

咽喉，不仅为粤省南路门户，现且成为我国重要海港。"① 广州湾"居南路出海要卫，握高、雷、钦、廉、琼、崖交通枢纽，而临南海与东京湾②，介于香港与越南之中，抗战以后，不仅为粤省南路门户，且成为我国西南之重要口岸"，其"海岸线全长约为十五英里"③。因而法国印度支那高级官员、曾负责过广州湾行政管理的西尔维斯特即认为："我们（法国）只要占据了广州湾，就能够握住'印度支那海北门的钥匙'。"④

便利的地理交通位置以及特殊的租借地身份，自然比较容易促使广州湾成为抗战时期一个重要的交通要道。事实上，诸多史料都指向一个史实，就是战时存在着一个广州湾"国际通道"，广州湾在连接港澳与内地、国际与内地货物运输方面扮演着一个中转站的角色。"多年来陆续出版的史料表明，在中华民族最危险的时候，广州湾租借地确是大量抗战急需物资从海外运往抗日后方的通道。"⑤ 这种角色的出现与当时广州湾存在着成熟的交通线及特殊的租界地位有着密切的关系。有学者认为，广州沦陷后，日军已切断中国经香港的对外通道。但笔者经过对史料的分析，发现这里面存在着误会。广州沦陷后，中国还存在着通过广州湾与香港的交通线，并且发挥着繁忙的交通运输之功能。这条线路之重要性，致使日本在 1943 年 2 月占领广州湾后即放言："关于日军进驻广州湾后，有三点值得我们注意：一、重庆保卫西南之计划失败；二、开发西南地域经济无法完成；三、最后外援路线断绝。此对于重庆均有莫大的影响，而暴露重庆今后对外援助将更形绝望。"⑥ 日本甚至对广州湾的未来打起了算盘："今后的广州湾，一、作为广东省南部的物资出口应该会有所发展。二、作为香港和法属印度支那地区的海防（越南北部海口港口工业城市）之

---

① 陈玉潜：《广州湾及南路各地调查报告》，载《银行周报》1939 年第 23 卷第 6 期，第 10 页。

② 越南及法国殖民主义者称我国的北部湾为"东京湾"。

③ 韦健：《大广州湾》，香港东南出版社 1942 年版，第 4 – 5 页。

④ Alfred-B：《法国在广州湾》，见景东升、何杰主编《广州湾历史与记忆》，武汉出版社 2014 年版，第 40 页。

⑤ 费成康：《广州湾研究进入新阶段》，载《岭南师范学院学报》2015 年第 1 期，第 53 页。

⑥ 《日军进驻广州湾》，载《新亚》1943 年第 8 卷第 4 期，第 1 页。

间贸易中转港的地位确立。三、应该努力发展海南岛贸易。"①

下面我们来看看抗战时期广州湾与外界往来的交通线情况。

## (一) 海路方面

战时,当时不少报刊都提及一个流行的专有名词"港澳湾"。"港澳湾"指的是当时三个地方:香港、澳门与广州湾。抗战时期,行政上,此三地仍分别归属英、葡、法管辖;战时"港澳湾"的称呼,除这层特殊含义外,同时也意指当时这三地密切的往来。它们之间主要是通过海路往来。1939 年中国银行广东分行经理陈玉潜曾有一份报告指出"广州湾水陆交通颇为便利",因为"香港距广州湾约二百四十海里",航行时间只需 21 个小时。港湾之间日常行驶的船只包括:"大宝石(载重一千六百吨,吃水十七至廿一呎)、永华(载重一千二百吨,吃水十一至十四呎)、永和(载重一千二百吨,吃水十尺至十三呎)、双美兴(不定期,山东、岳州亦行走此线)。"② 另一份来自 1940 年财政部贸易委员会专员报告也提出:"港湾……航行时间约廿至廿四小时,船期极不定,完全视载货情形而随时变动……往返约需两周至三周。近因广州湾为粤南惟一出入要道,港湾间之船只亦日益增多。"1940 年往返港湾之间的轮船包括"太古轮船公司——共有'济南'、'太原'、'琼州'、'江苏'、'广东'、'嘉应'、'苏州'、'庆元'、'绥阳'等十余艘",这些轮船"并行驶上海及西贡、海防与其他南洋各埠,行期极不定";"顺昌航业公司——仅有轮船'大宝石'一艘,只往来广州湾香港之间";"德忌利士公司——仅有海轮'新海门'一艘,该轮原航行于香港汕头之间,因潮汕沦陷,乃改至港湾间营业";"大有航务公司——共有'永和'、'永华'、'永成'三轮,其航线亦只限于港湾之间"。③ 另一份文献也提及 1939 年间"由申来湾者,有怡和、太古之轮船,由港来湾者,有顺昌、大有德、忌利时三

---

① 《广东省南部有前景的物资出口港广州湾今后的经济方向》,载《日本产业经济新闻》1943 年 3 月 4 日。

② 陈玉潜:《广州湾及南路各地调查报告》,载《银行周报》1939 年第 23 卷第6 期,第 6 页。

③ 孟昭瓒:《广州湾及广东南路视察报告》,香港档案馆藏,档案号:HKMS175 –1 – 1296。

公司之船七八艘".① 因而在后人的记忆中，来往港湾之间的海轮千吨位的就有一二十艘的可信度还是比较高的："航驶香港一线千吨以上的轮船就有'大宝石'、'大宝门'、'大金山'、'大中山'、'大顺康'、'凯门'、'鲤门'、'永和'、'永华'、'天成'等一二十艘。英商太古洋行的沿海船只也密集航行上海、香港、广州湾、海口、海防一线。"② 频繁的海路交通运输深深地影响着两地的经济社会情况。1941 年，日本深感广州湾在连接香港与内地运输的枢纽功能，在该年 8 月就与法方协商，往广州湾派遣货物检查团。"检货团"的到来，对港湾两地海路运输产生了一定影响："广州湾自日方'检货团'入驻后，严密查缉货物，情势为之一变。查港湾线自去年英轮停航后，只有'大宝石'、'永和'、'永华'三轮。本年四五月间，湾中货物堆积如山，无法清运，湾商遂纷纷集资组织公司，与外商合作，或聘外国人为船主，计先后行驶者有'基亚'、'益达'、'马士弼'、'福华'、'淑莲"等，几达十艘之多……及至最近，各轮船均竞争生意，由湾至港虽有牲畜、黄麻、蒜头、桂皮等土产品，但由港开来，往往无货可装，有之亦属少数。查其原因，实由本湾第一次货物运入证经已满期而第二期运证为布匹、花纱、洋杂、药材等类，尚未发齐，虽有多少发出，迩因港汇猛涨，商人多持观望态度，多不敢购货，因之各轮目下货运，较前减少。"③ 因而，上海、广州沦陷后，广州湾成为内地与外界物资往来的主要枢纽之一。"广州湾方面存货亦可装运，目前问题则为内地如何运至海防或广州湾而非为由该二口岸运至香港之困难也。"④ 贸易委员会在 1939 年建议"黔、桂、鄂等土货，先集中贵阳，转往南宁运至广州湾至香港"⑤ 就是考虑从海路将物资运送出去。

在海路方面，除了港湾线外，抗战时期往来频繁的还有湾澳线。"最近又闻广州湾各轮酝酿停航香港，改航澳门。大约本月内实行，各轮如改航澳门，则广州湾与香港交通更为不便，虽仍可到达，但货物运输，又多

① 《广州湾通讯》，载《棉情月志》1939 年第 21 期，手抄本。

② 湛江市工商联史料编写组：《广州湾的商业琐谈》，见中国人民政治协商会议湛江市委员会文史资料研究会编《湛江文史资料》1986 年第 5 辑，第 57 页。

③ 《水陆严密检查下广州湾货运锐减》，载《大公报》1941 年 8 月 29 日。

④ 《复兴商业公司代电（民二九年八月）》（渝易贸字第 20011 号），香港档案馆藏，档案号：HKMS175 - 1 - 1172。

⑤ 《贸易委会规定土货集港输出办法》，载《申报》1939 年 2 月 23 日。

一转折。"① "此间与港澳交通，虽有轮船四五艘来往，但货客仍挤拥如故，现又有'益达'号轮船一艘加入行驶澳湾线。"② "……东江海道交通闭塞以后，韶关与香港间之货运贸易，乃转而假道于澳门、广州湾，由广州湾转入我内地，因此澳门广州湾航运，一时蓬勃。往来澳门与广州湾之轮船，共有八艘之多，货运极为挤拥。"③ 种种迹象表明，澳门与广州湾之间存在着比较密切的关系。一旦香港局势比较紧张时，有关方面就通过广州湾将货物先运到澳门，再由澳门运输到香港；或者将货物用船直接运往广州湾，再分散进入内地。"自香港沦陷后，偷运就未曾中断过，甚至汽油、棉纱、煤油、西药、五金等日方严密封锁的物资，也大量运往澳门，再由澳门用船运往法租界地广州湾，乘隙运往内地。"④ 所以对这些往来港澳间的轮船检查甚严密："本港大有船务公司之永和号轮，最近由港开往广州湾，曾遭严厉检查……与永和号同日抵达者尚有由澳开往之法轮津杜卑士（Goan Dupis）号，及由港开往之巴拿马轮马士卑号，该两轮亦遭同样检查。该法轮载有棉纱一大批，及汽油数百罐，但因货物为日本人事前经获得广州湾当局之谅解，故未被扣留。永和号轮因无违禁货品，故获放行，马士卑号轮则被搜出违禁货品，刻仍被广州湾当局扣留云。按广州湾当局去年亦曾有如是之措施，当时曾有英轮两艘，因载有违禁货品，各被罚一万五千元。"⑤

另外还有与越南的海路往来关系，当时以"湾越"线著称。"本埠对外交通……水路现只有'湾越''湾澳'两线，湾越线有捷福公司代理之'多宝轮'及顺昌公司之'大宝石'轮，经常行走，间或亦有不定期货船来往，俱以海防为目的地，往西贡者须到海防转轮，由湾至海防约二百五十海里，两天可达。"⑥ 当然，环境的恶劣，自然造成航线的船只、班期是不固定的。"行驶此线者，定期船只计有多宝轮一艘，由西营普生祥代理，又最近有英商太古洋行之山东及济南号，英商怡和洋行怡生号，亦不

---

① 《广州湾轮船拟改航澳门》，载《大公报》1941 年 5 月 13 日。
② 《广州湾禁运近情》，载《大公报》1941 年 5 月 23 日。
③ 《广州湾澳门间货运困难》，载《大公报》1941 年 10 月 23 日。
④ 中央调查统计局特种经济调查处：《敌伪经济汇报》1942 年第 34 期，影印本，见《抗日战争史料丛编》第三辑，国家图书馆出版社 2014 年版。
⑤ 《广州湾实行检查入口货物》，载《大公报》1941 年 9 月 13 日。
⑥ 韦健：《大广州湾》，香港东南出版社 1942 年版，第 10 页。

时行驶，惟无定期。"① 广州湾与越南的往来密切关系，造成了从法国人手中占领广州湾后，日本的计划也是将广州湾与越南联系起来的情况："今后的广州湾，一、作为广东省南部的物资出口刚应该会有所发展。二、作为香港和法属印度支那地区的海防之间贸易中转港的地位确立。"②

抗战时期，贸易物资通过这些特殊地位的口岸运输，就连日本军方也承认："法属印度支那和香港等第三国地区的作用也日益增大，发挥着秘密与重庆内地进行交通联络、政治谋略舞台的作用。其在华南的政、战、谋略方面的地位更高了。"③ 因此，抗战时期的"港澳湾""湾越"海路交通运输网络作用应该得到重视。同时由于拥有漫长的海岸线，广州湾除了海路上的"港澳湾""湾越"外，还有与周围其他口岸地区存在着以帆船（戎克船）为工具的水路交通网络。"航船运输外尚有帆船，外线行走江门、海口、北海一带，内线贯通大阜内地墟场，装载货物出口，水脚较宜，此项船舶，多停泊赤坎港口。其他南路滨海一带，在未被敌人封锁前，尚有小型轮船航行广州湾各大墟埠至电白等处间，近已停航。"④ 而早在1931年，海南与广州湾也"通过平底帆船进行沿海贸易"⑤。帆船贸易网络目前仍存在于湛江与周围地区的贸易圈内。

## （二）陆路方面

抗战时期，广州湾的交通网络，除了水路方面，陆路的情况也是值得关注的。正是通过陆路的密集交通线，将广州湾与广东南路地区、大西南联结在一起。从历史上看，广州湾是广东南路地区较早建设成熟的公路网络的地方，早在1911年，法国人最先将西营（现湛江霞山）至赤坎的牛

① 陈玉潜：《广州湾及南路各地调查报告》，载《银行周报》1939年第23卷第6期，第10页。

② 《广东省南部有前景的物资出口港广州湾今后的经济方向》，载《日本产业经济新闻》1943年3月4日。

③ 日本防卫厅防卫研究所战史室：《广西会战》，天津市政协编译委员会译，中华书局1985年版。

④ 陈玉潜：《广州湾及南路各地调查报告》，载《银行周报》1939年第23卷第6期，第10页。

⑤ 《广东省南部有前景的物资出口港广州湾今后的经济方向》，载《日本产业经济新闻》1943年3月4日。

车路扩修成马车大道，1913 年又改建为汽车路，长约 12 公里①。西赤公路亦是广东南路一带最早的汽车公路。至 1938 年，广州湾的公路已"通区内各市镇，并与粤桂二省相衔接"，"亦可以与印度支那相交通"②。如黄西公路，即由吴川的黄坡（起点）至西营（终点），全长 30 里，由广益公司经营运输业务。据巫宝三 1933 年的统计，广州湾的长途汽车"有31 辆"，到底有多少由华人经营，多少由法人经营，"不得而知"③。1939年陈玉潜的报告也指出："西营距赤坎十二公里，有长途汽车及小汽车，时间约需廿分钟。长途汽车满额十二人后，方始开行，每人收毫银三毫；小汽车满额六人即开，每人收毫银四毫。汽车长途车，均可包租专送。长途汽车约毫银四员，小汽车二员四角。乡间用牛拖车载货。"④ 这是广州湾与南路地区的公路网络方面。而与大西南方面，在抗战时期也是比较便利的。"广州湾与广东以桥为界，北为粤属之麻章，南为法属之赤坎，麻章有公路直贯郁林，可径通梧州、桂林、邕宁、柳州等地，更进可达贵州、云南、四川、湖南、江西等省。以前汽车通行时一日可抵桂省各处。今以麻郁段公路破坏，运输全赖肩挑。行程须加五日，每日熙熙攘攘，数以千计。"⑤ 而后人的回忆中言及："广西是西南区的邻省，由中南、东南沿海各地及港、澳和海外各地运进的大宗邮包及部分军事邮件，寄发西南区云、贵、川及西北区陕、甘、宁、青、新疆等省的大量邮件，都要先运进广西；然后再由铁路、公路、水路分线分段运至贵阳……公路线……其主要路线，一条是由桂林经柳州、南宁再南向经凭祥，出睦南关至越南的河内、海防……一条是由柳州经柳西大圹转车接西南公路经宜山、河池、南丹、陆寨跨区经贵州独山、都匀、龙里至贵阳；再一条由柳州经迁江、来宾，东南行至贵县、玉林，越境至广东的广州湾（现湛江）。"⑥ 也就是说，抗战时期，广州湾与大西南交通中存在一条还算便利的陆路交通网络。

---

① 《法人广州湾之经营》，载《东方杂志》1914 年第 5 卷第 11 期。

② 《广州湾巡礼》，载《申报》1938 年 12 月 6 日。

③ 巫宝三：《中国国民所得（一九三三年）》，商务印书馆 2011 年版，第 587 页。

④ 陈玉潜：《广州湾及南路各地调查报告》，载《银行周报》1939 年第 23 卷第6 期，第 10 页。

⑤ 《广州湾通讯》，载《棉情月志》1939 年第 21 期，手抄本。

⑥ 张人权：《西南军邮概况》，见中国人民政治协商会议西南地区文史资料协作会议编《抗战时期的西南交通》，云南人民出版社 1992 年版，第 441 页。

在战争纷乱的年代，这条通往大西南的线路受到时人的青睐，以致当时中国旅行社派员调查："由广州湾经赤坎、郁林、桂平、石龙、柳州、宜山、河池、贵阳、重庆，行程约两星期。"① 也就是说由香港中转广州湾，是可以通达重庆的。1941 年，在香港沦陷前几天，文化名人凌叔华正是通过这条线路到达桂林的。② 1943 年，在南路指导工作的中共粤南省委组织部部长王均予到重庆寻找南方局时，也是走广州湾、廉江、广西，后通过贵阳到达重庆的这条路线。③

## 战时广州湾"国际通道"之经济贸易及其影响

根据记载，抗战初期，中国商品与外界往来的主要出海线路大致分五条："1. 以上海为出口港的京沪内河交通线，包括南路（经长江在镇江转南运河达上海出口）和北路（经长江由口岸转江北内河至泰州转南通达上海出口）两大路线；2. 以青岛为出口港的汉口青岛交通线，包括全程铁路（汉口—郑州—徐州—济南—青岛）和水陆联运（由汉口沿长江至浦口再经津浦路到济南达青岛）两条路线；3. 以香港为出口港（由汉口经粤汉路至广州再经广九路至香港）；4. 以法属越南的海防为出口港，其中包括水路（由汉口循长江至重庆）、陆路（由重庆经川黔公路至贵阳，再经黔滇公路至昆明）和铁路（由昆明经滇越铁路至海防）三段路程；5. 中苏交通线，由汉口经平汉路至郑州转陇海路至西安，由西安沿西兰公路至兰州，再经哈密至塔城。"④ 其后，由于上海、广州沦陷，国民政府谋求新的出海口："内地主要土货之输出集中香港后再装轮运至海外各地。川、滇、康等土货，先集中昆明，再转运海防至香港。黔、桂、鄂等土货，先集中贵阳，转往南宁运至广州湾至香港。浙闽赣湘等土货，

---

① 《中国旅行社派员调查经广州湾行程两星期》，载《大公报》1941 年 3 月 16 日。

② 凌叔华：《由广州湾到柳州记》，载《妇女新运》1942 年第 8 期，第 4 页。

③ 中共湛江市委党史研究室编：《南路人民抗日斗争史料（1937.7—1945.9）》，广东人民出版社 1996 年版，第 98 页。

④ 军事委员会贸易调整委员会：《促进对外贸易实施办法大纲》，载郑会欣《国民政府战时统制经济与贸易研究（1937—1945 年）》，上海社会科学院出版社 2009 年版，第 53－54 页。

先集中宁波或温州，装轮运至香港。贸易委员会除设立香港分会，主持土货集中输出外，并在昆明、贵阳、南昌（按：应为南宁）、宁波、温州等处，设立贸易委员会办事处。现计划再在海防设办事处。"① 由于特殊的地理位置及成熟的交通网络，广州湾获得了国民政府的关注。相关的贸易数据似乎也显示了这一点。如当时一篇报道称："据法人不完全之统计，可知一九三九及一九四〇两年中，本港（按：指广州湾）国外进出口贸易，平均每年约达一千万美元。九龙所需之肉类，鸡蛋，桐油及菜蔬，或由该处转口者，其中百分之七十，系产自广州湾区域。"② 与广州湾毗邻的雷州海关相关数据也透露了这方面的信息。1936 年，洋货进口额为89.89 万元（按：国币，下同），土货、国货出口额是 171.74 万元，两者共计 261.63 万元，占全国的比重为 0.16%，居当时 47 个海关的第 37 位。在全面战争刚刚爆发的 1937 年，数据变化不大。那一年洋货进口额是136.96 万元，土货、国货出口则为 232.40 万元，总数据共计 369.36 万元，占全国的比重为 0.21%，居第 25 位。到了 1938 年，洋货进口及国货出口获得了一定程度的提升，但总额还是较小；洋货进口额为 377.76 万元，国货出口额是 571.97 万元，总额占全国的比重为 0.57%，居第 14位。1939 年略有改变，洋货进口额提升为 1568.4721 万元，国货出口提升为 1856.64 万元，总额则占全国的比重为 1.44%，居第 10 位。上述变化，不知是否与法国对华政策有关？1937 年 10 月，迫于日本的压力，法国禁止中国的军用物资通过越南（法属印度支那），广州湾也受到波及。但经过国民政府的交涉，1939 年 1 月，法国同意给中国以过境运输的便利。1940 年 7 月，德古（Decoux）出任印度支那总督，一方面迫于日本的压力，另一方面"可能导致重庆国民政府最终出兵印支"③。广州湾此时成为真正的自由贸易港。1940 年，雷州海关进出口数额为 15194.97 万元，占全国的比重为 9.78%，次于沦陷区的上海、天津和胶州。洋货进口与国货出口额分别是 8313.14 万元和 6881.83 万元。到了 1941 年，通过雷州海关进出口的物资仍然不少，洋货进口为 328017.92 万元，国货出

---

① 《贸易委会规定土货集港输出办法》，载《申报》1939 年 2 月 23 日。

② 《广州湾视察报告（1946 年 7 月 29 日）》，王言绥译，载《港工》1948 年第 2卷第 2 期，第 10 页。

③ 何杰：《抗战后期收回广州湾之中法日外交折冲》，见景东升、何杰主编《广州湾历史与记忆》，武汉出版社 2014 年版，第 72 页。

口是 97009.80 万元，两者共计 425027.72 万元，占全国的比重为 7.91%。1942 年，进出口总额仍高达 78340 万。1943 年 2 月，日本进驻广州湾；5 月《法日共同防卫广州湾协议》正式签订。但考虑到广州湾"这一通道确实为香港、澳门和华南日占区的日本军队提供到了补给"①，日本仍然放开广州湾贸易通道。1943 年，雷州关的进出口总额为 32590 万；1944 年进出口总额为 37580 万，已呈没落状态了，1945 年大致一样。② 以上数据，估计与走私有关。国民党中统情报显示，早在 1942 年 7 月，日伪在港澳湾地区设立的走私公司有 47 家，其中就包括广州湾地区的 14 家：三井洋行，收买桐油、矿产，主持者为松木；万和洋行，收买桐油、矿产，主持者为机发；岩井商会，收买桐油、矿产，主持者为喜多彰；三菱洋行，收买青麻、五倍子、竹木，主持者为佐佐木；昌兴航业公司，主要业务为航运，主持者为濑尾；新兴行，收买锑砂、桐油，主持者为中田；内河营运组合，主要业务为航运，主持者为大日风；公利号（为澳门启泰商号所设），代理日方统办各项进出口货物，主持者为香港前东华医院经理肖澳惟；兴亚贸易公司，倾销日货布匹等；大原公司，向各行商收买钨砂、桐油、青麻及其他军需品；广昌号，在桂南各地搜集废铁、桐油、青麻等资敌，主持者为李振兴；大东亚倾销场，收购钨砂、水银、松香、青麻等，输出各种毒品、奢侈品等；广新行，收买枪支、子弹、水银、松香、钨砂等重要物资资敌。该公司为日商大原公司出资，主持者为文卓逸、蔡某。还有吕春荣、黄昆、罗有忠、吴子昌、罗光廷、陈鸿发、肖宜春、肖联春、刘应连、林干初等在广州湾合组公司，以伪造的中、交行 50 元、100 元假钞，购买内地钨砂、汞、铅、锡、松木、油、青麻、铁、锌等物产。除上述 14 间公司外，在广州湾还有有余、三林两家公司，专门收购阳江、电白各地走私的钨砂，转运日、德，其"名为湾商所办，实为日商资本"③。在广州湾设置的这些日籍公司通过走私形式对我国物资进行掠夺，其货物是不会通过雷州关卡的。

---

① ［法］安托万·瓦尼亚尔著：《广州湾租借地：法国在东亚的殖民困境》下卷，郭丽娜、王钦峰译，暨南大学出版社 2016 年版，第 242 页。

② 有关雷州关相关数值可见湛江海关编《湛江海关志（1685—2010）》，2011 年，第 118 页。

③ 中央调查统计局特种经济调查处：《敌伪经济汇报》（据第 24 - 41 期等整理），影印本，见《抗日战争史料丛编》第三辑，国家图书馆出版社 2014 年版。

　　雷州关这些数据也得到了后世研究者的认可，如长期从事我国战时经济贸易方面研究的郑友揆就认为："1942 年申报运往法国在华南的租借地广州湾的货物竟占国统区出口总额的 38.4%。这些货品主要是政府统制的桐油、猪鬃等，它们实际上是运往美国或苏联的。1943 年 2 月底，日军封锁了通向广州湾的陆上通道，从而导致 1943 年国统区对广州湾的出口额急剧下降，而输往美、苏两个主要盟国的货品，在出口总额中的比重，则相应大增。"[①] 1944 年，《经济月报》刊登的译自《东洋经济》的文章也从另外一个侧面反映了上述情况：1938 年后，"广州湾乃继香港之后而成为援渝要道。至二十九年七月，日本海军在广州湾设监视圈，以监视取缔物资之出入……日军占领了香港，于是广州湾便成了内地物资交流根据地。"这些贸易货物主要包括：席包、麻类、松香、矿产品、花生油、土产糖、烟叶、豆类、牛皮、家畜、家禽、桐油、青麻、石膏、水银、五倍子、樟脑油、八角、桂皮。货物来源包括广东南路地区、广西及湖南等地。[②] 可以讲，正是通过上述水路、陆路交通网络，广州湾才能与越南、香港、澳门、内地联结起来，成为抗战时期一条比较重要的贸易通道。"尤有甚者，在港澳经广州湾、遂溪、廉江、陆川、郁林直达贵县的这一条路线上，但见货运均以人力肩挑或用单车（自行车）、手推车等来载运，沿线居民多经营此种运输生意，贵县等地不论路上街上，随时随处可见络绎不绝的单车群在奔忙着。为购买涨价的单车，沿途居民不断不惜拍卖耕牛、田地，对当地农业生产产生相当大的冲击。"[③] 或者亦有部分军需物品："担保偿付类贷款之桐油、钨锡及鬃毛等各项出口货，在广州湾经日检查员之要求，即将运往日本，因此中国出口货商，已拒绝将出口货品经广州湾装运国外。此种货品泰半均产自广西，经越南而出口者……传不久以前，有美船一艘，驶至广州湾，卸下拟经马尼剌运美之桐油，但后遂无问津者，现桐油正经各处运抵此间，大批钨矿亦堆积此间，以应美

---

　　① 郑友揆著：《中国的对外贸易和工业发展（1840—1948 年）》，上海社会科学院出版社 1984 年版，第 193－194 页。注：郑友揆的数据与海关数据不同，是由于郑友揆的研究统计了不计入海关的物资。

　　② 子真：《广州湾的经济实况》，载《经济月报》1944 年第 3 卷第 1 期，第 59 页。

　　③ 中央调查统计局特种经济调查处：《敌伪经济汇报》1942 年第 34 期，影印本，见《抗日战争史料丛编》第三辑，国家图书馆出版社 2014 年版。

国及其他中立各国之需。"① 1942 年，香港工商日报特派驻广州湾记者韦健在《大广州湾》一书中也记述："迨中日战起，继之广州沦陷，此位居西南沿海之自由港湾（指广州湾），一跃成为正当出入口之商业重镇，商贾云集，盛极一时，由寸金桥以迄雷州海关，曾一时期沿途堆满货物，无一隙地。"② 韦氏记述这些物资估计包括不少走私货物。1940 年 4 月 23 日，重庆《大公报》社评认为，由广州湾附近麻章、遂溪一带密输华南各地的日货，年约国币 1 亿余元。而时人常奥定先生则指出，经华南麻章、遂溪一路内输的私货，每日即达国币 40 万元之多，一年即为国币 1.4 亿。③ 通过广州湾贸易过来的物资对大后方的影响估计是比较大的，甚至达到令人难以置信的程度。据当时《新华日报》报道，由于来自浙江金华及广州湾的大批走私货品涌进昆明，1942 年 3 月末，昆明的布匹价跌 40%、香烟价跌 23%，其他日用品如牙膏，价格跌幅竟达 50%。④

## 余　论

从目前史料及上述的分析来看，广州湾国际交通线应是抗战时期中国获得外援的一条交通运输大动脉。尤其是 1939 年至 1942 年间，大量物资通过海路进入内地，或者内地物资运输到外地。"港澳湾""湾越"这些专有线路的称呼，从某个侧面说明抗战时期广州湾与香港、澳门、越南之间密切往来的关系。同时，由于广州湾是大西南地区的主要出海口，加上广州湾与大西南地区存在着成熟的陆路交通网络，所以在抗战时期，广州湾与大西南往来也是比较频繁与密切的，大量的物资通过陆路，通过车辆、挑夫、驿站等方式进行大规模的转移，大大减轻了大西南物资来源方面的压力，为抗战的胜利作出了应有的贡献。

---

① 《日在广州湾扣留华贸易》，载《经济丛报》1940 年第 2 卷第 28 期，第 52 页。

② 韦健：《大广州湾》，香港东南出版社 1942 年版，第 41 页。

③ 常奥定：《经济封锁与反封锁》，1943 年版，第 32 页。

④ 《昆明小简》，见齐春风著《中日经济战中的走私活动（1937—1945）》，人民出版社 2002 年版，第 268 页。

# 从广州湾运入的军火足够国民政府用两年？

1937 年 7 月 7 日，抗日战争全面爆发，国民政府开辟了多条物资运输的国际通道，香港通道、印度支那通道、滇缅通道、驼峰航线、西北通道等。广州湾通道虽然不为大家所熟知，但的确运输了大量的抗战物资，因此不应该被遗忘。在《寸金桥：经济封锁和反封锁作战》一文中，笔者把广州湾的抗战时期分为三个阶段。第一阶段（1938 年—1940 年 6 月）的物资运输情况，据雷州关统计，输出入物资的情况如下：1938 年为 53.8 万吨，1939 年为 80.8 万吨。[①] 但这些物资基本上为土货，军需物资很少计入海关统计。其实，这一阶段，广州湾运输了大量的军需物资，军需物资运输是这一阶段的亮点，本文将对此作考察。

## 从广州湾运军火？

1938 年 10 月，广州沦陷。当月 30 日，据日本《朝日新闻》报道，孔祥熙在记者会上声称，国民政府从国外进口了一批军火，足够中国用上两年。这批军火到底是怎么回事呢？日本人认为，由于广州沦陷，这批军火滞留香港，无法运往国统区。中法两国政府遂达成协议，加开广州湾至香港的轮船班次，将军火和其他补给物资运入中国内地。这批军火从香港

---

① 《海关中外贸易统计年刊（1937—1939）》，见中国第二历史档案馆、中国海关总署办公厅汇编《中国旧海关史料 1859—1948》，京华出版社 2002 年版。

起运，经越南海防，再到广州湾，最终到达重庆。[①] 遗憾的是，笔者目前还没有找到进一步的佐证材料，特别是这批军火的运输清单。

不过，日本《朝日新闻》的报道并非空穴来风。日本侵占广州后，国统区对外贸易转移阵地，西翼聚集于以澳门、广州湾为主的两大吐纳港，特别是香港通过这两地对内地的贸易大见增进。[②] 开辟广州湾运输线的利昌公司的回忆录也能说明一些问题。利昌公司运输部原主任蓝德尊在《回忆利昌公司》中写道：广州湾线路是当时唯一可以通行的国际进出口运输路线。由广州湾公路直达重庆，中途不须中转，汽车运输一周可到。利昌公司了解这一情况后，于1938年夏，经运输部主任蓝德尊派高级职员十余人前往重庆设立办事机构，以周一枝任贵阳分公司经理、李庭培任柳州办事处主任、石体泉任广州湾分公司经理，开展运输业务。当时正巧广东商车三辆在广州湾揽货装运，石体泉即委托商车承运一批进口货物到重庆，这就是首批由广州湾运驶到重庆的汽车。为固定商车，利昌公司在重庆与这三辆车的车主签订运输合同，继续装运往返货物。后因业务发展，陆续与广东、广西、贵州七家商车公司，共签订了30余辆汽车的货物运输合同。过了半年左右，货运因广州失守而中止，其间他们一共装运利昌公司货物1000余吨。

是年夏末，西南公路局渝筑段段长朱恺筹来重庆利昌公司参观，对利昌的经营管理和组织机构大加赞扬，并主动提出苏联援助我国抗战使用的100辆汽车，将作为进口军事物资从广州湾运到重庆，回程空车可装商货，如利昌有货托运，可以协商。次日，利昌公司即邀请西南公路局薛次莘和段长朱恺筹谈判，二者反复谈判后达成协议。签订合同时，朱恺筹表示：此次签约，并无任何私人关系，主要是利昌公司组织健全，信用素孚，符合局方要求。合同内容有：（1）苏联援车100辆，回程车装运利昌货物，不装其他商货；（2）专行驶广州湾路线；（3）合同期暂定六个月；（4）行车事务由路局负责，装卸货物及沿途纳税由利昌负责；（5）运费照路局运价以里程计费，装货后一次付清。双方履行合同不到

---

① Asahi Shimbun, Nov. 1, 1938：07. 转引自谢楚宁著《中国的卡萨布兰卡：广州湾的难民、匪帮和走私客》，见周锡瑞、李浩天主编《1943：中国在十字路口》，陈骁译，社会科学文献出版社2016年版，第346页。1938年11月至12月期间《朝日新闻》至少刊登了10篇物资（特别是军火和汽车）由广州湾进入自由中国的报道。

② 《经济新闻》，《星岛日报》（香港），1939年9月28日。

三个月，广州即失守，交通中断，致使合同中止。计由重庆至广州湾行车三次，共装货 1200 吨，利昌收货主运费每吨 300 元，共收入运费 36 万元左右。广州湾利昌分公司随即被撤销，职工转移至柳州，经营柳渝段业务。①

这一阶段，至少有三家大型运输公司在广州湾运输物资，分别是西南运输公司、国际运输公司和利昌公司。运输的军用物资主要是汽车、石油、钢铁。据海关统计，1938 年，广州湾的进口洋货中，以汽车及其零件为大宗，连同车轮胎，共计 160 万元；汽油次之，共计输入 1216135 公升；煤油 250068 公升；润滑油 71660 公升。②

## 桐油涌入广州湾

1939 年 2 月，中美签订桐油借款合约，美国向中国提供了 2500 万美元的抵押贷款，中国须于五年内用桐油偿还，史称"桐油贷款"。

桐油作为中国特产，在中国种植和使用已有千年历史。随着桐油进入国际市场，成为一种国际商品后，桐油的用途不断被发掘出来，它不仅成为一种重要的工业原料，更是被广泛运用于军备方面，这使得中国的桐油贸易如日中天，桐油成了国民政府重要的经济物资和创汇来源。在桐油贸易中，美国占有重要的份额，桐油对美国的经济和军备影响较大。抗战初期，国民政府用桐油打开了美国对华援助的大门，改变了美国的对华政策。

这笔具有政治援助色彩的商业贷款也标志着美国开始摆脱孤立主义，逐步走向中美反日同盟。因此，贷款对中美、美日、中日关系及整个太平洋地区的形势都有着重大的影响。

此时，广州湾暂时不是运输桐油的主通道，但桐油开始成为广州湾市场上的大宗商品。1939 年，香港市场来自广州湾的桐油有 27821 关担，

① 蓝德尊、蓝复初：《利昌公司》，见中国人民政治协商会议西南地区文史资料协作会议编《抗战时期的西南交通》，云南人民出版社 1992 年版，第 357－358 页。
② 《海关中外贸易统计年刊贸易报告》1940 年第 1 卷，第 128－129 页。

同比增长了 83 倍。①

## 戴笠抢运无线电

1939 年 11 月，日军从钦州湾登陆，广西的交通将会遭到日军的截断，戴笠为了军用物资，急电香港：

> 限一小时到香港。密。云荪兄阳巳电及志盘带来手示均奉悉。1. 昨已电请宋先生拨借港币五万五千圆交兄支付。除付无线电材料费五万圆，付王亦平两千圆外，余为购买汽油及少数机油之用。2. 此次七辆卡车，除装无线电材料外，请尽量购买汽油装来。因此间汽油须五圆一加仑，尚无以应售也。如款项不敷，可商请宋先生加借港币五千圆，弟已另电宋先生矣。3. 广州湾商会方面，务请筠庄先生代为疏通，必要时兄可往广州湾一行，愈快愈好，迟恐广西交通公路要受敌威胁也……弟灵叩②

这是军统特务头子戴笠（化名为"灵"）在 1939 年 12 月 10 日发往香港的急电（图 1）。涉及的相关人有：王云荪（英有）、志盘、宋子文、王亦平、胡筠庄。电文内容大意是在香港购买的无线电器材、汽车、汽油等速从广州湾运回内地，因为广西的交通受到敌人的威胁，请上海民生公司董事、银行家胡筠庄和广州湾商会商谈，快速抢运这批军用物资。

对于广州湾军需运输，日军情报部门也注意到了。据日军统计，1940 年 1～5 月间，广州湾运输军用物资的情况如下：飞行机器材 62 箱，自动车部品 351 箱，机械类 164 箱，药品 113 箱。③

---

① 严匡国：《最近我国桐油对外贸易分析》，载《贸易月刊》1941 年第 2 卷第 8 期，第 34－35 页。

② 档案号 144－010111－0003－082，台北"国史馆"藏。

③ 《敌ノ軍需品输入状况（其 11），仏印ノ物資封鎖ノ敌軍補給二及ホス影響，大本営陸軍部》，日本国立公文书馆亚洲历史资料中心藏，档案号：C12120105700，支情第 9 号。

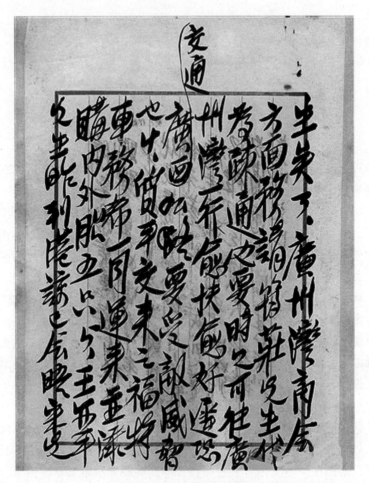

**图1　戴笠电文手稿（局部）**
来源：台北"国史馆"戴笠档案

　　日军大本营的一份绝密情报中这样写道："最近广州湾的重要性越来越大，越来越显眼。即在香港堆积如山的武器、军需物资的滞运货，接连几天用数艘临时配船送往广州湾。根据调查，香港、广州湾之间航行的船只以往不过4艘，广州沦陷后急剧增加，现在约有10艘。我国今后的征战，要攻击这些武器输送路线，杜绝输送，削减上述抗日新据点。"①

　　看来，以后广州湾运输军需物资也不安全了。

---

　　①　橋本勇吉：《抗日支那の新拠点を衝く：蒋政権最後の足場》，昭和13（1939）読切講談社出版，第29–30页。

# 美国轮船驶入广州湾运"特矿"

## 战时"特矿"统制和运输

钨、锑、锡、汞、铋、钼等矿品是抗战时期中国政府换取军火和出口创汇的重要物资，对于支持长期抗战具有特殊意义，故时人称之为"特矿"。

为统管全国矿业，国民政府资源委员会（以下简称"资委会"）成立不久即设矿业处，自1936年起依次对钨、锑、锡、汞、铋、钼等进行统制。为统管运抵香港、海防、仰光、纽约等地的特矿储存运销交付事宜，1938年9月，资委会在香港设国外贸易事务所，此后又陆续在上述其他港口设立分所或办事处。这样，资委会便成立了从特矿产地至各外运港口的统一兼管运输的管理机构，使各特矿产区与国际市场连成一片，保证了特矿运销路线的畅通。

1938年12月，资委会在贵阳设立钨、锑联合运输处，创办之初有载重2吨的柴油汽车120辆，在粤桂沿途设转运站9个，从湘南、粤北接运矿品转送广州湾或镇南关。次年冬，其业务扩展至滇黔等地。[①]

广州沦陷后，原经广州外运之各省特矿均不能经广州转口。此后，粤省特矿大部分经广州湾外运香港，直至1941年12月香港沦陷，我国经由香港运输特矿的路线才完全断绝。

---

① 李建国：《抗战时期中国特矿运输研究》，载《南京社会科学》2006年第2期，第73页。

69

# "特矿"存留广州湾

抗战爆发后，法殖民当局屈服于日本的压力，不顾条约义务与国际道义，于 1937 年 10 月 13 日通过内阁决议，禁止中国的军用物资通过越南。经过国民政府的反复交涉，法国才同意于 1939 年 1 月给中国以过境运输的便利。此后的 10 个月间，中国矿产转道越南出口基本顺利。11 月，日军发动了南宁战役，并加强了对滇越铁路的轰炸。这时，欧洲战争形势又日趋恶化，法国不得不再次对日妥协，下令禁止中国的矿产及军用物资过境，对已经运往越南境内的矿产，法国或者想方设法使其脱离与中国的关系，或者将其扣留。

1940 年 1 月，法越当局在日本的逼迫下，宣布禁止中国钨、锑经海防、西贡、广州湾等地出口，法国租借地广州湾也宣布了同样的禁令，原存放在这些地方的中国矿产一律扣留不放。当时，资委会存留在上述三港的矿产品达 1 万多吨。这时，南太平洋局势日紧，日本侵占南亚的野心日益明显，这批矿产如不设法及早抢运，必将全数损失。

主管中国战时工业生产及经济建设的翁文灏亲赴越南，和法国越南总督商洽将这批物质放行，也未成功。翁文灏遂电请纽约华昌公司负责人李国欣向美国政府接洽，要求美国政府破例收购这些矿产（按常例，中国矿产只有在到达美国口岸时，才可算归美国所有）。经多方努力，美国政府同意全部收购这些物资。华昌公司代表资委会与美国签约后，所有存越矿产即归美方所有。美国国务卿亲电法国并立即派出四艘轮船，到海防、广州湾等地装运矿产。① 法越当局无法阻拦，全部矿产均安全运美。这批矿产价值 800 余万美元。其中，海防及西贡的钨砂共运出 4632 吨、纯锑4289 吨、生锑 1011 吨、锡 495 吨；由广州湾运出的钨砂 242 吨、纯锑1730 吨、生锑 1047 吨。②

---

① 《经济部抄送存越钨锑售美办理经过节略的呈文》，载《中国现代政治史资料汇编》第 3 辑，第 84 册。

② 《外贸所报告》（1940 年）。

# 美国轮船驶入广州湾

1940 年 6 月 22 日，法国投降德国，成为德国的傀儡。在日本的压迫下，法国又与日本签订《共同防卫印度支那协定》，全面封锁中越边界，切断中国抗日战争的运输线。

7 月 12 日，日本海军发表公告，派遣海军大佐圆山英助、海军少佐高信作等监视员前往广州湾监视货物过境事宜。同时，日军的舰艇也在广州湾周围海面游弋，检查和封锁广州湾航道的货运。

1940 年 7 月 19 日，美国一艘轮船奉美国政府之令到到广州湾，准备自运货物。据情报，美轮驶入广州湾，实际上有两艘美舰艇护航，美国就此事已照会法日两当局。日方认为美舰艇居然以护航名义开进广州湾大埠港，中外视线所及，面子攸关，恳请法国当局警告美国舰艇，不要做得太过分。①

广州湾大埠港，今位于赤坎北桥街道办管辖的大埠村，曾是一个繁华的商运中心。大埠，意为"大的商埠"。大埠全盛时期是在 20 世纪初至 40 年代中叶。当时，广州湾为法帝租借地，大埠属华界，是最靠近广州湾法界的出海口。由于商客来往频密，配套服务应有尽有，大小酒楼、旅舍、妓馆、赌场、钱庄、当铺，林林总总，搬运装卸工人有 200 多人，邻近四周的乡民也常到大埠赶集，帆樯辐辏、热闹非凡。

一番交涉以后，美舰艇答应不驶入赤坎大埠港，只停留在东海岛海面警戒。据来自硇洲岛的确报，此两艘美国舰艇均在 2000 吨以上，并配有水机两架。

这艘美国轮船原定 7 月 16 日可到达广州湾，由于中途突然有事耽搁，延至 19 日下午 2 时许才航抵广州湾西营海面。（图 1、图 2）

---

① 《大公报》1940 年 7 月 27 日。

美方自運貨物
派輪抵廣州灣
日檢查員負有特殊任務
匯租界漢奸均受其指揮

(本報廣州灣專訊)美輪一艘、奉該國政府令、駛來廣州灣自運貨物、實行衝破日方之封鎖綫、各情經詳見前報、茲查該美輪原定十六日即可到灣、乃中途突因事阻、延至十九日下午三時許始駛抵西營海面、該輪下碇後、即由船主率領高級職員多人、上岸拜訪法當局、蓋美國輪船於此時局緊張中、開到廣州灣、實屬初次也、現各種貨物已紛紛搬運落艙、尤以鉛錫等物為最大宗、日魚雷艇第十八號、離該美輪甚近、但對此大批貨物之搬運、始終未敢加以干涉、僅派出電船一艘在海面往返游弋、企圖恐嚇各貨艇、但其陰謀亦終告失敗、現該美輪一俟貨物運清後、即行開駛、

其陰謀遂告不逞、僅

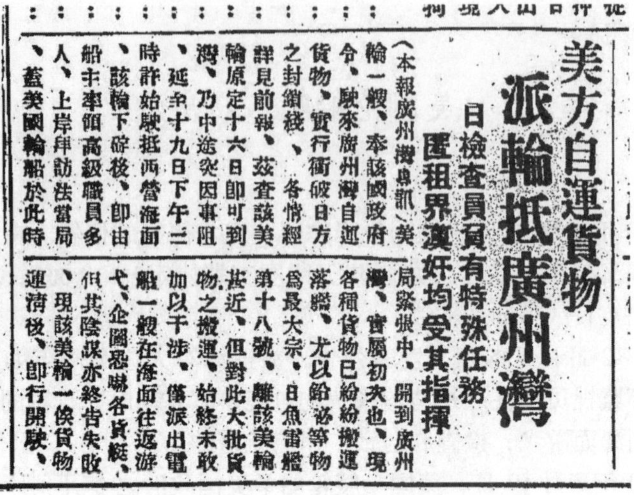

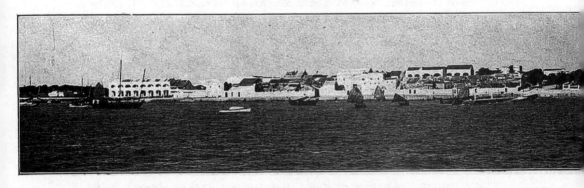

图 1 《大公报》1940 年 7 月 27 日报道

图 2 远眺西营

该轮船驶抵后，即由船主率领高级职员多人，上岸拜访广州湾法当局官员。美国轮船在日军“监视”下开到广州湾，实属初次，也实属难得。

日军第十八号鱼雷舰离美国轮船很近，眼看着美国人搬运如此大批货物，始终未敢出面干涉。只是派出一艘电船，在附近海面往返游弋，企图恐吓各货船，但日军的阴谋注定以失败告终。①

---

① 《大公报》1940 年 8 月 1 日。

据统计，仅 1939 年和 1940 年，中国从广州湾出口的"特矿"（不包括走私）数量为：钨砂 1211 公担、锑 9857 公担、锡 4285 公担。①

---

① 《最近两年中国产钨出口数额表》，载《中外经济统计汇报》1941 年第 3 卷第 4 期。

# 统制物资桐油的贸易和走私

抗日战争广州湾物资运输第二阶段（1940 年 6 月—1941 年 12 月）主要以运输国民政府的统制物资为主。笔者在《美国轮船驶入广州湾运"特矿"》一文中，主要讲的是战略物资钨、锑、锡等特殊矿产在广州湾的运输情况。本文将以桐油为标本，考察桐油在广州湾的运输和贸易，但由于桐油贸易中有些数据不计入海关统计，故必须对走私情况加以考察，才能窥其全貌。

## 何为统制物资

全面抗战爆发前，中国出口货物主要是农矿产品，这是国家换取外汇的重要来源。抗战全面爆发后，为了维持国际收支平衡，争取外援，国民政府开始实施战时统制经济政策，对贸易实施管制，并根据战局的变化不断颁布或更改法令，其中最重要的措施就是由国家出资设立国营贸易公司，对所有重要农矿产品实施统购统销，由国营公司垄断经营。

1938 年 4 月，财政部首先规定 24 种统制物品，其中包括桐油、茶叶、猪鬃、矿产等四类，并授权贸易委员会兼办出口结汇事宜。

## 日军切断物资通道

1939 年 2 月，中美签订桐油借款合约，美国向中国提供 2500 万美元抵押贷款，中国须于五年内用桐油偿还。财政部贸易委员会决定，将全国桐油指定由复兴公司专营，购运出口以偿还外债，并制定了运输路线：

（1）川、滇、康等土货，先集中昆明，再转运海防至香港；

（2）黔、桂、鄂等土货，先集中贵阳，转往南宁运至广州湾至香港；

（3）浙、闽、赣、湘等土货，先集中宁波或温州，装轮运至香港。①

1940 年，北海、龙州关沦陷后，中国对外输出的物资多数集中在昆明，经仰光到香港。1941 年上半年，日军在华东、华南沿岸进了五次登陆切断作战，并于 2 月 4 日封锁了大鹏湾和大亚湾。其后，日军扩大了其切断作战的规模，于 4 月在浙江东部的宁波、台州、温州等港口登陆，并占领杭州、石浦及杭甬铁路沿线地区。4 月 26 日，日军占领福州。6 月 30 日，德国入侵苏联，西北运输线也非常困难。至此，中国抗战的生命线只有滇缅公路（在日军的压迫下，1940 年，英国关闭滇缅公路三个月）。幸好，虽然广州湾通道有日军监视团的监视，但日军也需要桐油，因此物资运输依然畅通，运输线路为：重庆—昆明—贵阳—柳州—郁林—广州湾—香港。

## 桐油换贷款　雷州关助力

为了履行中美签订的桐油借款合约，国民政府面对日军的封锁，用尽了各种办法突破封锁。在雷州半岛周围，首先开放非通商口岸，电白、阳江等处均允许外轮按内港行轮规定进行贸易。1940 年 8 月，黄坡、双溪被列为特许对外贸易口岸。同时利用第三国的船只运输物资，广州湾豪绅许爱周的"大宝石"号挂的就是法国国旗。

四川等地在雷州关区的出口货物量以 1941 年最高，有猪鬃 16 万公担、五倍子 1.33 万公担。6964 吨桐油凭运输许可证全部从雷州关区的台山和阳江用帆船或小汽艇直运香港。

据雷州关统计，1940 年出口的桐油为 18314 公担，1941 年为 70659 公担，同比增长了 3.9 倍。其中 1941 年雷州关出口的桐油量占国统区总量超 30%，仅次于蒙自（昆明）海关，居第二位。但雷州关的桐油货值

---

① 《贸易委会规定土货集港输出办法》，载《申报》1939 年 2 月 23 日。

为 35261618 国币，是蒙自（昆明）关（10348746 国币）的 3 倍多。[1]

雷州关的出色表现使中国在 1942 年就提前还清了全部桐油借款，并且中国用桐油借款从美国购买了大量急需的工业制成品，增强了抗战能力。

## 走私数量是政府贸易的 5 倍多

就广州湾本身而言，鸦片经济令广州湾从法国殖民当局原来眼中的"鸡肋"变成一只"会下金蛋的母鸡"，特别是在财税改革和鸦片专卖实施之后，毒品的合法和非法贸易为河内总政府财政带来了巨额收入，河内总政府为此主动将行政资助从原先的每年 4 万皮阿斯特提高到 40 万皮阿斯特。[2]

抗战全面爆发后，在华南，走私桐油最猖獗的路线公认为是广州湾线路。由广州湾出发的走私路线主要有两条：一由广州湾经麻章、廉江、石角而至广西郁林、贵县；二由广州湾经安铺公路、石角、广西博白而至郁林、贵县；输入货物以布匹、棉纱、西药及日用品为大宗，输出则以钨砂、铜元、桐油、粮食、牲畜、油、糖为大宗。走私人物多为退伍军人勾结土劣武装走私，尤以南路为最，其规模之大，为各区之冠。[3]

《大公报》社在以上估计的基础上，对 1939 年全年的日货走私量做了较为详尽的计算。由广州湾附近麻章、遂溪一带密输华南各地的日货，年约 1 亿余元。[4]

常奥定先生对以上个别地方的走私，给出了详细的数字。如他指出，经华南麻章、遂溪一路内输的私货，每日即达 40 万元之多，一年即 1.4

---

① 中国第二历史档案馆、中国海关总署办公厅汇编：《中国旧海关史料 1859 – 1948》第 142 册，京华出版社 2002 年版，第 142 – 346 页。

② 郭丽娜：《20 世纪上半叶法国在广州湾的鸦片走私活动》，载《中山大学学报（社会科学版）》2015 年第 2 期。

③ 中央调查统计局特种经济调查处：《第五年之倭寇经济侵略》，1943 年，第 74 页。

④ 《如何防止资源掠夺》，载重庆《大公报》1940 年 4 月 23 日，社评。

亿元。①

由于历史原因，武器散落广东民间甚多，因此当地走私往往以武力走私为特色。商人在广西郁林收购桐油，集中运往广州湾，沿途均由私枭武装保护。该路最著名的私枭为廉江的黄铿及赤坎的戴铁胆（即戴朝恩）。

1941 年 5 月，广东新编第十九师团副、军需等配机枪 6 挺，在合浦封船，武装运输桐油千余罐至广州湾。

面对硬性走私者的武力，雷州海关关员曾坦言："近来桐油私运出口更为活跃，且有大批武装保护，海关缉私队力量薄弱，不敢撄其锋。"

同时日军监视团在广州湾并没有限制桐油和钨矿的运输，因为这些也是日军急需的战略物资。广州湾日商搜购桐油也十分积极。

这一阶段广州湾到底走私了多少桐油，没有确切的数据，只能推算。1940 年初，国民政府经济部孟专员在广州湾对桐油走私做了一次调查。据各轮船公司所有记录，自 1939 年 10 月起至 1940 年 3 月止，私运香港之桐油数量如表 1 所示。②

表 1　1939 年 10 月至 1940 年 3 月私运香港之桐油数量

| 月份 | 1939 年 10 月 | 1939 年 11 月 | 1939 年 12 月 | 1940 年 1 月 | 1940 年 2 月 | 1940 年 3 月 | 共计 |
|---|---|---|---|---|---|---|---|
| 数量（关担） | 2554 | 6243 | 7748 | 12109 | 4420 | 5682 | 38756 |

注：表格系笔者根据孟专员视察报告制作。

在同一时间内，据雷州关记录，由政府机关运出之桐油数量如表 2 所示。

---

① 常奥定：《经济封锁与反封锁》，转引自齐春风《中日经济战中的走私活动》，人民出版社 2002 年版，第 32 页。

② 财政部贸易委员会：《港处孟专员视察报告（民二十九年六月二十日）》，中国第二历史档案馆藏，档案编号：1712，2。

表2　相同时段雷州关由政府机关运出之桐油数量

| 机关 | 中央信托局 | 泰兴公司（代理复兴） | 共计 |
|---|---|---|---|
| 数量（关担） | 651.34 | 6255.15 | 6906.49 |

注：表格系笔者根据孟专员视察报告制作。

　　视察报告指出，以上桐油数量，若按港币每关担120元计，则数月内走私桐油共值港币4530722元，而政府机关运出者仅值828778.8元，走私数量是政府数量的5倍有多。报告指出，桐油走私严重性不问可知，若不迅速解决，则政府之统制政策及整个国家资源与金融基础，势必遭受莫大之威胁。

# 黄略、文车争运抗战物资

从对日经济作战的角度来研究广州湾的抗战历史，广州湾在抗战中的地位从而得以凸显。本文以黄略、文车两乡（旧称）在争运抗战物资时发生争斗这一偶发事件为例，研究广州湾在对日经济作战中的贡献。同时，笔者认为黄略、文车人民为抗战所作的贡献应载入史册。

## 广州湾划为抢运物资区

抗战前期，中日双方经济战的重心在货币战。

当抗战进入相持阶段，中日双方均认识到巩固与争取资源将成为决胜的关键，因此，控制物资成为战时经济战中的重要战场。

所谓物资战，简单来说，就是将非必需品走私、倾销给对方，再从对方手中夺取必需品。譬如，对于西药、医疗器械、粮食、棉花等物资，日军严禁其从沦陷区流入国统区，且以高价鼓励国统区军民将这些物资走私到沦陷区；对于毒品、化妆品、烟、酒、海鲜等物资，日军则积极向沦陷区倾销，向国统区走私。国民政府的做法与日军完全相反。物资战是经济作战的核心，物资的抢购抢运则是物资战的重要组成部分。

当武汉、广州等大城市相继沦陷，我国海上通道被日军切断后，法国租借地广州湾由于和港澳比邻，背靠大西南，成为"国际通道"。大批物资通过广州湾输往大西南，当年的《大广州湾》一书曾这样描述："商贾云集，盛极一时，由寸金桥至雷州海关的路上，沿途都堆满了货物，无一隙地。"广州湾成为抢运物资的重要通道之一。

随着战局的持久，大后方物资日趋缺乏。1940年，国民政府制定主动抢购沦陷区物资的策略及实施方案，确定利用走私进行抢购抢运活动的具体办法，并规定利用走私输入物资的商人，可获得奖励。同时，为便于分区管理，政府选择大后方与沦陷区间数处物资流通的要冲地点建立站哨，规划出 10 个抢运区域。其中第三区为桂南区，总站贵县，分站为桂南、广州湾、越南防城。[①]

## 抢运酿成偶发事件

图 1　大埠港一带如今已经成为赤坎滨湖公园的一部分

为抢运货物，遂溪县第一区黄略、文车两乡乡民，于 1941 年 5 月 13 日至 14 日两天在赤坎大埠码头发生了剧烈争斗，双方损伤共 25 人。

大埠港，位于今赤坎北桥街道办管辖的大埠村（图 1），曾是一个繁华的商运中心。大埠属华界，是最靠近广州湾法租界的出海口。由于商客来往频密，配套服务应有尽有，热闹非凡。

据当时《大光报》报道，此案肇事起因是这样的：至去年（1940 年）九月间，文车乡与邻乡之志城乡（今福建村、东山村一带）民，因争执大埠码头之苦力利权，发生冲突，后经多方调解，互订立约，凡由水运往来之货物，均由文车乡苦力转运，如属陆运则为志城乡、黄略乡等转运。

抗战时期，由于日军的封锁，广州湾附近交通运输困难，陆运货物多改由水运，所以文车苦力收入颇丰。以洋纱每包起运为例，以前工资仅两

---

① 林美莉：《抗战后期国民政府对沦陷区的物资抢购》，见第三届国际汉学会议论文集历史组《军事组织与战争》，台北"中研院"近代史研究所，2002 年，第 275－310 页。

元，后来竟然增至八九元，故两乡争运货物非常激烈。

5月13日，有黄略苦力十余人，在大埠码头起运货物，和文车苦力发生口角，继而动武，于是械斗开始。由于黄略工人寡不敌众，致有人被打落海（死亡，笔者注），六人受伤，文车工人无损伤，志城乡两人受伤。

黄略乡得悉，14日纠集乡民百余人集中在大埠码头，多携扁担。文车方面亦集合四五百人等候且怀有刀叉等物。当时大埠警局及该乡公所虽派队弹压，双方仍不听劝阻，大打出手。这一天黄略伤六人（内车夫两人），文车伤九人，另有从安铺经过文车的杨亚五，伤势较重。

事后，黄略乡拿获文车乡使用刀叉之工人杨亚五、杨侯秋两人，杨亚五经保获放出，杨侯秋则留押黄略乡公所，双方向该地法庭起诉，并提请验伤。

# 李汉魂过问并批示

遂溪县第一区长官知道此事重大，命令各乡长尽力制止，不准将此事扩大，同时遂溪县政府亦派员调解，15日在大埠召集两方乡长及绅老会谈，并规定调解未妥之前，两方乡民苦力均不准在大埠起卸货物，避免冲突。

当时两方调解人如下：黄略乡有王惠卿、王子端、王庭英。文车乡有杨有经、杨敬儒、支立臣。

经过协商调解，黄略、文车两乡达成如下协议：（1）凡货物在大埠起卸，黄略、文车两乡乡人均得共同工作；（2）凡起卸货物，须由黄略、文车两乡工头负责，于限定时间内，顺次记录两方到埠工作人数比例，统筹分配工作，其时间由双方工头规定（五月廿日起工作）；（3）领运货物，由双方工头会同办理；（4）两方领得工作代价，由各该方工头自行处理；（5）关于本月十三十四两日，双方殴打受伤者暨双方一切损失，均由各方自行负责理妥，并请检察官将双方告诉撤回；（6）用军器参加殴打之二人，请检察官查明按法办理。

时任广东省政府主席李汉魂知道此事后，自知此事事关抗战抢运的大局，也知道两乡乡民当年抗法的英雄事迹，遂亲自过问。李汉魂，吴川黄坡岭头村人。岭头村距离文车、黄略两乡不过50公里。1899年，文车、黄略两乡乡民为了抵御法国入侵广州湾，同心协力，英勇抗击法军，做出了巨大的牺牲，如今到了抗战最艰苦的阶段，两乡乡民为抢运抗战物资发生了摩擦，不应过分追责。于是，李汉魂给遂溪县县长颜继金批示：（1）聚众伤人一节，仰依法妥为处理；（2）组织起卸工会一节，应饬依照人民团体组织程序，请由遂溪县派员指导组织；（3）关于佚价一节，准予所请，并应切实管理。①

从李汉魂的批示中可以看出，他并没有过分追责文车、黄略两乡的争斗之事，反而责怪遂溪县县长颜继金指导管理不力。而且他还站在抗战大局的高度，饬令文车、黄略两乡成立工会，有序地抢运抗战物资。

## 《新华日报》肯定广州湾抢运工作

文车、黄略争斗事件，只是一件偶发事件，却反映了对日经济作战中，文车、黄略人民不分昼夜为抗战抢运物资的事实。而这种抢运活动从1937年起一直持续到1943年日军入侵雷州半岛才结束。主观上讲，文车、黄略两乡乡民抢运物资只是为了养家糊口，为了自身的经济利益。但客观上来说，他们多运一袋米和一尺布，前方的抗日将士就不再忍饥挨冻；大后方军民就不再忍受高物价、高通胀，持久抗战才能有效进行。

中国共产党的报刊对广州湾抗战抢运物资工作给予了肯定。据当时的《新华日报》报道，主要由于来自广州湾的大批走私货品涌进昆明，到1942年3月末，昆明布匹价跌40%、香烟跌23%，其他日用品如牙膏，跌幅竟达50%。②

---

① 《大光报》1941年5月19日。
② 《昆明小简》，载《新华日报》1942年3月30日。

# 抗战时期广州湾至遂溪的国际邮路

抗日战争期间，日寇相继占领我国大中城市，上海、南京、广州、武汉等相继沦陷，我国沿海出海口也遭到日军的封锁，海外邮路多处阻断。广东是海外华侨侨眷的聚集地，海外侨胞寄往家乡的书信和侨汇常常被日军截获和检查。为了维持海外邮路的畅通，支持抗战，从 1938 年 12 月 15 日起，遂溪邮局成立了国际邮件总包互换处，到 1945 年抗战结束，广州湾—遂溪的邮路成就了一条抗战国际邮路。这条邮路不仅是一条传递军事秘密的邮路，也是海外华侨银信进入广东的重要邮路。

## 遂溪—广州湾互换国际邮件总包的开办

1938 年 10 月广州沦陷后，广东邮政管理局撤至广宁，成立办事处，11 月迁往遂溪，主要是因为遂溪是广东南部的交通要衢，比邻广州湾，东达香港，西通越南海防，有利于国际邮件的沟通。1939 年 5 月，因战事需要，广东邮政管理局北迁到广东战时省会曲江。

广州沦陷后，大量的国内和海外邮包滞留在广州湾。在广东邮政管理局迁往遂溪期间，中华邮政总局训令把遂溪局改为国际邮件互换局，与法属广州湾互换国际邮件总包。广东邮政管理局派内地业务股股长黎仪燊负责邮路的办理事项。

据《为□遂溪局改为互换局办理情形及应请核办各节分别呈报察核备案由》记载：

> 查我股此次到达遂溪即先行着手调查广州湾转运我国邮件情形并

认定遂溪一处应即改为互换局，与广州湾邮局交换总包。其时广西管理局亦已电呈总局表示同一意见。我股到遂溪，经再实地调查明确电请总局迅与越南邮政局商洽实行。现奉总局本年十二月六日第一八四七/三六六二三号训令略开：

查该区梅菉邮局应改为国际邮件互换局业由二十七年十一月九日第一八三九/三六四八三号训令（饬）知在案。兹□广西管理局电请予核示将遂溪改为互换局等情。除电复照准。业分在越南邮政及国际邮政公署查照外，合行令仰知照。即将该区遂溪局改为互换局。前令该梅菉为互换局一节着即注销。又遂溪寄往国外函件应向何处直封总包，并仰查明呈核。

查广州湾西营局原存有寄往我国川陕滇黔等省邮包八百四十七袋，悉经我股分次起卸。并乘第二九九号广东局车由遂溪开往梁村接运员工公件及广西管理局代雇之汽车（接）运办事处员工及公件□到达遂溪后，驶回柳州之后，便将该项邮包一百袋至柳州转□。继雇佣商车运至遂溪保存者，计共七百九十五袋。……现正设法与广州湾邮局磋商，改由赤坎接收遂溪局邮包。又广州湾局现时仅向梅菉局直封总包，仍未向遂溪封发。据谓须俟奉到安南总局命令方能实行等语。[1]

从此汇报材料来看：我国发往大后方川陕滇黔等省的邮件经过广州湾中转，由于邮路的阻隔，有847袋存在广州湾西营邮局；同属南路地区的梅菉局曾短时间成为国际邮件互换局，由于广西邮政局的电请，梅菉局撤销，在遂溪设立国际邮件互换局，与广州湾邮局交换总包；遂溪和广州湾互换总包是从赤坎直封还是从西营直封，还不确定，等待总局的指示。

黎仪燊还开辟了一条完整的从内地到广州湾的互换国际邮件的线路：

因遂溪及南路一带入桂公路路基及桥梁均已破坏，无法由汽车袋运入桂，前经多方设法（疑）雇佣牛车运至安铺（每车可载四百华斤约五袋，车费毫券六元五毫）转用民船（每船可载重三千华斤，每华斤运费毫券六毫）装至两广交界之盘龙地方。听候广西管理局

---

① 广东邮政管理局1939年呈文第一号《为□遂溪局改为互换局办理情形及应请核办各节分别呈报察核备案由》，中国第二历史档案馆藏，邮政总局，全宗代码137。

设法接运。盖我股方面将该项邮件运至盘龙已极困难。其盘龙以上，应如何继续驳运，由广西区之玉林二等局就近策划。或由广西指派巡视员办理，较有把握。经我股于十二月二十日电请广西管理局查照办理，最近复查悉北海有内地河道可达离郁林十五公里之船埠（设有邮政代办所），计由北海起程，光雇民船至合浦属之总江口（设有邮政代办所）再由总江口转船至船埠，由船埠至郁林一段，即可畅行汽车，合共由北海至船埠约需十日至十五日。由船埠至北海回程，则民船可顺流而下，五日即达北海。但因民船船身过小，仍需在总江口换船方能出海。每船一艘由船埠往来总江口，约可装运包裹一百袋。船费单程约国币五十元（双程费用需另调查）由总江口往来北海船身较大，可多容百数十袋。船费单程约为毫券二十元。经于梗日电北海局长设法试运，现再分电北海、合浦两局查明办理电复。如改水运运输无阻，即可毋庸实行。①

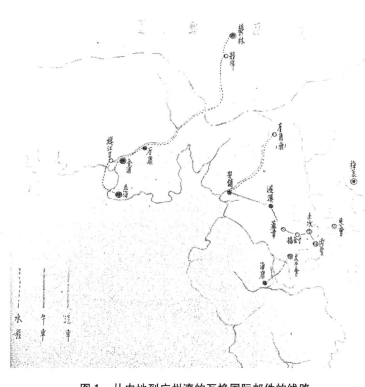

**图 1　从内地到广州湾的互换国际邮件的线路**

来源：中国第二历史档案馆

---

① 广东邮政管理局 1939 年呈文第一号《为□遂溪局改为互换局办理情形及应请核办各节分别呈报察核备案由》，中国第二历史档案馆藏，邮政总局，全宗代码 137。

结合图 1 可以看出这条线路图为：梅菉—东营（现麻斜）—西营（现霞山）—赤坎—寸金桥—麻章—遂溪—安铺—北海—总江口—合浦—石康—船埠—郁林。其中梅菉到遂溪为汽车线路，遂溪到安铺为牛车线路，安铺到北海为海运，北海到郁林为水运。

又据中国第二历史档案馆邮政总局的另一份《案奉》陈述：

> 钧局二十七年十一月九日第一八三九／三六四三八号训令，饬知梅菉邮局应改为国际邮件互换局。旋又奉十二月六日第一八四七／三六六二三号训令，饬将遂溪局改为国际邮件互换局，并将遂溪局应向何处直封总包查明呈核。同时时前令梅菉局改为互换局一节注销。又奉本年二月九日第三六六五／六四一八八号指令后开：《遂溪发广州湾之函件，前据该局二十七年十一月二十二日第六一四九／三八二六五呈称，拟向赤坎直封总包，究于何日开始封包，是否向西营局直封总包，仍仰查明具报》各等因，先后奉次，当经分别转饬梅菉遂溪两局遵照办理具报。兹将办理情形胪陈如次：

（一）梅菉局曾于二十七年十一月二十三日开始改为互换局，旋于十二月二十二日取消，其首次封发及接收国际邮件总包日期如下：（原为竖表繁体字，笔者注）

| 封发 | | 接收 | | |
|---|---|---|---|---|
| 国际邮局名称 | 日期 | 国际邮局名称 | 日期 | 原寄局封发日期 |
| 香港 | 1938.11.23 | 广州湾西营局 | 1938.11.24 | 1938.11.23 |
| 广州湾西营局 | 1938.11.23 | Basel 2 | 1938.12.16 | |
| | | Dublin | 1939.1.13 | 1938.12.1（由遂溪局开拆办理） |
| | | San Francisco | 1939.1.13 | 1938.12.10（由遂溪局开拆办理） |

（二）遂溪局系于二十七年十二月十五日开始改为互换局，并向广州湾西营局（Fort-Bayard）及香港、澳门两局直接对封总包，前拟向赤坎直封总包一节，因广州湾方面不予同意，卒未实行。兹将遂溪

局首次封发及接收国际邮件总包日期，开列如下：（原为竖表繁体字，笔者注）

| 国际邮局名称 | 日期 | 国际邮局名称 | 日期 | 原寄局封发日期 |
|---|---|---|---|---|
| 广州湾西营局 | 1938.12.15 | 广州湾西营局 | 1939.1.2 | 1939.1.2 |
| 香港 | 1938.12.15 | 澳门 | 1939.1.22 | 1939.1.18 |
| 澳门 | 1938.12.22 | | | |

所有梅菉局一度改为互换局，及遂溪互换局首次收发国际邮件总包地点及日期理合备文呈请，鉴核备案。谨呈

从此《案奉》我们得知，广州湾—遂溪互换国际邮件总包的具体时间为 1938 年 12 月 15 日。遂溪和广州湾赤坎直接互封总包，由于广州湾方面不同意，改为广州湾西营局接互封总包。香港、澳门和广州湾西营局首次封发及接收国际邮件总包日期分别为 1938 年 12 月 15 日、1938 年 12 月 15 日和 1938 年 12 月 22 日。

## 太平洋战争爆发以前的邮路

1938 年 10 月 21 日广州沦陷，为了保证大后方邮路畅通，避免海外邮件经广州转发而被日军检查与扣留，当局于同年 12 月 22 日在香港成立广州邮局香港分信处[①]。该分信处充当国际邮件互换局的作用，与各国各地区互换国际邮件总包。1939 年 6 月，港英当局不同意香港分信处封发出口邮件。于是部分联邮组的员工迁往深圳处理封发出口邮件。由于深圳形势危急，1939 年 8 月 16 日深圳邮局关闭，不久日军占领深圳。这段时间，广东周边省份如广西、湖南、江西、福建的相当部分海外邮件转至遂溪寄递。

---

① 《广州湾经转邮路与华侨抗战领袖》，载《南粤集邮》2015 年第 4 期，第 19 页。

1939 年的《广东邮区国际邮件半年报》列出了遂溪邮局互换的普通国际邮件业务量①，如表 1 所示。

表1　1939 年遂溪邮局互换的普通国际邮件业务量

（单位：件）

| 时间 | 接收进口 | 封发出口 |
|---|---|---|
| 1939 年上半年 | 4583 | 42985 |
| 1939 年下半年 | 279941 | 22082 |

1939—1941 年间，遂溪邮局主要与广州湾西营互换邮件，并通过广州湾西营中转，与香港、澳门交换邮件。具体情况如表 2 ~ 表 4 所示。

表2　1939 年互换国际邮件局

| 互换邮局 | 邮路 | 平均花费时间 | 国外中转局 |
|---|---|---|---|
| 广州湾西营 | 直接 | 3 小时 | |
| 香港 | 经过广州湾西营 | 1.5 天 | 广州湾西营 |
| 澳门 | 经过广州湾西营和香港 | 2 天 | 广州湾西营和香港 |

来源：《1939—1940 年互换国际邮件局名表》②。

表3　1940 年互换国际邮件局

| 互换邮局 | 邮路 | 平均花费时间 | 国外中转局 |
|---|---|---|---|
| 广州湾西营 | 直接 | 0.5 天 | |
| 香港 | 经过广州湾西营 | 4 天 | 广州湾西营 |
| 澳门 | 经过广州湾西营和香港 | 5 天 | 广州湾西营和香港 |

来源：《1939—1940 年互换国际邮件局名表》③。

---

① 余耀强主编：《烽火中的海外飞鸿》，广州出版社 2005 年版，第 71 页。
② 广东省档案馆藏，档案号：29 - 2 - 507。
③ 广东省档案馆藏，档案号：29 - 2 - 507。

表4　1941年互换国际邮件局

| 国外互换邮局 | 邮路 | 平均花费时间 | 国外中转局 |
|---|---|---|---|
| 广州湾西营 | 直接 | 0.5 天 | |
| 香港 | 经过广州湾西营 | 4 天 | 广州湾西营 |
| 澳门 | 经过广州湾西营和香港 | 6 天 | 广州湾西营和香港 |

来源：《广东邮区 1941—1945 年度后方邮政事务年报》①。

从上述三个表可以看出，广州湾西营和遂溪交换邮件的平均花费时间最多为半天，我们可以推断遂溪邮局（或代办处）应该搬到广州湾租借地的赤坎寸金桥附近（或麻章），不然，花费的时间不可能仅半天。据广东邮政管理局曲江办事处主任黎仪燊汇报：

> 查广州湾邮政局之组织以西营局为管理局，其他太平营（与海康交换邮包），东营（与梅菉交换邮包）及赤坎与遂溪局最近均系支局，而遂溪与赤坎局相距仅二十四公里，赤坎至西营局须再行一十二公里。现广州湾方面仅指定由西营局接收遂溪局邮件总包。邮差到达赤坎后，如果步行至西营，则当夜无法赶回遂溪（因每日由遂溪开往寸金桥——中法分界点——之汽车系上午十时至十一时之间启行，而回程则下午三时启行，每单程行车约需四十五分钟，如遇车辆过多，候雷州关分卡检查，则需时无定，邮需给予旅店费用，方能渡宿。如果乘车来往，则每日需车费为毫银六角（广州湾当地以银为本位）约值国币七角五分，殊属耗费。②

根据历史记载，同期搬到寸金桥附近的还有雷州关。

1939 年 7 月，曲江与广州间邮件统发由广州湾经转。1939 年 8 月，新会沦陷，西江各邮局出海邮件也由广州湾经转，为加快邮件运输速度，郁林与遂溪间邮路，将自行车与夜班混合组成昼夜兼程班。1939 年 11 月，大量日军军舰驶入钦州湾，在企沙和龙门登陆，北海、合浦沦陷，北

---

① 广东省档案馆藏，档案号：29 - 1 - 279。

② 广东邮政管理局 1939 年呈文第一号《为□遂溪局改为互换局办理情形及应请核办各节分别呈报察核备案由》，中国第二历史档案馆藏，邮政总局，全宗代码 137。

海邮路中断。这时，广州湾到郁林的邮路发生了变化，路线改为：西营—赤坎—寸金桥—麻章—遂溪—廉江—石角—良田—陆川—郁林。全程约七天。① 自然，这条线也是一条秘密的军邮线。"再一条由柳州经迁江、来宾，东南行至贵县、郁林，越境至广东的广州湾。""我接任后，……先后利用电船拖大船分批载运大宗邮包千余袋，及总局由广州湾订购的美孚洋行小桶汽油 1000 桶。"②

1940 年 3 月，前山沦陷，导致运往港澳邮件中断，邮件改发广州湾经转。

1940 年 5 月 10 日，德军入侵法国，法国政府向德国投降。广州湾法国当局也被日本控制，广州湾的局势紧张万分。6 月 28 日，广州湾和香港之间的货轮停开。"但与香港之间的汇驳和电报俱如常收发，而邮件则因轮船阻滞，不能运往。"③

7 月 8 日，军邮局派驻麻章视察的冯乃骏电报称，该方面情势严重，敌机载监视员已抵赤坎，敌舰亦窥视西营，为预防计，遂溪局票款已转移安全地带，出海邮路恐难继续利用。④ 冯乃骏认为邮路恐难继续利用，应该是指军邮中断。

7 月 12 日，日本海军统制广州湾的货运。由于香港市场粮食紧缺和法英当局积极交涉，7 月 15 日，"广州湾与香港的航运解禁，大批粮食、猪、牛、羊等输港"⑤。

至 1940 年底，广州湾和香港的邮路虽出现过波折，但总体还算平稳。此年不排除有邮件经过沦陷区广州出境。

1941 年 2 月 4 日，日军攻占沙鱼涌。2 月 7 日，国民政府邮政总局派驻香港专员慕雷至总局电报：沙鱼涌邮路已告绝。今后寄香港、上海邮件

---

① 韦健：《大广州湾》，东南出版社 1942 年版，第 70 页。

② 张人权：《西南军邮概况》，见《抗战时期的西南交通》，云南人民出版社 1992 年版，第 438－450 页。

③ 《远东风云险恶中各地交通状况》，载《大公报》1940 年 6 月 30 日。

④ 《广州湾经转邮路与华侨抗战领袖》，载《南粤集邮》2015 年第 4 期，第 19 页。国内的邮政史专家张永浩认为，由于日军监视广州湾，其后偶见有信件从遂溪通过（见其所著《抗日战争时期之中国国际邮路》一书）。笔者认为，这是一个误解，此时的邮路有短暂的中断，其后马上恢复。

⑤ 《广州湾对运港粮食解禁》，载《大公报》1940 年 7 月 16 日。

请分别封成总包。轻件（函片）发仰光转，重件（书刷）由广州湾转。①

　　这时，广东自由区内只余遂溪一处为国际邮件互换局，香港的货物、邮件大批转道江门等地由广州湾转遂溪，再流入华南地区和抗战大后方。

　　尽管有日方监视，但二十多个日本人监视整个广州湾的货物进出是十分无力的。货运物资仍由广州湾大量地运送到抗战大后方。1941 年 3 月 3 日拂晓，日军六个支队入侵雷州半岛，在绵亘 500 公里正面的沿海各重要地点登陆，并对周围地区进行扫荡，掠夺物资，但未切断广州湾的对外航线，仍有大宝石、永华、永和三艘轮船航行港湾线。5 月，广州湾所有轮船改航澳门，广州湾和香港间仍可到达，但货物运输又多一转折。②

　　由于沙鱼涌的沦陷，广州湾至遂溪的邮件大量增加，广东省邮政局将若干邮路改组并增加邮班次数，以期加速邮递。如《广东邮区 1941 年后方邮政事务年报》所载：

增加自行车班次加速邮递之各路：

| 邮路地名 | 邮路公里数 | 开班日期 |
| --- | --- | --- |
| 麻章—遂溪 | 17.3 | 1941.8 |

注：由逐日班增为逐日四班③

　　同年 12 月 7 日，太平洋战争爆发。25 日，香港沦陷，广州邮局香港分信处停止工作之前，将最后一批邮件通过广州湾发往遂溪。

　　广东邮政管理局曲江办事处于 1941 年 9 月 2 日发出《为关于港战爆发前由港启运广州湾转遂溪之邮政公件先后两批均经运达及分别转出电复鉴核由》代电，广东邮政管理局曲江办事处主任黎仪燊向在重庆的邮政总局汇报了这批邮件的去向：

　　重庆邮政总局钧鉴：案奉钧局本年八月十三日第四九九/一六二五七号代电以□□驻港广州邮局分信处于战前一日在港启航运广州湾

---

① 沈敦武：《冲破封锁线》，中国邮史出版社 2014 年版，第 145 页。

② 《广州湾轮船拟改航澳门》，载《大公报》1941 年 5 月 13 日。

③ 《广东邮区 1941 年后方邮政事务年报》，广东省档案馆藏，档案号：29－1－279。

转遂溪公件一百大件，内装一千零数十袋，饬查明是项公件已否全部
运达分寄各局列表呈核等因，奉此，查遂溪局前于去年十二月七日至
十日间及同月十四日曾先后收到驻港广州邮局分信处与港战爆发前交
捷福公司运来邮政公件两批计第一批一百大包，内载有一四九六袋，
第二批亦一百大包，内载有一零六五袋，均经该局分别收妥即周内先
后转出。①

# 太平洋战争爆发以后的邮路

太平洋战争爆发以后，香港沦陷，广州湾成为我国通往海外的唯一港
口，大批货物和难民涌入广州湾，对外贸易和经济繁荣一时。"迨中日战
起，继之广州沦陷，此位居西南沿海之自由港湾（按指广州湾），一跃成
为正当出入口之商业重镇，商贾云集，盛极一时，由寸金桥以迄雷州海
关，曾一时期沿途堆满货物，无一隙地。"② 此时，广州湾只能直接与澳
门通邮。从表5可见一斑：

**表5　1942年互换国际邮件局名表**

| 互换邮局 | 邮路 | 平均花费时间 | 国外中转局 |
|---|---|---|---|
| 广州湾西营 | 直接 | 4小时 | |
| 澳门 | 经过广州湾西营和海路 | 2天 | 广州湾西营 |

来源：《广东邮区1941—1945年度后方邮政事务年报》③。

广州湾到澳门的邮路时间只要两天，比1940年、1941年缩短了四
天。可见邮路畅通了许多。

广州湾对大后方的货运、邮路也增加了，分为甲线和乙线。

甲线：赤坎—遂溪—廉江—石角—良田—陆川—郁林→重庆大后方。

--------

① 沈敦武：《冲破封锁线》，中国邮史出版社2014年版，第159页。
② 韦健：《大广州湾》，东南出版社1942年版。
③ 广东省档案馆藏，档案号：29-1-279。

到郁林共需六天。

乙线：西营—梅菉—水东—电白—织簀—阳江—那隆—恩平—开平—高明—肇庆（西江前线）→曲江。到肇庆共需八天。（另一种走法：西营—梅菉—茂名（走水路）—镇龙（信宜属）—东镇—怀乡—贵子—四伦—罗定—南江口—肇庆（西江前线）→曲江。此路到肇庆需十天。①

1943年2月，日军入侵了广州湾，同时遂溪沦陷，广州湾—遂溪的邮路中断。

遂溪沦陷后，为了维持国际邮件的通道，遂溪邮局想方设法与广州湾保持互换，但为时不长。在广东邮政管理局曲江办事处1943年6月的《广东邮政管理局办事处卅二年六月份工作报告》中叙述了此事的经过：

> 组设化县至广州湾邮路维持后方出海邮政路线：自雷州半岛战事发生后，海康、遂溪相继沦陷，遂溪局移设石角，该局与广州湾法邮局邮运联络，随告中断，为维持国际互换邮件（因职区后方寄澳门香港及中立各国邮，多发由广州湾转递）通道起见，几经设法组成化县至广州湾邮路，该路系由化县经平坦绕越石门出海偷进广州湾，一部分途程邮差须通过敌寇蹂躏区域行走，颇为艰苦，后以石角距离广州湾较远，对于邮递管理上有鞭长莫及之虞，故并在化县邮局组设遂溪局收发处，仍以遂溪名义与法邮局互换函件总包，以资适应。②

日本入侵广州湾之后，日本方面采取了各种手段，意图迫使维希政府将广州湾交还给汪伪政权。维希政府不顾我国政府的多次警告，在对华政策上采取"模糊"策略，中国政府采取断然措施，于1943年8月1日，宣布与法国维希政府断交，中国与法国及法属印度支那各地直接互换邮件事务均告暂停。遂溪邮局接到邮政总局的指令：

> ……该线组通运未久，旋奉令以我国政府宣布与维希政府断绝外交关系，并停止直封法国邮局函件总包互换，该线遂无维持之必要，现予裁撤，合并陈明。③

---

① 韦健：《大广州湾》，东南出版社1942年版，第85–86页。
② 沈敦武：《冲破封锁线》，中国邮史出版社2014年版，第158页。
③ 沈敦武：《冲破封锁线》，中国邮史出版社2014年版，第160页。

1943 年 8 月 5 日，总局通知后方各邮局，停止收寄寄往法国及法属印度支那的挂号邮件。1944 年 1 月 13 日，又以第 2978 号通代电通知停止接收寄往广州湾的挂号邮件。

1945 年 8 月 15 日，日本宣布无条件投降。8 月 18 日，中国国民政府外交部政务次长吴国桢与法国驻华使馆代办戴立堂代表中法政府在重庆签订《中华民国国民政府与法国临时政府交接广州湾租借地条约》，广州湾租借地归还中国。1945 年 10 月 3 日，邮政总局规定湛江与国内各地的邮件按国内邮件资费标准办理。

## 来自实物的证迹
### ——经广州湾—遂溪中转的实寄封片①

图 2 是一封抗战时期的侨批，刚好记录下这一段邮路。该封贴伦敦一版孙中山头像 2 角票 2 枚、香港大东版 3 角票 2 枚，邮资合计 1 元，是国际水陆路挂号邮件邮资。开平"楼冈金祥源"号交邮局销 1941 年 1 月 1 日楼岗戳挂号寄出：1 月 4 日新昌—1 月 10 日水东—1 月 12 日遂溪—广州湾—香港—2 月 20 日到美国旧金山。

图 3 是一封在 1939 年 7 月 5 日由美国纽约寄往厦门的平信。在运至香港后，本可由海道直运至沦陷区内的厦门，却依照中国邮政局的指示，把此信经广州湾运至自由区内遂溪的国际邮件互换局，于 8 月 10 日抵达。然后途经桂林、衡阳、曲江、粤北至福建厦门，于 8 月 18 日抵达。

可惜当时收信的商店已经停业，故封面上贴有退信条。但厦门邮局也不曾把它从原路退回，而是把它送至上海，交给沦陷区的邮政总局处理。经过一个多月的停留后，上海邮政局终于在 11 月 25 日盖上该地退信局的红戳，然后把此信退回美国，在 1940 年 1 月 4 日抵达旧金山的私信部门。幸而此信是被退回美国，因而避过战乱，既完成一条有趣的邮路，又为从广州湾—遂溪进口的邮件留作一个实证。

---

① 实寄封片大多来源于《中国国际邮路》，解说有所不同。

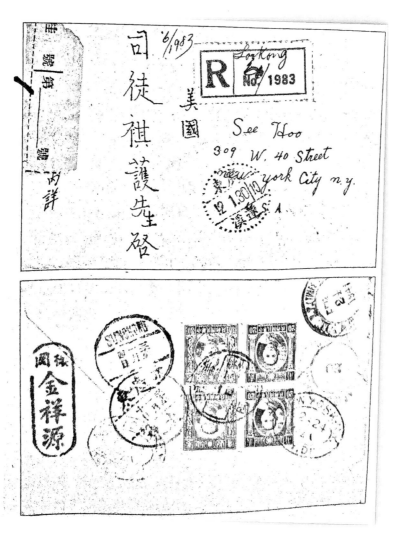

图2　抗战时期的侨批

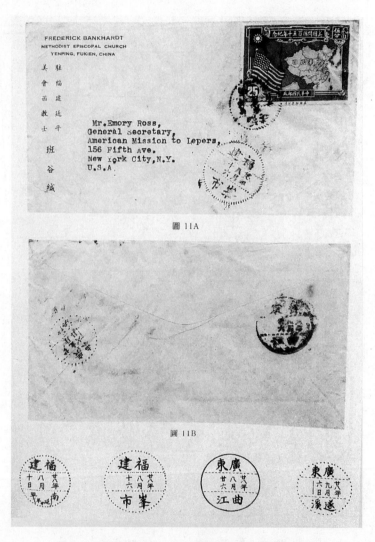

图3　1939年7月5日由美国纽约寄往厦门的平信

　　图4是一封在1939年8月10日由福建延平寄往美国的平信。延平位于福建省的西北部，此信是先由步差送至该省西南部之峰市，跨过粤北至曲江，由火车经衡阳到桂林，再由步差送至遂溪。

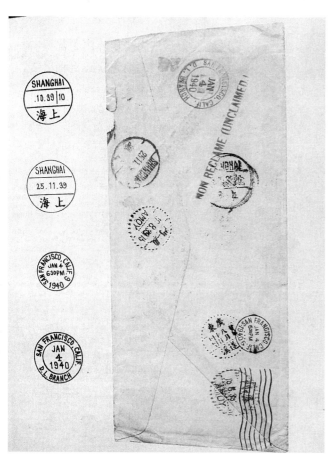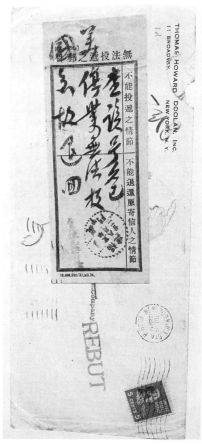

**图4　1939 年 8 月 10 日由福建延平寄往美国的平信**

　　图 5 是一封在 1941 年 3 月 31 日由广东赤坎寄往美国的挂号信件。日军在 1940 年 3 月间攻陷前山，又在 1941 年 2 月间攻陷沙鱼涌，故在此信寄出时广东省自由区内便只余下遂溪一处为国际邮件互换局。故邮局便尝试把此信送至遂溪。由于日军封锁，雷州半岛不能通行，此信走回头路，返回沦陷区内之广州出国，于 1941 年 5 月 27 日抵达旧金山。此封是一个由沦陷区出国的例子。

　　图 6 是一封在 1942 年 3 月 22 日由广东遂溪寄往加拿大的航空信件。寄出时太平洋战争已爆发，仰光也在 1942 年 3 月 8 日失陷，故这封信先送到昆明，才全程航空经印度运至目的地。

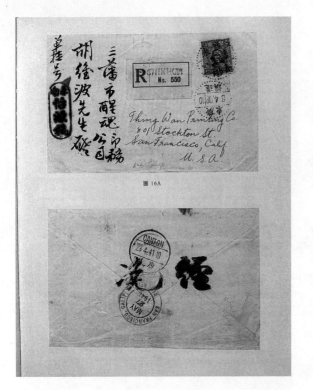

图5　1941 年 3 月 31 日由广东赤坎寄往美国的挂号信

此封信的奇妙处是它之寄出地实为广州湾法租界内之赤坎（见封面左上方的英文地址），而非遂溪。在 1941 年 12 月 7 日太平洋战争发生时，广州湾只和澳门对外通海运，航空邮件走澳门困难，广州湾反而要把遂溪作为寄至欧美的转运站。

图6　1942 年 3 月 22 日由广东遂溪寄往加拿大的航空信

# 广州湾中国国货公司

　　赤坎大众路与和平路的交界处，有一栋破旧的建筑，上下两层，成"八"字型。"八"字的一撇在大众路，另一撇在和平路，"八"字的连接处，刚好就是这两条路的交会处。

图1　广州湾中国国货公司大楼

　　这栋楼看上去很破旧，颓败而荒芜。但还能住人，零星住着几户人家。上前询问当年这栋楼的历史，没有人能回答。细看这栋楼的每一间房间，竟是一间间用《千字文》"天地玄黄，宇宙洪荒"诗句编号的商铺。

　　查阅当年的书籍和报纸，《大光报》的一则广告引起了笔者的注意："广州湾中国国货公司，日常用品应有尽有，门沽批发均所欢迎。地址：赤坎龙总督街救火局街口。"

　　根据湛江市区街名变化记录，龙总督街就是现在的和平路，救火局街就是现在的大众路。笔者终于明白，那栋让笔者驻足的破旧建筑，就是当年赫赫有名的广州湾中国国货公司。笔者肃然伫立，喃喃自语：终于找到你了……

# 广州湾中国国货公司建立

"九·一八"事变后，全国人民抗日情绪高涨，广泛开展了提倡国货、抵制日货运动。

1933年2月，上海工商界人士方液仙联合200多家厂家，在上海南京东路大陆商场开设了中国国货公司。这是一个规模相当大的国货公司，专卖国货，提出"中国人要用中国货"的口号，发扬国民的爱国热情，对抗日本货的倾销活动，支持民族工业的发展。

抗战全面爆发后，上海、武汉沦陷，工商企业纷纷南迁或在南方开设办事处，将物资向内地迁移。香港、广州湾等华南沿海城市成为物资迁移以及南北贸易商品转运的重要基地。

图2　广州湾中国国货公司旧址

1939年夏，赤坎龙总督街锣鼓喧天，广州湾中国国货公司正式成立。据当时筹建该公司的黄孝宽回忆：广州湾中国国货公司是通过广州湾中国银行行长赵芙初介绍，找到广州湾总公局局长陈学谈，巨商许爱周、戴朝恩、张明西等人建立起来的。当地集资白银5万元，上海国货联办处赊销货物15万元，由上海派李庆新任经理。[1]

---

[1]　黄孝宽：《抗战期间我在华南转运物资的回忆》，见《广州文史资料选辑》第29辑，广东人民出版社1983年版，第209页。

# 智斗日军监视团

1940 年 6 月 22 日，法国投降，成为德国的傀儡。在日本的压迫下，法国与日本签订《共同防卫印度支那协定》，全面封锁中越边界，切断中国抗日战争的运输线。

7 月 12 日，日本海军发表公告，派遣海军大佐圆山英助、海军少佐高信作等监视员，前往广州湾监视货物过境事宜。

日军监视团的到来，使广州湾的商业一片萧条，整个市面陷于瘫痪，商店关门，无业可营。据当时的报纸记载："7 月 24 日下午，日监视员偕同法籍军官多名，乘车至赤坎市'巡视'一周。至夜十一时许，派出越籍兵二三百名，将冲要道路遮断；点查市内各棉纱、布匹等大商店货物，并加登记，不准销售。并将市内挑夫竹杠缴去，当时情形甚为严重。日监视员居中指挥执行，声色俱厉。"①

为维持生计，26 日下午 1 时，广州湾商会召开市民大会，讨论解救办法。当天到会者有 150 余家商号代表，公推代商会主席霍子常为大会主席，经多番研讨后决定：①为维持本湾商业大计，请求法当局提前公布禁运货物种类。②对于存湾内之货物，请求法当局准予在湾内自由运输，以应市需。③此后由沪港运来之货物，请准许自由进口及买卖，或改善办法。④对于现在境内被禁出口，或未许运入内地之不合本市销售货物，请求法当局指示善后处置办法。即席并推出霍子常、李庆新、叶福山、汪其明、张明西、梁日新、林惠中、陈卓材、吴永庚、林华奎等 15 人为市民代表，负责办理请愿事宜。②

广州湾中国国货公司也召开董事会议研究对策，广州湾中国银行行长赵芙初代表上海国货联办处出席，其他董事如陈学谈、戴朝恩、张明西等都有参加。因为停止转运物资，不仅导致国货公司营业额损失，而且以他们作为后台的运输商号的生意更是受到致命打击。于是决议由陈学谈出面，请许爱周以商会的名义派人在街上鸣锣召开市民大会，讨论进口物资

---

① 《大公报》1940 年 7 月 30 日。
② 《大公报》1940 年 7 月 30 日。

转运的问题。参加会议的人很多，据说是从未有过的。日军监视团也派人监视，追问是什么人要开会。据黄孝宽回忆："张明西和我商量，认为我不是本地人，又系代表上海中国国货公司的，叫我出面交涉。我便回答监视团人员，说这个会是许多人要开的，因为各家现存货物都是凭许可证进口的，都不是军用物资，应该准许转运内地。假如全部留在广州湾，恐怕好几年也卖不完，损失很大。因为监视团人员没有表态，最后决定推出张明西、我和其他代表去见广州湾公使，要求解决问题。"[①]

广州湾法国殖民当局在日军的压力下，对于由广州湾内运的物资存在一种矛盾心理。一方面，他们对进口的内运物资发给许可证，每箱（不超过一立方米）索价数十元至数百元，可以借此大发横财。另一方面，如果他们准许物资内运，又恐怕得罪日本人。

第二天，代表们去见广州湾公使，日本监视团成员也在座。

代表们申述苦衷之后，由张明西翻译。广州湾公使在日军面前表示不能通融，叫代表们自己设法销售或者由什么地方运来就退回原处。代表们不同意，无结果而散。

岂料代表们走后不久，法国公使打电话给张明西约全体代表晚上再去谈谈。代表们依约去会见时，法国公使说明他的处境困难，叫代表们研究解决的办法。经过详细讨论，知道日军监视团在广州湾有20多人，只能日间活动，不可能日夜查截运输。况且他们全部住在西营，距进入华界的路线赤坎只有10公里之遥，物资可以晚上转运，万一日军晚上突击查截，则由驻在西营的代表以电话通知，立即掩藏。法国公使对此认为可行，表示同意。

几天之后，各承运商号就昼伏夜出，平均每日约有1000担（每担约30斤）内运。

## 艰难的驿运

物资经过寸金桥进入华界后，要通过雇用挑夫运输，才能转入桂林、

① 黄孝宽：《抗战期间我在华南转运物资的回忆》，见《广州文史资料选辑》第29辑，广东人民出版社1983年版，第216－217页。

重庆大后方。其艰难程度，广州湾中国国货公司一一做了记载：

第一天

物资离开赤坎之后，第一步要向雷州海关报关检查或纳税，第二步再要向驻在麻章的广东省货物税务所报验或纳税。这两个机关虽然都设在距离赤坎很近的地方，但因用人力挑运，件数多、品种复杂，查验费时，有些物资如要纳税的就更花时间。所以不论是白天或夜间，将物资运到关所报验都要花去半天左右的时间。因此第一天挑运的行程大多数要在距隔赤坎约六十华里的遂溪县城住宿。

第二天

由遂溪到廉江约一百一十华里，这段路约有三分之一是荒山秃岭，初期很少行人往来，偶有匪徒截劫。随后运货人众，乡兵加强保护，劫匪不敢出扰，但又为日军飞机发现，用机枪扫射。好在几年来只遇过二三次，损失不大。

第三天

由廉江到石角约七十华里，这是广东与广西交界的地方。再往西行两华里就是广西的盘龙（现在是青年运河的鹤地水库）。这里有广西省盘龙税务所，一切货都要缴纳地方税。

第四天

由石角到良田约六十华里，因为离开石角之前要经税务所开箱查验，耽搁一些时间，所以只适宜在良田住宿。

第五天

由良田到陆川约七十华里。

第六天

到达玉林约八十华里。

两段路均较顺利，只是连续步行了六天，共约四百五十华里，人皆疲乏了。物资挑到玉林之后，就改由烧木炭的汽车分别运去南宁、柳州、贵阳、桂林、重庆等地区。①

---

① 黄孝宽：《抗战期间我在华南转运物资的回忆》，见《广州文史资料选辑》第29辑，广东人民出版社1983年版，第218－219页。

　　1943 年 2 月，日军入侵广州湾，广州湾中国国货公司被迫撤往桂林。至此，如此艰难的物资运输持续四年左右。可以说，抗战期间，以广州湾中国国货公司为代表的民族企业，筚路蓝缕、艰苦斗争、开辟渠道，使得广州湾成为内地货物的转运站，使得在香港、广州湾、桂林、重庆等地的中国国货公司的物资运输形成一个非正式组织系统，互相呼应，为抗战后方物资抢运做出了贡献。

# 名流轶事

# 嘉奖令写错爱国豪绅许爱周的名字

台湾的朋友寄来了几份关于广州湾的档案，笔者发现一份档案与广州湾的爱国豪绅许爱周有关，并与蒋介石有交集。蒋介石颁发嘉奖令表彰捐款豪绅，却把许爱周的名字写错了，写成了许慜周。

## 蒋介石"摆乌龙"　嘉奖令写错许爱周名字

抗战全面爆发后，广州湾各界人士和全国人民一道，同仇敌忾，开展抗日救亡运动，抗击日寇的侵略。大家有钱出钱、有力出力，积极捐款献物支援抗战前线。

1937年冬，广州湾各界人士为在冰天雪地中保卫国土英勇战斗的将士发起募衣会，募集棉衣、棉裤、军毡和雨衣等物。当时募得棉衣2000件、棉裤1000件、军毡2000件、雨衣1000件寄付前线，慰问在前线杀敌的抗日将士。

1938年，国民政府发出救国公债，在广州湾赈灾会努力劝募之下，赤坎民众在短期内认购了20余万元的救国公债，同时，响应广东购机会和黄河赈灾会的号召，也各捐了5000元。

．．．．．．．．．．．．

1942年，广州湾豪绅许爱周也为抗日慷慨解囊捐款10万元。这10万元是怎么回事，与蒋介石有何关系？请看档案（图1）：

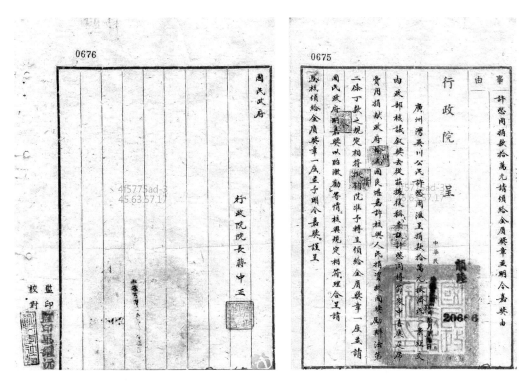

**图1** 蒋介石发嘉奖令表彰许爱周捐款 10 万元支援抗日，将"许爱周"写成了"许愍周"

许愍周捐款拾万元请颁给金质奖章并明令嘉奖由

广州湾吴川公民许愍周汇呈捐款十万元振济难民一案，经交内政部核议，叙奖去后兹据复称："查该许愍周樽节家中喜庆筵席费用捐献政府，输财为国，良堪嘉许。核与人民捐资救国奖励办法第二条丁款之规定相符，拟请钧院准予转呈颁给金质奖章一座，并请国民政府明令嘉奖，以昭激劝"等情。核与规定相符，理合呈请鉴核颁给金质奖章一座，并予明令嘉奖。谨呈

国民政府

行政院院长蒋中正　①

此档案讲述吴川公民许愍周把家中喜庆宴席费用捐出，并获国民政府嘉奖。直到 1943 年，蒋介石才知道搞错了，把"许爱周"错写成"许愍

---

① 台北"国史馆"藏，典藏号：001 – 035130 – 00019 – 000。

周"。于是忙发公函更正，更正原文如下（图2）：

更正许愍周为许爱周由。

吴川公民许愍周捐献十万元奉颁金质奖章一座业经转行在案，兹查捐献人实为许爱周，前电误作许愍周，应予更正，相应函请查照转陈备案。此致
国民政府文官处
院长蒋中正 ①

这个许愍周为何许人？许爱周捐款内幕又是怎样的？

图2 蒋介石发公函更正人名错误

## 节俭办小儿子婚礼 省钱支援抗日事业

许爱周，1881年生于吴川坡头博立村一个农民家庭。其从小随父亲经商，开创"福泰号"，专营花生油等食品杂货，后逐渐经营黄麻、蒜头、外国货物。20世纪20年代在广州湾填海造地，经营酒店和商铺，遂成为地产大亨。抗战期间，大量收购外轮，商船远达东南亚各国，成为远近闻名的船运巨商。

据《爱国巨商许爱周》② 一书记载，1941年12月，日本侵略军占领了繁荣的香港。其时，在香港经营航运业的许爱周先生，为了不让其

---

① 《行政院长蒋中正函国民政府文官处为更正许愍周为许爱周函请转陈备案》，台北"国史馆"藏，典藏号：001-035130-00019-038。

② 黄国威主编：《湛江人物——爱国巨商许爱周》，中国文史出版社2005年版。

"台山""泉州"两艘货轮落入日寇手中，毅然把两轮凿穿沉于海底。1942年初，他被迫携家眷返回广州湾隐居。

当时，许爱周的三子世勋正准备结婚。由于香港沦陷，许世勋只好带着未婚妻回到广州湾，待期举办婚礼。许爱周有三个儿子，老大岐伯和老二士芬在成亲之时，都摆了宴席，宴请了亲戚朋友，虽然不是很排场，但在人情上、面子上总算过得去。世勋在兄弟中排行最小，婚事如按两位兄长的规格举办，也合乎情理，不过却有悖当时的时势要求。

一天晚上，按许爱周的安排，全家大小集中一起进餐。饭后，他对大家说："现在世事纷乱，不知何时安宁。勋儿的婚事，不必拖延，我想还是如期举办为好。但是，婚礼须简朴，不摆筵席了，把节省下来的钱捐给抗日救亡事业。"家人毫无思想准备，听他这么说，都吃惊不小，有人甚至以为他是说着玩的。许爱周语重心长地解释："办宴席的钱，我是早有准备的。可是，家兴毋忘国难啊！没有国哪有家呢？目前国难当头，我们应以救亡为重。国家还很穷，抗日急需大批资金啊！钱应用在关键处，现在救亡是最关键的啊！如果我们忘记前方将士的流血牺牲，在后方摆酒席、讲排场，乐不知愁，我们将愧对前方将士，愧对千千万万的死难同胞！"家人听后无不心服口服，纷纷表示赞同。

过了片刻，许世勋有点迟疑地说："我们的喜帖已经发出，亲戚朋友早已做了准备，我们如何解释才好呢？"

"我们及早分头做好解释工作，婉言谢绝他们的好意，并把抗日救亡的道理和他们说，我想他们是会理解的。"许爱周说。

不久，许世勋与未婚妻按当地的习俗，举办了极其简朴的婚礼，全家人高高兴兴地吃了一顿自家烹制的便饭，而原来准备用来设宴的20万元，则全部捐给了抗日救亡机构。许爱周一家的义举，受到了当时人们的交口称赞。

根据以上记载，笔者发现，尽管捐款数20万元与档案记载的捐款10万元有所差异，但许爱周先生的爱国情怀让人动容，值得后人敬仰和学习。

# 国学大师陈寅恪逃难广州湾

1942年5月，广州湾西营码头，一位年过半百的先生急忙从客船上走了下来，他扶了扶眼镜，仰望蔚蓝的天空，温暖的阳光让他如释重负。他的身后，紧跟着一个随他下船的中年妇女和三个小孩。他们上岸之后，像逃难的大多数百姓一样，租了一间简陋的旅馆住下来。这位先生名叫陈寅恪，其身边的妇女和小孩就是他的妻女。被誉为三百年乃得一见的国学大师（傅斯年语）陈寅恪为什么要到广州湾？他是怎么来广州湾的？近年解密的朱家骅档案为我们揭开了谜底。

图1 陈寅恪（资料图片）

## 滞留香港 拒绝为日本人服务

1890年，陈寅恪出生于湖南的一个书香世家，1910年考取官费留学生，后到柏林大学、苏黎世大学、巴黎高等政治学校、哈佛大学读书，通晓汉、蒙、藏、满、日、英、法、德、波斯、突厥、西夏、拉丁、希腊等十余种语言。

1939年春，英国牛津大学聘请他为该校首位中国语汉学教授，英国皇家学会授予他英国皇家学会研究员职称。

陈寅恪接受牛津大学的聘任之后，先后两次赴香港，准备动身前往英国。第一次是1939年夏由昆明到达香港，正准备转乘轮船赴英就任的时候，适逢欧战爆发不能成行，只好于9月返回昆明。次年夏天，陈再次赴港，准备前往英国牛津大学任教。然而，由于欧洲战事恶化，他不得不滞留香港（图2）。香港大学中文系系主任许地山教授聘请他为该系客座教授。

**图2 1939年秋，陈寅恪一家在香港（资料图片）**

1941年12月8日，日军进攻香港，香港大学的教学活动被迫停止。陈寅恪离开香港大学，赋闲在家，全家的生活随之陷入困境。

陈寅恪不仅名扬中英两国学界，而且也为日本学界所熟知。于是，日本人想将陈寅恪留下来为他们服务，却遭到他的严词拒绝。

当时香港粮食紧缺，路有饿殍。陈寅恪后来写道："弟当时实已食粥不饱，卧床难起。"① 但是，为了坚守民族气节，他就是不吃敌人的面粉。

他的女儿后来也写道："（1942年）春节后，有父亲旧时学生来访，说是奉命请父亲到当时沦陷区的上海或广州任教。父亲岂肯为侵略我国的敌人服务，只有仓促设法逃走。"②

---

① 《陈寅恪集·书信集》，生活·读书·新知三联书店2009年版，第82 - 84页。

② 转引自莫世祥、陈红著《日落香江：香港对日作战纪实》，广东人民出版社2015年版，第133页。

陈寅恪一家五口滞留香港，他虽然决定设法逃走，但无旅费，因而极为苦闷。

## 朱家骅伸出援手

就在这时，朱家骅向他伸出了援手。

朱家骅此时担任中央研究院院长。

香港沦陷之后，朱家骅组织营救中央研究院滞留在香港的研究人员，自然包括营救陈寅恪及其眷属。

1942年4月22日，朱家骅在得知陈寅恪在香港居住的确切地址之后，致电澳门有关部门，将下列电文送给陈寅恪：

> 九龙太子道三六九号三楼陈寅恪先生鉴：港变以来，无时不以尊况为念，嗣闻备受艰辛，又苦不审最近寓址，且交通断绝，无从闻讯，悬系曷极。顷获庄泽宣兄函告尊寓，甚慰，盼即设法由广州湾返国。如能设法先至澳门或广州湾后，即可与弟通讯。所需费用若干请电复，当照汇。复电即交原送电人带回代发可也。①

朱家骅在电文中建议陈寅恪及其家人坐轮船，绕道广州湾返回内地。这是安全逃离香港的最佳路线。至于所需费用，朱家骅表示："请电复，当照汇。"这让困居香港的陈寅恪喜出望外，"如死复生，感奋至极"。

4月30日，陈寅恪回复朱家骅的电文中称：

> 骝先先生钧鉴：来电敬悉，即携眷赴广州湾返国。请急电汇两万元至遂溪麻章三元宫梁汝文女士代收留交，并乞电麻章海关及桂省长转饬盘龙关及沿途关卡军警特予保护为感。寅恪叩。②

---

① 《朱家骅档案》，"中央研究院"近代史研究所（台北）档案馆藏，全宗号：30，卷宗号：395，册号：2。

② 《朱家骅档案》，"中央研究院"近代史研究所（台北）档案馆藏，全宗号：30，卷宗号：395，册号：2。

"骝先"，是朱家骅的字。陈寅恪在电文中表示立即按照朱家骅安排的路线，与家人一起返回内地，同时提出两项要求：一是请紧急电汇两万元以敷急用，二是乞饬令沿途关卡予以保护。

朱家骅得知陈寅恪即将举家返回内地，十分欣慰，立即答应陈寅恪的要求。5月1日，他草拟电文，告知陈寅恪称，先前已分两次共预存15000元在预定经过的路途中，现再电汇5000元。电文如下：

> 闻兄将携眷脱险，无任欣慰。前已嘱高廷梓兄汇款一万元存麻章商务印书馆李浩年兄处，并嘱杭立武兄已于日前电汇赤坎汽车路十八号信义行陈乐素君五千元，兹再电汇五千元至麻章李浩年处，请台洽是荷。弟骝先。①

5月5日，陈寅恪按照朱家骅的部署，偕全家安全逃离香港，乘船前往广州湾。

陈寅恪在赴广州湾的海轮上，面对浩瀚的大海，回望家国的衰败，思绪万千，有感而发，写下了《壬午五月发香港至广州湾舟中作　用义山无题韵》一诗：

> 万国兵戈一叶舟，故丘归死不夷犹。
> 袖问缩手嗟空老，纸上刳肝或少留。
> 此日中原真一发，当时遗恨已千秋。
> 读书久识人生苦，未待崩离白人头。

据陈寅恪教授长女陈流求在《回忆我家逃难前厄》一文中所道：

> 1942年南方春季闷热潮湿，父母带着我们姊妹到香港码头岸边的旅社宿了一夜，次日和逃难的百姓一起排队通过关卡，登上驶往广州湾的海轮，开船后天气变化，南海水天一派灰暗、狂风巨浪使轮船左右颠簸，多数乘客都晕船卧倒，我也靠在椅子上……

① 转引自莫世祥、陈红著《日落香江：香港对日作战纪实》，广东人民出版社2015年版，第136页。

陈寅恪教授幼女陈美延在《童年回忆点滴》一文中亦道：

> 到了我们全家乘船逃离香港的时候，每个人都分担了一定的职
> 责、任务。我年纪最小，只分配最轻的任务，负责携带一捆雨伞及手
> 杖，并背着一个小背袋，里面装着几件常穿的衣物和本人及家长的姓
> 名等，以防我丢失后，好心人能帮我找到父母。再三叮嘱我必须不发
> 出声响紧紧跟上大人的步伐，不要走丢。我那时年纪虽小，但也懂得
> 心情紧张了。直到全家一个不漏地全都上了船，看着船已驶出港口，
> 大家松了一口气，我才感到困倦，立刻睡着了。醒来已快到广州
> 湾了。

## 陈寅恪一家在广州湾

陈流求回忆：

> 抵广州湾后，住进嘈杂拥挤的旅馆，虽然市面较热闹，食品也不
> 少，但是全家人每餐在外面吃，花销很大，母亲找到小街上一家蒸罐
> 罐饭的小饭铺，价格不太贵而且比较卫生，因此我们就常在这里
> 吃饭。

陈美延也写道：

> 到了广州湾，给我印象最深的是见不到可怕的日本兵了，可以和
> 小朋友在旅馆里自由走动，可以上蹿下跳去"探险"，发现哪里有
> "新大陆"。最令我高兴的是可以吃饱。日本人来了以后才知道肚子
> 饿有多难受。

陈寅恪按照朱家骅的电报，与广州湾有关友人取得了联系。

5月8日，为了保险起见，朱家骅致电给广州湾琼崖中学的郑绍玄，
让其将电送至麻章三元宫梁汝文女士，以便陈寅恪到广州湾与梁汝文女士

见面时告知汇款已到。

电文的主要内容如下：

> 梁汝文女士留转陈寅恪先生鉴：本院先后共汇一万五千元存麻章商务印书馆李浩年处，杭立武兄汇五千元存赤坎汽车路 18 号信义行陈乐素君处，又大维兄亦曾汇一万元至赤坎汽车路 18 号信义行陈德君处，统为留转吾兄者，希分别洽领，早日来渝为幸。①

至此，朱家骅先前汇两万元之外，还再汇一万元，共三万元，全部给陈寅恪使用。

5 月 26 日，陈寅恪偕家眷从广州湾出发，于 6 月 18 日抵达广西桂林，与转移到该处的中央研究院部分同事会合。

陈寅恪先生一生颠沛流离，深感国破家亡、妻离子散的苦痛，到了晚年双目失明。在他风雨飘摇的一生中，湛江这座美丽的港湾城市，在动荡的岁月中，为他提供了一个安全的避风港，广州湾友人梁汝文、李浩年、陈乐素与陈德君的名字以及西营码头、麻章商务印书馆、遂溪麻章三元宫、赤坎汽车路 18 号信义行等地名，都让陈寅恪难以忘怀。

---

① 转引自马亮宽著《陈寅恪》，陕西师范大学出版总社有限公司 2017 年版，第 60 页。

# 夏衍为办《救亡日报》数次经广州湾赴港

夏衍（1900—1995），原名沈乃熙，字端先，浙江杭州人，家住和县严家弄 27 号，中国著名文学家，电影、戏剧作家和社会活动家，中国左翼电影运动的开拓者、组织者和领导者之一（图1）。早年参加五四运动，编辑进步刊物《浙江新潮》。从浙江省立甲种工业学校毕业后公费留学日本，入明治专门学校学电工技术。留学期间，接触日本共产党，参加日本工人运动和"左翼"文化运动。1927 年，夏衍被日本驱逐回国，同年加入中国共产党。1929 年，夏衍同鲁迅等筹建中国左翼作家联盟。"左联"成立后任执行委员，后发起组织中国左翼戏剧家联盟。新中国成立后历任上海市委常委、宣传部部长、文化部副部长、中国文联副主席、中日友好协会会长、中央顾问委员会委员、全国人大代表、全国政协常委。

1994 年，夏衍向中国现代文学馆捐赠第一批藏书 2800 册。同年 10 月被国务院授予"国家有杰出贡献的电影艺术家"称号。

图1　夏衍（资料图片）

## 《救亡日报》的办报历程

1937 年，《救亡日报》创刊于上海，由文化界救亡协会创办，经国民党和共产党协商，由双方派出人员并共同提供经费，社长郭沫若，总编辑夏衍。

上海沦陷后，《救亡日报》于 1938

年1月1日在广州复刊。直至10月中旬，日军逼近广州时，《救亡日报》才迁往桂林，工作人员中有12人是从广州撤退过来的，其中就包括夏衍。

## 第一次经过广州湾

夏衍和《救亡日报》转移到桂林后，经费成为报纸复刊所面临的首要问题。为了坚持报纸文化界统一战线的特色，夏衍决定不向八路军办事处要钱，也不向国民党和桂系伸手，而是经广州湾赴香港通过八路军驻港办事处主任廖承志筹款。廖承志尽力协助，很快从海外华侨捐赠的抗战经费中拨出1500港币给《救亡日报》。有了这笔经费，《救亡日报》在桂林顺利复刊（图2）。

图2 抗战时的《救亡日报》（桂林版）（资料图片）

1938 年 12 月，夏衍在广州湾写下了《广州湾通讯》①，记述了他由桂林南下，抵广州湾待船去香港的见闻，详述了广州湾的政治背景、风土人情、交通情况，为外地人了解广州湾成为法国租借地时期的概况提供了第一手资料。

夏衍对广州湾的第一印象是，"这地方不如我们想象的大，人口也不象我们想象的稠密"②。这都暗示，这是夏衍第一次来到广州湾。

著名画家张云乔在回忆录中写到他与夏衍的经广州湾共赴香港的经历。

到达桂林之后，孙师毅和八路军办事处主任李克农同志联系，他们给孙师毅、张云乔等人找到房子，也给夏衍的《救亡日报》解决了临时办公地点。报馆有林林和华嘉等十余人，都已由广州到达桂林积极筹备《救亡日报》复刊。

> 夏公计划到香港一趟，当时去港唯一的捷径，只有到广州湾（现湛江）乘海轮出海去香港。那时我也有往港采购汽车的打算，因此和夏公约定，于 12 月上旬，由我驾驶汉字"373 汽车"，两人由桂林向南直驶广州湾。③

夏衍虽在 4 日下午已抵达广州湾，但由于"广州湾于上月底宣布了禁止军用品入口，连运输用的卡车也不准入口，甚至于外国人士捐给我们的救护车也不能例外"，原定 5 日从广州湾开往香港的船因"装的货物不准在广州湾上岸，折回海口去了。所以要等四天，于九号下午开船"④。

张云乔写道：

> 我买了两张 12 月 9 日赴港船票，8 日上午我到市场上买了一些石斑、曹白等优质咸鱼，准备让陶培唐随车带往桂林，让在桂林汽车公司的朋友们尝一尝高级海鲜。但当天中午，忽然得来消息，说广州

---

① 夏衍：《广州湾通讯》，见朱成蓉编《夏衍选集》第三卷，四川文艺出版社 1988 年版，第 267－269 页。

② 夏衍：《广州湾通讯》，见朱成蓉编《夏衍选集》第三卷，第 267 页。

③ 张云乔：《旧梦拾零》，中国烟草博物馆（内部藏书），2004 年，第 52 页。

④ 夏衍：《广州湾通讯》，见朱成蓉编《夏衍选集》第三卷，第 267－268 页。

的日寇向南沿海进犯，电白、吴川一带公路已经被彻底破坏，广州湾往广西的公路也已开始破坏。这个消息，如晴天霹雳，使我们连中午饭都不想吃了，就立即开车出麻章海关。①

车到寸金桥时，见到这条公路的木桥正在大火中焚烧，浓烟冲天。他们了解了路况后，决定争取时间，开车涉水过河，并在当地雇了四位工友推车。过河后，陶培唐驾车，立即返回桂林。送走了陶培唐，张云乔和夏衍搭顺路的货车，仍返广州湾赤坎准备搭海轮赴港。

次日上午，俩人到西营（今霞山）港口，准备登船赴港。当时西营没有码头，轮船泊在海面的浮桶边，要雇舢板摆渡靠近海轮，沿着舷梯上船。他们住进一间小房，算是头等舱位了。船的甲板上装满一笼笼的生猪、鸡、鸭、乳鸽等货物。天气闷热，气流不通，臭气冲天，使人作呕。

船行两天才到达香港，仍泊在海中浮桶旁，时间是半夜一点。他们搭舢板到上环干诺道登岸。上岸之时，夏公口袋里的小本子被扒手误作钱包扒去，联络地点尽失，他们只得暂时在思豪酒店下榻。次日夏衍试用电话探询，幸亏接上关系，廖承志同志请他们到金龙酒家用午餐。席间有潘梓年、潘汉年兄弟共一围台。餐后张云乔和夏衍暂别，各办各事。

## 第二次经广州湾

夏衍第二次到广州湾同样是发生在前往香港的路上，是时隔一年之后的 1939 年 12 月。此时《救亡日报》在桂林复刊已经将近一年了，有了七八千份的销路，不过由于报纸是由冯玉祥将军主办的三户图书印刷所代印，二者常会发生矛盾，而且"印刷厂的铅字（特别是五号字）都已经老掉牙，残缺不全"，于是夏衍决定再次前往香港筹款，置办一套新的五号字铜模。在何香凝和廖承志的支持下，夏衍筹款买了一套崭新的五号字铜模，并向在香港的文化界友人约定了一批"本报特稿"。

夏衍写道：

---

① 张云乔：《旧梦拾零》，中国烟草博物馆（内部藏书），2004 年，第 52 页。

我于一九三九年十二月下旬，经广州湾乘船赴香港。坐的当然是三等舱，而不幸的是正碰上"圣诞节"前夕，这条客船上载运到香港去的主要是家禽和猪牛，因此，在船上受难闻的臭气熏了整整两日两夜。这次到香港时间也很短，但同时达到了两个目的，其一是得到何香凝先生和廖承志同志的支持，筹款买了一套崭新的五号字铜模；其二是向当时在港的文化界友人（特别是国际问题专家金仲华、乔冠华等）约定了一批关于欧洲战事的本报特稿"。①

夏衍此次前往广州湾的具体时间，我们已经很难推断出来，只能估计大约是在 1939 年 12 月 25 日圣诞节前几天。与上一次返程相似，夏衍此次回程也没有经过广州湾，再次通过海防返回桂林。张云乔回忆道，当他 1939 年末前往海防购置车辆时，在海港码头的法国检查大屋，"看到海轮舷梯上，有位旅客扶梯而下，仔细一看，竟然是夏公！他后面跟着的是丁聪、周克和郑应时夫妇"②。丁聪回忆他在香港的岁月时，也提到，"1939 年，我跟随夏衍从香港来到越南，然后到达广西桂林"③。返回桂林的夏衍就立即自铸了一副铅字，并在漓江南岸的白面山建立起"建国印刷所"，作为《救亡日报》的印刷单位，保证了《救亡日报》的定期印刷与出版工作。

---

① 夏衍：《记者生涯的回忆（一）——记〈救亡日报〉》，见会林、陈坚、绍武编选《夏衍研究资料》，知识产权出版社 2010 年版，第 97 页。
② 张云乔：《旧梦拾零》，中国烟草博物馆（内部藏书），2004 年，第 71 页。
③ 蒋晔：《丁聪：我是个老小孩》，见《丁聪》，河北人民出版社 2014 年版，第 2 页。

# 江升贵等捐飞机支援抗日

抗战初期，敌我空中力量对比悬殊，中国空军仅有的一些力量已在初期大规模战役中损失殆尽，但中国人民始终未放弃建设空军以抗击日本侵略者的决心。1941年秋，中国航空建设协会发起"一元献机"运动，雷州半岛人民积极响应，节衣缩食，一元一元地捐、一县一县地捐，至少为抗战捐献飞机两架（图1），和全国人民一道写下了不朽抗日篇章，涌现出了像海康（现雷州市）乌石盐商江升贵等一批值得后人敬仰的无名抗日英雄。

## 全国发起"一元献机"运动

日寇入侵中国，飞机狂轰滥炸，各地城乡到处硝烟弥漫，家家户户逃亡奔命。

图1　广东人民当年捐献的飞机（资料图片）

1940 年 7 月 22 日，重庆惨遭日军战机大轰炸，发生了骇人听闻的“七二二”大轰炸惨案。此次轰炸共造成 700 余人死亡，2000 余人受伤。平民房屋被毁者多达 4300 余间。

目睹日军的暴行，“民国侠女”施剑翘想到了发动四川合川县民众捐款购机支援抗战。“一元献机”运动在合川轰轰烈烈地开展，并轰动全国。

1941 年秋，中国航空建设协会发起“一元献机”运动。航空总会发表告全国同胞书，号召：“全国各界的同胞们起来，让我们大家手擎一元钱，向攻势空军建设的途上大进军。”随后，“一元献机”运动在全国展开。①

## 《大光报》积极倡导 捐款可买飞机一架

1941 年 7 月 7 日，遂溪广州湾各界纪念全面抗战四周年，《大光报》全体职工发动各界响应中国航空建设协会发起的“一元购机”运动，该报职工每人认捐一元（图 2）。并盼遂溪广州湾各界响应，踊跃捐款。赤坎镇武堂国技馆也在赤坎市内举行舞狮募款。②

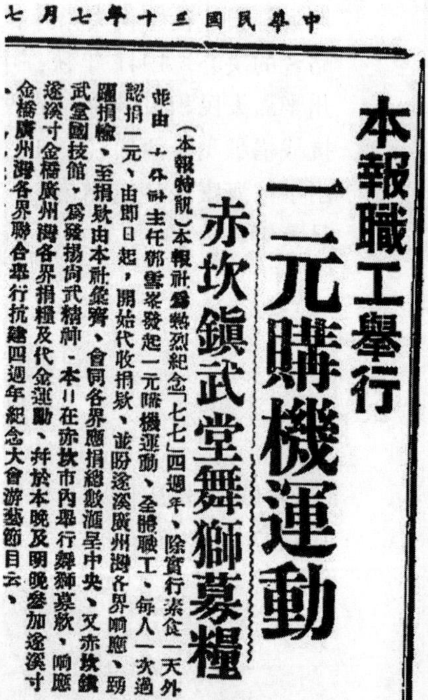
中華民國三十年七月七

本報職工舉行
一元購機運動
赤坎鎮武堂舞獅募糧

（本報特訊）本報社爲熱烈紀念「七七」四週年，除實行素食一天外並由本社主任鄧雪峯發起一元購機運動，全體職工，每人一次過認捐一元，由即日起，開始代收捐欵，並盼遂溪廣州灣各界響應，踴躍捐輸，至捐欵由本社彙齊，會同各界應捐總數滙呈中央，又赤坎鎮武堂國技館，爲發揚尚武精神，本日在赤坎市內舉行舞獅募欵，響應遂溪寸金橋廣州灣各界捐糧及代金運動，并於本晚及明晚參加遂溪寸金橋廣州灣各界聯合舉行抗建四週年紀念大會游藝節目云，

图 2　《大光报》倡导“一元购机”运动

当日，各界纷纷响应认捐活动，异常热烈。赤坎广发源记捐献工金 210 元，南华酒店厨房部全体员工捐 100 元……又有十岁小童张晓泠等姨弟三人将其果饮钱三元献捐。此外，各地爱国侨胞也捐有 100 余元。

① 《各地分会发动一元献机运动纲要》，见重庆市档案馆、重庆师范大学合编《中国战时首都档案文献战时动员》下，重庆出版社 2014 年版，第 826－827 页。

② 《大光报》（粤南版）1941 年 7 月 7 日。

"一元献机"运动在雷州半岛如火如荼地展开,雷州半岛人民节衣缩食,一元一元地捐、一县一县地捐,支持抗战。

南强中学的学生林祥兴投函《大光报》并将半年所积攒国币 20 元交《大光报》转献政府购机。并在函中说:"予份属学生,愧无以报国,心内怅恨。特将在校半年来所积之国币少少二十元,敬献给伟大的自由祖国,以尽微渺敬意。"

梅菉市立中学校学生自治会在学生毕业时,响应献机运动,共捐得国币 280 余元。

…………

《大光报》原定该活动 8 月底截止,嗣以遂溪各界热烈响应,计两月捐款达到 19.79 万元。该报想使捐款突破 20 万元,特将活动延至 9 月 15日。到 9 月 13 日,捐款已达 19.9 万元。赤坎永亨银号老板和员工又重捐1000 元,至此,"一元献机"运动捐款突破 20 万元。按照当时飞机 15 万元一架,《大光报》此次募集的捐款可买一架飞机。①

## 乌石盐商江升贵等　捐款买飞机

自"一元献机"运动以来,雷州半岛各地均热烈响应,尤以海康县为最,该县拟募足国币 15 万元,备购战斗机一架献给政府,定名为"海康号"。

据《粤南十五日通讯》:"海康自'一元献机'运动后,县府军事科长蔡杰、海康通讯员邓汝模等前赴三区乌石港,对民众宣传及劝导,顺已任务完毕,返抵海康城。据蔡杰对笔者称:'乌石港盐户江升贵、杨保子、李玉才、梁成建等,自动募捐国币 15 万元,购买飞机一架,献于政府。可见,爱国情结,极为热烈……'"②

江升贵(图 3),1913 年出生,抗战期间任海康县乌石镇镇长,县参议员,1951 年被错杀,1987 年获平反。

笔者在霞山新园路市体委宿舍找到了江升贵的女儿江蔓青(图 4)。

---

① 《大光报》(粤南版)1941 年 9 月 14 日。

② 《大光报》(粤南版)1941 年 9 月 21 日。

她已84岁，身体依然硬朗，思维很清晰。据她回忆：父亲是做盐生意的，自家在乌石有盐田。抗战期间，日机入侵乌石港，把乌石所有的房屋烧毁，使贫穷的老百姓无家可归，生活艰苦，四处逃荒。父亲作为地方官，有保土安民之责，对日本人的暴行异常憎恨，常常和热血青年如肖汉辉（共产党人，当地解放后任海康县县长）等人在家里开会商量如何消灭日本鬼子。对于父亲等人捐15万国币买飞机这件事她毫不知情，直到看了抗战时的报纸，才知道父亲很伟大。

图3　抗日无名英雄——江升贵遗像　　　图4　江升贵女儿江蔓青

江蔓青又补充说："捐15万元买飞机的杨保子、李玉才、梁成建都是乌石人，我都认识。其中杨保子和我父亲在广州湾办了一间布厂。当时我在广州湾的培才学校读书，但我家在广州湾没有房子，我寄宿在我表叔梁成建家，原来父亲把家里的钱都捐了买飞机打日本鬼子。"

# 郑奭南（郑哲）：从宝安到湛江

郑奭南（1900—1998），又名郑哲，宝安县深圳镇上步村（今深圳市福田区南园街道巴丁社区）人，中共宝安县党组织创始人之一，曾任中共宝安县委书记。1942年，郑奭南从香港到广州湾的赤坎，先后任教于赤坎韩江小学、赞化中学等，1958年从赤坎到香港。直至20世纪80年代，他从香港回深圳上步村定居。1998年，郑奭南在香港溘然辞世，享年98岁。

## 郑奭南在宝安

1919年5月4日，五四运动爆发，马克思主义开始在广东传播，并逐渐成为新文化运动的主流。宝安地区一批热血青年纷纷离家求学，寻求救国之路。1924年以前，中国共产党在深圳地区几乎没有任何基础，公开建立共产党组织容易遭到豪绅地主的干扰破坏，必须拥有一定的群众基础才能让共产党在这里扎根。时值国共第一次合作时期，共产党活动的政治舞台因此迅速扩大，当时黄学增、龙乃武以国民党中央农民部特派员的身份来到宝安县，以建立国民党基层组织的名义开展农民运动，吸收农民运动中的骨干加入中国共产党，郑奭南就是其中之一。

1925年4月26日，宝安县农民协会成立，包括区农民协会4个、乡农民协会34个。郑奭南、陈芬联、潘寿延任县农会常务委员，会址设在县城南头关口郑氏宗祠。[①]

---

① 《东宝两县农民联欢纪盛》，载《广州民国日报》1925年5月1日第7版。

1925 年 6 月，郑奭南在广州参加省港大罢工，从而认识了农民运动领导人阮啸仙，由他引荐认识了国民党中央农民部秘书罗绮园，被任命为农民部干事。① 之后，郑奭南又被任命为国民党中央农民部特派员，② 参加宝安农运工作。

6 月 19 日省港大罢工爆发，中共广东区委在深圳设立香港罢工工人接待站。③ 之后，由廖乾五、周士第统率铁甲车队百多人进驻深圳蔡屋围，任务是把守河口，封锁香港，同时协助农会开展工作。郑奭南兼任省港罢工委员会特派员，组织农民自卫军配合铁甲车队和工人纠察队封锁香港。由于工作出色，1925 年 7 月，在周士第、黄学增的介绍下，郑奭南加入了中国共产党。同月，根据中共广东区委的指示，中共宝安县党支部成立，黄学增任书记，郑奭南任支部委员。④

9 月 1 日，蔡屋围乡农会举行成立大会，到会会员 100 多人，各界来宾 300 余人。大会推选蔡建民、郑奭南、任芝舒为主席团成员，郑奭南为主席团主席。⑤

9 月 11 日，深圳各界追悼廖仲恺、陈秋霖先生，筹备会议决案如下：布置部，正主任郑奭南，副主任文季彬。⑥

同年冬，龙乃武、郑奭南在广州见到了中共广东区委农民部部长阮啸仙。阮指示要开展反苛捐杂税和减租减息斗争。⑦ 郑奭南回到宝安，首先在深圳开展农民运动。当时，国民党驻军强征"防务经费"，按店铺大小，每月摊派 30 元或 20 元不等，迟缴则抓人封店。郑奭南去见国民党驻

---

① 参见郑哲《深圳市早期党组织的活动》，见深圳市史志办公室编《深圳党史资料新编》，海天出版社 2007 年版。

② 《特派员姓名及出发地点一览表》（1926 年 3 月 1 日），国民党党史馆，档案编号：部 11974。转引自岭南文库编辑委员会、广东中华民族文化促进会编《国民党与广东农民运动》，广东人民出版社 2004 年版，第 954 页。

③ 《深圳近讯·农民欢迎罢工工友》，载《工人之路特号》第 9 期，1925 年 7 月 2 日。

④ 郑哲：《深圳市早期党组织的活动》，见《深圳党史资料新编》，海天出版社 2007 年版，第 1 页。

⑤ 《深圳蔡屋围乡农民协会成立举行开幕情形》，载《工人之路特号》第 80 期，1925 年 9 月 12 日。

⑥ 《深圳各界追悼廖陈两先生》，载《工人之路特号》第 79 期，1925 年 9 月 11 日。

⑦ 深圳市史志办公室：《中国共产党深圳历史》第一卷，中共党史出版社 2012 年版。

军旅长司徒非，痛斥苛税，要求撤征。但司徒非蛮横不听，照征不误。郑奭南组织上街游行，并上报广州国民党中央党部。国民党慑于民愤，颁布告谕：未经中央财政部核准，不得巧立名目横征暴敛。强征"防务经费"终被取消。

1925 年 12 月 27 日，国民党宝安县党部成立。在成立大会上，潘寿延、文季彬、蔡瑞芝、丘伟强、陈丽波、梁永康、郑奭南等七人被选为执行委员。[①] 共产党员在县党部中占绝对多数，保证了国民党县党部中共产党的领导作用和核心作用，保证了这个民主革命统一战线的革命性质。

1926 年 1 月，中共宝安县党支部书记龙乃武和郑奭南到广州，向中共广东区委组织部部长穆青和阮啸仙报告党的活动情况。穆青指示宝安要建立县级领导中心机构。同年 3 月，宝安各区党组织负责人会议召开，决定撤销县党支部，建立中共宝安县党部，隶属于中共广东区委领导。郑奭南任常务执委，兼任县农民协会常务委员。县党部和县农民协会设在南头关口郑氏宗祠。[②] 为了打击反动民团，保卫农会，县、区、乡农民协会还建立了 20 ～ 50 人的农民自卫军。

当时的豪绅恶霸，以四、五区为巨臂，他们勾结官僚，操纵民团，欺压农民，破坏农会，无恶不作，有"三大害""四大臭""八大魔王"之称。沙井陈炳南（恶霸）、新桥曾亦樵（恶霸）、岭下文侣臣（劣绅）为"三大害"，加上沙井陈翼朝（恶霸）为"四大臭"，再加上周家村麦成泰（地主恶霸）、潭头文槐轩（劣绅）、沙井陈素学（又名陈葆真，劣绅）、燕村陈僚初（又名陈了楚，劣绅）为"八大魔王"。农民自卫军建立后，首先攻打最反动的沙井民团。首恶豪绅陈炳南、陈翼朝闻风丧胆，畏罪潜逃。民团瓦解后，四、五、二区的民团组织也随之土崩瓦解，换来了农民自卫军的迅速发展。一区民团团长郑鄂廷，自恃官僚庇护，不愿解散民团。县农民协会成立后，讨论地方治安问题，召其到会，责令其解散了民团，将民团武器交农民自卫军使用。

为了提高农民自卫军的思想觉悟和战斗力，还建立了农民自卫军模范队，军营设在县会邻近的郑氏伯公祠，并由省农会派来三名黄埔军校学生（其中一名为共产党员）帮助训练，设有政治课和军事课，三个月为一

---

① 《宝安县党部成立》，载《广州民国日报》1926 年 1 月 5 日第 11 版。
② 深圳市史志办公室：《中国共产党深圳历史》第一卷，中共党史出版社 2012 年版。

期，每期 50 人（每区 10 人，内有党小组），军装、枪械、膳食由区农会负担，其他费用由县农会负责。由于形势发生变化，军校学生被调走，因此只办了两期，受训人数共 100 人。

至 1926 年春天，全县有 6 个区建立了区农民协会，94 个乡建立了乡农民协会，会员人数达 13759 人。①

1927 年，"四一二"反革命政变后，国民党在宝安开始了对共产党员的迫害。土豪劣绅卷土重来，反动民团死灰复燃。宝安县的共产党员和农会骨干要么被杀害，要么被迫避走香港等地。区党部遭受破坏，农会被迫解散了。中共宝安县党部书记龙乃武也转移到香港。

6 月，中共宝安县党部改组，产生了中共宝安县第一届委员会，由郑奭南任县委书记。

为了贯彻中共中央八七会议精神，实行革命的武装反对反革命的武装，中共广东省委派候补委员赵自选到东莞常平周屋厦村召集东莞、宝安两县领导人联席会议。宝安县由县委书记郑奭南参加。会议要求两县共同组织工农革命军，并当即成立了"东宝工农革命军总指挥部"。指挥部顾问赵自选，总指挥蔡如平，副总指挥郑奭南。②

12 月，为了策应即将举行的广州起义，郑奭南接上级指示：集合两个大队的革命军，在 12 月 13 日前开到罗湖火车站，会同铁路工人乘火车到广州。县委马上从 2 个大队的工农革命军中抽调 200 多名战士到楼村会合。12 月 12 日晚，郑奭南率军南行，经观澜、龙华，于 13 日清晨抵梅林径，接铁路工人传报，得知广州起义已于 11 日提前举行。郑奭南立即召开领导会议，认为在此进退两难之时，预计深圳敌方尚未得知广州消息，不如先下手为强。因此，下令快速进军，一举攻下深圳反动区署，与广州起义相呼应。于是，宝安农民军举行了第一次暴动。

12 月 14 日，工农革命军分四路突破深圳东西南北墟门，包围国民党军政机关。郑奭南带队冲进反动警局，击毙警局巡警江秀词，俘虏深圳区区长兼警局局长陈杰彬和两名局员，缴获长枪十余支，整个战斗不足一小

---

① 《中共广东区委关于农民运动报告》，见中央档案馆、广东省档案馆编《广东革命历史文件汇集（1921—1926 年）》，1982 年 10 月，第 135 页。

② 参见郑哲《深圳市早期党组织的活动》，见《深圳党史资料新编》，海天出版社 2007 年版。

时，农军无一伤亡，首次尝试反抗反革命武装取得胜利。①

后来，国民党疯狂报复，郑奭南转移至东莞梅塘东山庙，部署各区乡党组织以各种隐秘形式组织群众开展斗争，如协耕会、银会、谷会、牛会等，这种小型组织更容易团结群众和保存力量。

1928 年 2 月 23 日，根据省委的指示，宝安县委在燕川（今宝安区松岗街道燕川村）召开县党代会，到会代表 19 人，省委巡视员阮啸垣参加会议。阮啸垣作政治报告，郑奭南作党务报告，总结领导农民暴动和配合广州起义攻打深圳、南头的经验教训，选举产生中共宝安县委第三届委员会。郑奭南任第三届中共宝安县委书记（代）。他主持召开第一次常委会，制订"宝安暴动计划"，提出"建立工农兵贫民苏维埃政权""没收土地归农民"等口号。②

当年 4 月，郑奭南调离宝安，后来辗转香港等地，与党组织失去了联系。

## 郑哲在湛江

在香港，郑奭南以郑哲为名，以教书为基础职业，先后在广州文化中学港校做训育主任和香港艺文中学做校长。③（图1）

1941 年 12 月，香港沦陷，日军由于粮食问题，开始大规模遣散难民，郑奭南带着全家从香港逃难到广州湾。据他的小儿子郑汉勋回忆："1942 年郑奭南与家人逃难来到广州湾，住在赤坎平安街。在广州湾，郑哲先生与一批爱国进步的教育工作者一起，任教于赞化小学、培智小学、晴明小学、韩江小学、国英小学、赞化中学、河清中学等，郑哲先生便是当时赞化中学的校长。"④

---

① 参见郑哲《深圳市早期党组织的活动》，见《深圳党史资料新编》，海天出版社 2007 年版。

② 中央档案馆、广东省档案馆编：《广东革命历史文件汇集》甲 32，第 263 - 270 页。

③ 湛江市档案馆藏，档案号：001_A12.3_004_011_001。

④ 陈凯杰、胡贤光：《谁认识照片中的人》，载《湛江晚报》2017 年 7 月 22 日。

图1 郑奭南（资料图片）

要理解郑汉勋的回忆，有必要了解在抗日战争时期广州湾教育的大致状况。

抗战期间尤其在1937年至1942年这六年时间里，广州湾教育呈现一种蓬勃发展的气象。这段时间，广州湾之所以能大量兴办学校，原因主要有以下四点。

其一，广州湾在经济上出现了畸形的繁荣。1937年，日本帝国主义发动全面侵华战争，中国沿海地区相继沦陷。在南方，特别是广州失陷后，广州湾便成为我国通往海外的唯一可以利用的吞吐港，成为贸易重镇和航运中心。1938年至1940年，每年经过广州湾出口的物资就达1000万美元以上，为1936年的20倍。进口物资额就更大了，这些物资均由广州湾进口，经广西进入大西南。广州湾所处的战略地位，使它在战火纷飞的年代呈现一派经济上的畸形繁荣（不是真正的工商业的发展），却也由此促进了文化教育的发展。

其二，广州湾人口剧增。特别是在太平洋战争爆发后，香港沦陷，各地逃往港澳的难民又纷纷逃来广州湾，以致广州湾的人口成倍地增长。赤坎从战前的四五万人，一下剧增至15万人以上；原来不到两万人的西营，亦增加到四五万人，连附近的墟镇甚至海岛也居住着不少从广州、香港、澳门等地逃难来的难民。人口的剧增，从客观上促进了学校的发展。

其三，这时，有一批教师、教授、专家、学者及有各种专业知识的中高级知识分子逃难来到广州湾，为办学校提供了一支数量足、质量高的教师队伍。他们有的自筹资金办学校，多数应聘于各中小学校担任教师。他们大多数是爱国的，而且学有专长。如音乐家黄友棣（曾任广东音乐学院院长）来到培才中学担任初中音乐教师；画家赵少昂（当今世界知名的花鸟画大师）来广州湾开办美术班；在培才小学担任教务主任的何中中是美国哥伦比亚大学教育硕士（后来返港成为香港中文大学校董及真光中学校长）；在益智中学担任生物教师的梁道贞是高级医师，曾留学德国医科大学。来广州湾创办培智幼稚园的廖勘南先生，是美国得克萨斯州比罗学院的留学生。有了这样一批高质量的教师，也就保证了当时广州湾教育事业的蓬勃发展。

其四，广州湾在没有沦陷前，社会比较稳定，加上法租界政府对教育管理不严，办学校容易获准。同时，广州湾当时也是各种政治、经济力量争夺的一块阵地，因此出现了各阶层、各社团、各派系、各种人士都来办学的局面。如除了法租界原由政府办的法华学校以外，还出现了商绅办学：益智中学和培才中学；会馆办学：闽浙会馆办进化小学、潮州会馆办韩江小学、广州会馆办广侨小学等；教会办学：中华基督教教会资助的慈光小学、法国天主教会主办的圣若瑟育婴堂；还有大革命时期的老共产党员许乃超主办的晨光小学，由中共南路特委派出的共产党员梁标、杜兰等主办的国本小学；也有国民党人来广州湾办的晴明小学等。

1943 年春，日寇入侵广州湾后，法国和日本签署了《共同防卫广州湾协定》。根据协定，日军负责广州湾的军事，法国负责广州湾的行政等。一些学校（如四维中学等）撤出广州湾，大多数学校仍坚持办学。当时日军陷于太平洋战争，因此对广州湾统治的各个方面已无力进行过多的干预，除了严禁在学校开展抗日活动外，还曾要求各中学开设日语课，但因缺乏师资没有实现。

1943 年，由潮州会馆开办的韩江小学开业。据档案记载，郑哲，上海复旦大学教育学士，任私立韩江小学校长兼幼稚园主任。[1]

1944 年，赞化中学（含小学）由郑哲、李庆恒创办并开业，郑哲任校长。据记载，该校初中部设于赤坎仁化路（今为群路），小学部设于卓英路（今新华路）。民国三十三年（1944）秋开办，每月经费 55 万元。校长郑哲，宝安人，复旦大学文学士[2]。教导主任伍侠民，台山人，37岁，复旦大学新闻系毕业。该校为一初级中学，附设小学六级，全校中小学教员 13 人（男 11 人，女 2 人）；学生 360 人（初中一年级 60 人，男43 人、女 17 人，二年级 48 人，男 34 人、女 14 人，三年级 34 人，男 25人、女 9 人；小学一年级 40 人，二年级 40 人，三年级 50 人，四年级 30人，五年级 30 人，六年级 28 人）；教员资历，大学毕业者 5 人，中学卒业者 8 人。

教学配备：图书 300 余册，仪器缺乏。

体育设备：篮球场一个及球类等。

---

[1] 湛江市档案馆藏，档案号：001_A12.3_004_011_001。

[2] 档案显示，有的用文学士，有的用教育学士。

课本：全校均采用中华版，依照课程标准授课。

设施：初二初三教室，光线尚充足，初一班教室则甚阴暗；校舍内外亦尚清洁。

学生组织及作业方面：中学各级学生有班会周记，及各科练习簿。

经费：每月支出中学部房屋租金 4.5 万元，小学部 1 万元，概由校友会负责。除华清菇公司利息（每年约 30 万元）外，学校费用不足之数则由校长负责筹足。①

1945 年，广州湾光复，改名为湛江市。1946 年 5 月 4 日成立湛江市教育会。当时参加大会的有国民党湛江市第一任市长郭寿华，社会教育科长陈解，督学全游经、黄汉柳，会员共 200 多人，成立大会于赤坎培才小学礼堂举行。当天选出湛江市教育会主席为梁建勋（市一中校长）。梁建勋、陈玉燕、戴经、郑哲、谭迪壮、张之槐、冯励芳七人为理事，陈兆麟、何建初为候补理事。成立大会当天还作出一个决议，号召教育会的教师节食一天救济广州难民。②

1947 年 9 月 14 日，湛江市小学教员组织联谊会。广侨小学校长冯绛年、教务主任罗戳，国英小学崔仲光、张之槐，赞化小学郑哲、伦浪平，河清小学莫哲等参加。③（图 2）

至此，郑哲一直在赞化中

图 2　郑哲（左一）等人合影

---

①　参见郭寿华《湛江市教育及民众团体组织状况》，见《湛江市志》，台湾大亚洲出版社 1972 年版。

②　《湛市教育会昨举行成立》，载《大光报》1946 年 5 月 5 日。

③　《湛江市小学教员组织联谊会》，见湛江教育学会、湛江教育志编《湛江教育大事记》。

学做校长并成为湛江教育界小有名气的人物。郑哲一直提倡"五育"教育，五育即"德、智、礼、群、美"。他在 1948 年赞化毕业学生的同学录上写序论教育：

> 我国教育远肇三代，当时教科总纲在于德行道艺，而施教方法循乎礼乐刑政。传至汉代，黜百家，崇儒学，由是儒术因之独盛。值及清季，其中演变虽多，惟儒家之思想学术仍为士林所共仰，咸以为不易之法则。近年欧风东渐，学校特兴继往开来，国人研求何者为适合于当今之需要，分别扶植之淘汰之，使成为共同一致之标的。故有德、智、礼、群、美五育之推行，且以此为救国保民之要图，优生强种之基础。
>
> 忆本校施教，素以五育并进是倡，早已载在校歌。近复揭诸课室，办理五年，力行不懈。去岁二届卒业时，余曾举此为同人勖；今则韶光荏苒，三届结业，已临目前。欣闻毕业诸君为谋联络感情，特刊同学录以垂纪念。余固知不可无言，爰引我国教育之由来，与乎五育并进为今日之急务。只此数语，使离校后诸君奋其前程。谨志弗忘，聊资勉励，并弁册端，谅不以常谈视之也，是为序。[1]

此序虽短，但可认为是一篇教育批评史。他从汉代的教育"黜百家、崇儒学"说起，认为"惟儒家之思想学术仍为士林所共仰，咸以为不易之法则"。到近代欧风东渐，郑哲提出了"五育"教育，即"德、智、礼、群、美"五育，并把"五育"教育提升到"以此为救国保民之要图，优生强种之基础"。

郑哲对"五育"教育理论的论述，标志着郑哲从"革命救国"到"教育救国"人生历程的转变，他将为国培育英才作为己任。（图3）

**图3　郑哲题字"勇为英才"**

---

① 湛江市档案馆藏，档案号：001_A12.14_053_001_002。

　　1952 年 2 月，以培才中学为主体，将市立一中、河清中学、赞化中学合并，更名为湛江第一中学。郑哲什么时候离开赤坎到香港，有待进一步考证。

# 众绅共建寸金桥公共医院

湛江中心人民医院的前身是寸金桥公共医院，关于它的历史，至今还云遮雾绕，莫衷一是。笔者查阅了一些资料，或能揭开它的神秘面纱。

## 寸金桥公共医院建造时间

寸金桥公共医院院址设在寸金桥边华界范围，属遂溪县境。关于它的准确建造时间，至今有几种不同的说法：

（1）湛江市卫生局在编写《湛江市志》有关医疗卫生篇章和《湛江市卫生志》中，记载寸金桥公共医院在 1940 年 5 月由湛遂绅商募捐筹建，1941 年 2 月建成开诊。

（2）新中国成立初期，广东省高雷区中心卫生院在《一九五〇年及一九五一年工作简要报告》和 1952 年 1 月的《整院工作总结报告》中，记载该医院"成立于一九二二年五月"。

（3）1987 年 4 月，湛江中心人民医院上报中国医院简介组稿和此后医院的有关介绍中记载，医院始建于 1938 年。

这三种说法，到底哪一种才是对的呢？

笔者查阅了湛江市档案局保存的新中国成立以前的档案、报刊和有关资料，包括民国时期湛江市政府的档案、新中国成立以前出版的《大广州湾》《湛江概况》①、湛江建市时首任市长郭寿华编著的《湛江市志》复印本和民国时期在寸金桥头出刊的《大光报》等报刊资料，均没有寸

---

① 杨法镳编著：《湛江概况》，中国指南社 1947 年版。

金桥公共医院在 1922 年或 1938 年建院的记载。据有关资料记载，1922年，由广州湾法国租界政府拨资创建了两家医院，分别是广州湾西营"爱民医院"（即湛江市第二人民医院的前身）和赤坎"法国医院"（即现在的市妇幼保健院前身），由此看来，第二种和第三种说法可以先被排除了。

那么，第一种说法是不是准确的呢？如果是准确的，那么寸金桥公共医院究竟是 1941 年哪一月哪一天开业的？笔者查阅了 1941 年的《大光报》，在一页一页发黄报纸的背后，真相一点一点地浮现——

1941 年 5 月 1 日的《大光报》刊载了一条消息（图 1）[①]：

寸金桥公共医院　今日正午开幕　柬请各界前往观礼

本报特讯　寸金桥公共医院于去年五月兴筑、鸠工庀材，现已落成。定今一日正午十二时举行开幕典礼。经□请军政界长官及各机关团体学校等，前往观礼。监察院监察委员兼两广监察使刘侯武最近巡抵达遂溪，届时亦往参加并训话，兹将仪节录下：㈠齐集、㈡肃立、㈢奏乐、㈣唱国歌、㈤向国旗党旗及总理遗像行三鞠躬礼、㈥全体向前方将士肃立致敬、㈦恭读总理遗嘱、㈧主席宣布开会理由及报告筹备经过、㈨长官致词、㈩监董事演说、（十一）院长演说、（十二）□□演说、（十三）主席答词、（十四）奏乐、（十五）礼成、（十六）鸣炮、（十七）拍照、（十八）茶会。

（□为报纸无法辨认的字，笔者注）

由此，我们根据《大光报》这条消息，可以准确判定，寸金桥公共医院是 1941 年 5 月 1 日建成开业的。

## 寸金桥公共医院啥模样

寸金桥公共医院究竟啥模样？它有多大规模？有多少医生、护士？医院的医疗设施怎样？是由谁捐款建造的？为寻找答案，笔者查阅了大量资

---

① 《大光报》（粤南版）1941 年 5 月 1 日。

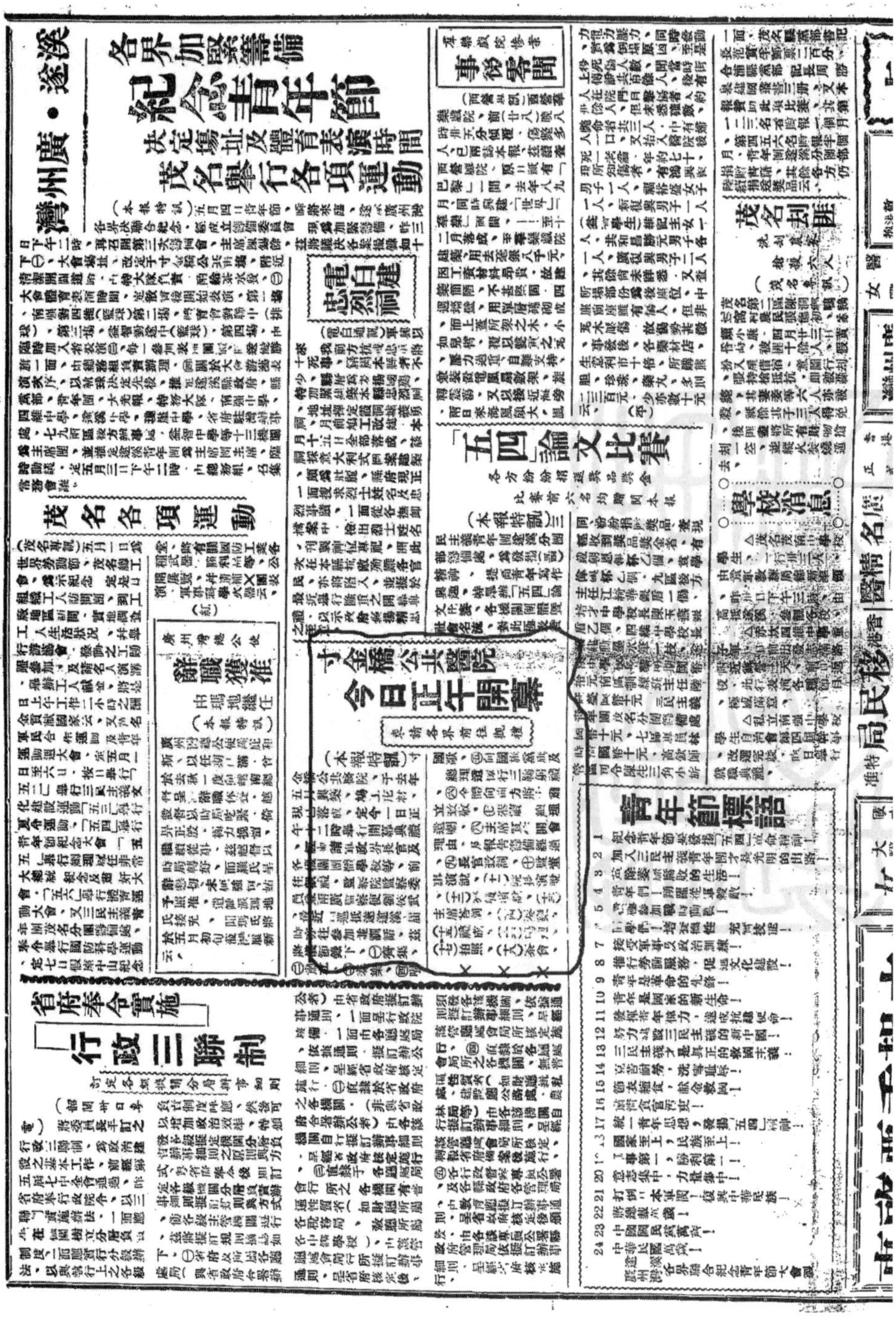


图1　1941年5月1日《大光报》刊登寸金桥公共医院开幕消息

料，现在基本上可以还原当时的一些情况。

寸金桥公共医院可收容病人 150 余人，如贫病无靠者，该院除免除医药宿费外，并供给膳食。各病房共分四五等收费，特等房 4 间，每天房租 25 元；一等房 6 间，每天房租 10 元；二等房 8 间，每天 6 元；三等房 6 间（每间住 4 人），每天 3 元；另普通大房两间，在必要时，当可继续扩充。该院当时设有手术室和留医室等。

该院设有内科、外科、眼耳口鼻喉科、产妇儿科等四部分，上午 9 时至 12 时为门诊时间，下午 1 时至 4 时为普通诊症时间，收挂号费 1 元，若提前特别预约的病人，则收取 3 元，以示限制。

内科主任由院长司徒朝兼，外科主任为张剑伟，眼耳口鼻喉科主任为陈汝检，产妇儿科主任为沈裕文。

该院刚建成还处在试业期时，每日到诊者高达 60 人以上。该院就将门诊时间改在下午 2 时至 4 时，上午到诊则收费 1 元。

医院的经费靠所筹基金之利息维持，但由于开支浩大，故由各方捐助。广州湾侨胞主动捐助该院购置器具费，开业前几日，集得 3 万余元。该院建筑费 26 万元及 50 万元基金均由各热心人士及广州湾侨绅所捐助。为加强管理，该院组织董事会及监事会（图2）规划一切。

图2　1941 年 6 月 6 日，寸金桥公共医院第一届监董事暨医生职员全体合影

推举陈学谈为董事会名誉董事长，袁学伟为董事长，戴朝恩、霍子常、陈翰华等为常务董事，陈玉潜、黄河沣、赖泽、林质甫、陈振周、许岐伯、冯凌云、陈炳南、黄衡初、李玉屏、董福山、吴永庚、苏济寰、梁道济及遂溪县县长、粤西监务管理局局长或代表人为董事。同时另推定周孟琴、冯榕溪、徐敬轩、郑翰廷、张明西等五人为监事，襄助一切。该院在建设过程中，曾因木材价涨一度停工，后依赖各董事和监事的努力才顺利完成。①

又，该院董事李玉屏热心公益，除为该院基金捐款外，另斥资万元，建筑重症病室一所，使病者可得治疗和护养。

## 寸金桥公共医院的演变

寸金桥公共医院开办两年，1943 年 2 月日本军队侵占广州湾时停办。

1945 年 8 月，日军投降，抗日战争胜利，中国政府收回广州湾，改设湛江市。有关人士为恢复寸金桥公共医院做了不少工作。

1946 年 7 月 1 日，寸金桥公共医院恢复门诊，聘请张翼医师为医务主任，代行院长职务，当日《大光报》上刊登如下特讯：②

寸金桥公共医院今日起恢复门诊

本市寸金桥公共医院以自国土重光后，应有恢复院务，为市民服务之必要，该院董事会经于月前召集全体监董事暨各界人士举行联席会议，决定今（一）日先行恢复门诊，各项事宜，业经筹备就绪，依时开诊。查该院医师，除由湛江市医师公会全体医师担任门诊外，另聘医学士张翼为驻院医师，林逸女士为驻院产科师，每日赠诊时间，由上午九时至十一时，下午二时至四时，兹将每周主诊医师姓名表列如下：

（星期一）郑凤石　杨慧华

（星期二）江学逊　周　濂

---

① 《大光报》（粤南版）1941 年 4 月 21 日。

② 《大光报》（粤南版）1946 年 7 月 1 日。

（星期三）宋常熙　黄正波
（星期四）杨国治　陈传璋
（星期五）许培丽　冼家齐
（星期六）崔尧天　朱锦扶

1950 年 1 月，湛江市军管会接管寸金桥公共医院，接管时医院有床位 30 张，工作人员 18 人。寸金桥公共医院就是今湛江中心人民医院的前身。

1983 年 9 月，湛江实行市领导县体制，同年 12 月，湛江地区人民医院改为湛江市第一人民医院。1986 年 8 月，经湛江市委常委、市长会议决定，医院定名为湛江中心人民医院。

# 梁伯纲、梁日新兄弟的家国情怀

梁伯纲（1895—1983），又名梁维新，出生于吴川县黄坡镇里屋村。由民国著名学者杨法镰编著、中国指南社于1947年出版的《湛江概况》一书，介绍了当年湛江市14位新闻人物，其中第九位就是梁伯纲。

梁日新（1910—1993），梁伯纲的胞弟。广州湾时期的著名建筑商，赤坎南华大酒店、南天大酒店等代表性建筑物的设计者和承建者。

## 梁日新积极参与反日禁运

梁日新等积极参与反日禁运活动，曾就此给国民政府主席林森发电（图1）：

国民政府林主席勋鉴，自越南当局接受日人无理要求，不顾条约公法禁止我国物资运输后，广州湾法租界当局随（遂）于六月廿六日布告禁止汽油、机油、火油等及一切货物运入中国内地。七月五日二次布告禁运办法较前苛酷，出口入口均被禁止。洋纱布匹甚至不准移动。在租界内货物运输亦受极严格限制。七月廿四，更进一步规定由中国运来本湾及转运本湾各项货物一律禁止。偷运货物一经发觉，即被扣留，尚有刑事制裁云云。查法当局违约禁止我国物质运输且以刑事制裁恫吓国人，何辜横遭压迫！甚至市上买卖货物一经出门，指为偷运，拘人留货，以致商店闭户、商人逃散，顿成死市。因于七月廿六日召开市民大会，公推子常等十五人为代表，向广州湾法当局请愿，未获完满答复。窃以为广州湾系属我国领土，比之越南保护国立

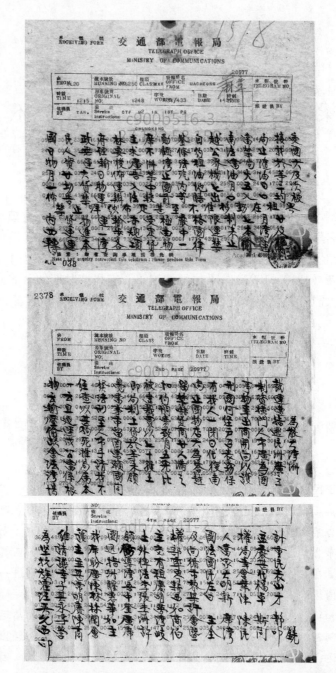

**图 1　广州湾商会代表陈斯静、梁日新等发给国民政府主席林森的电文**

来源：台北"国史馆"

场根本不同。

为维护我国领土主权及国人权益计，坚请主席迅饬外交部向法当局严重抗议并盼指导，俾有率循，国家幸甚，民族幸甚。广州湾法租界市民大会代表霍子常、陈醒吾、李庆新、黎左明、叶福山、汪其明、林惠中、张明西、梁日新、陈卓才、吴永庚、林华奎、李梦如、许允宇、陈润如，广州湾商会主席陈斯静、西营商会主席许岐伯暨全湾民同叩铣印。

国民政府对于广州湾民众的抗议积极履责，签批给行政院（图2）：

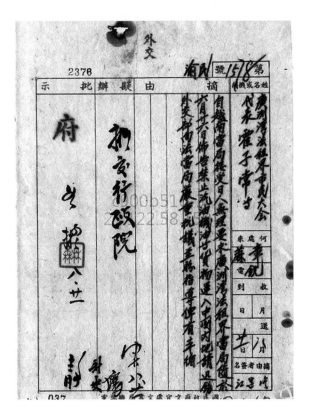

图2　林森就广州湾禁运事件签批给国民政府行政院

来源：台北"国史馆"

自越南当局接受日人无理要求，广州湾法租界当局随（遂）于

143

六月廿六日布告禁止汽油、机油等货物运入中国内地，请迅饬外交部向法当局严重抗议，并盼指导，俾有率循。

行政院的回函如图3所示。

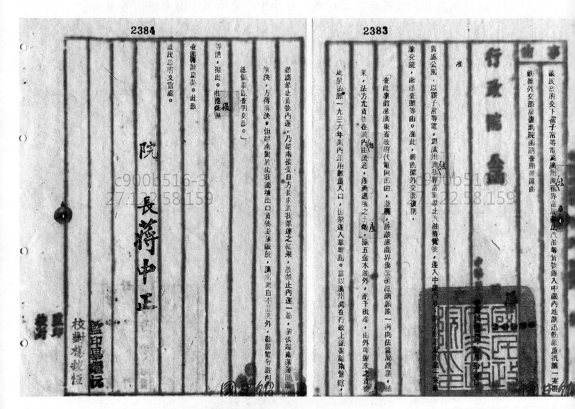

**图3　国民政府行政院就广州湾禁运事件的回复**
来源：台北"国史馆"

　　查此事前准广东省政府代电问前由，并称，经该处商界侨胞组织请愿团一再向法当局请愿，结果，法方允货物在湾内自由流通，运湾过境之土产，除五金木油外，酌予批准，由外埠运来之货物均须依照一九三六年湾内销用数量入口，但禁运入华等语。当以广州湾在行政上系属越南管辖，该处禁止货物内运，乃越南接受日方要求对我禁运之结果，故禁止内运一节，须俟越南禁运问题解决，方得解决。但越南对于由我国境出口货物并无限制，广州湾自不例外，即经电令驻河内总领事馆查明交涉。

梁日新作为广州湾公推的市民代表之一，召集市民大会，对日方的禁运，积极并巧妙地同日方作坚决斗争，凭借国民政府外交力量，给广州湾当局施压，让广州湾货物得以内运，有力地支持了抗战事业。当然，这留下了后患。可能由于梁日新在广州湾名气太大，或疑有抗日举动，1943年，日寇侵占广州湾后，梁日新被捕。后经家人多方营救，才被释放。

当时我［棣］仍不足五岁，却见倭寇军官在距我们居所不足二百米的许爱周大厦前［今民族路］舞枪弄刀，凶神恶煞，十分吓人，估计此处是侵占广州湾时的日寇宪兵司令部，有汉奸向日本仔密告，称建隆公司藏有"战略物资"［一个建筑公司备用的火水电油］，怀疑其与抗日力量有关系，将父亲拘留刑讯逼供。家人惊慌不已，惶惶不可终日。后经友人具保，始肯放人。此后，"建隆""普济"相继歇业，仅留下"新亚"由表叔吴华新打理，各兄弟先后出走避难。①

## 作为"贤者"的梁伯纲

图4是一张运货单，签发这张运货单的人为广州湾商会主席霍子常，常务委员为陈学谈、梁伯纲、佟展云、叶福山。

《湛江概况》一书，将梁伯纲列为"湛江市的闻人"，书中称，"氏为吴川县参议兼商会监察、同乡会长"。其"长于耕读之家，尝受明训，意志充然。称凡属损良败德之事不营，居租界而不营烟赌，开木铺而不卖棺材，此乃为修身之道，修道以仁也。不亦商界之贤者乎"。

梁伯纲可谓商界的"贤者"，先从广州湾商会的历史说起。1917年，经国民政府农商部核准备案，广州湾商会成立。1922年，根据发展的需要，由当时负责广州湾商会工作的陈家邵发动各商号捐资筹建商会建筑物，得到殷商许爱周和各商家的热情赞助。在潮籍商人陈斯静先生的主持

---

① 《纪念父亲梁日新》，《维德日同纪念册》（内部资料）。

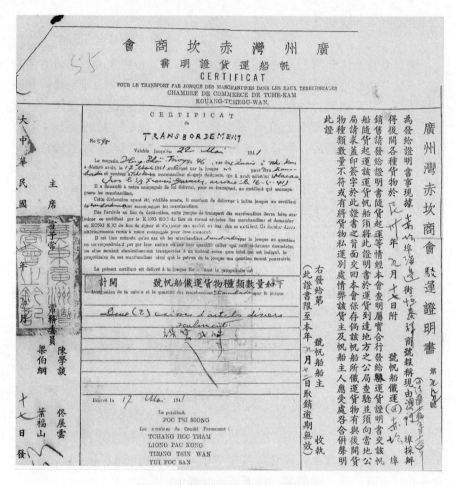

**图4 广州湾赤坎商会驳运证明书**

下，广州湾商会会馆于1923年破土兴建。1925年建成，外观为法国钟楼式。1925年，商会改会董制（或言董事制）为委员制，当时委员有陈家邵、陈斯静、陈介臣、陈澄甫等，9～11人的委员会是商会的领导机构。陈斯静是首任广州湾商会主席。陈斯静连任两届，于1933年期满离任。1937年，其再次担任第四届主席职务。第三届主席为增城的陈澄甫，1937年离任。第五届主席为霍子常，广东顺德人，1940年任职（陈斯静因病去职）。1942年，霍氏虽任期未满，但称病去职。其后旗人赖泽接任第六届主席，一直到抗战胜利。1941年广州湾商会第五次执监委员名录为：主席霍子常，常务委员陈学谈、梁伯纲、佟展云、叶福山。1942年广州湾商会第六次执监委员名录为：主席赖泽，常务委员梁均泉、戴朝恩、梁伯纲、庞子铭。

从上述商会的常务委员的变化可知，梁伯纲任两届广州湾商会的常务委员，是一个"不倒翁"。

作为在法国租借地生存的中国商人，作为一种特殊环境下产生、生存的商人，在殖民统治下、在日本占领军管辖下，是如何处理市场关系的？他们的角色到底是什么？对于日军的军管，他们是合作还是抵抗？他们这样做是民族主义情感占上风还是商业利益占上风？

梁伯纲是广州湾商界的"贤者"，其"贤"深深地根植于中华民族优秀的传统文化。"居租界而不营烟赌，开木铺而不卖棺材，此乃为修身之道，修道以仁也。"① 其贤表现有三点。

一是以"孝"为先。他曾说："我对三位上人，守孝六年，吸粥面深默，即位而哭。生事之以礼，死葬之以礼，祭之以礼。共用六千多元，以尽子孙之大道，以报周极之深恩。你们要识得，事死如事生，事忘如事存，孝之至。如有人肯留其父母在荒山野岭，接饥受寒而无奉敬，自己住高楼，饱食衣暖，良心过得乎？为人要有良心，给子孙留个好榜样。"

"我二十五岁至卅二岁，共死三位上人，我悲哀痛苦，惨不欲生。第念绍箕裘之重大，体世德堂构之流传，孝不成愚，哀勿毁性，化悲痛为力量，不怕万苦千辛，维持全家生活，教养弟妹长成人。男婚女嫁，合时合礼。"②

二是以"勤"为本。"我做四十元一年师傅儿四年。继做三百六十元西贡币一年录事四年，教养全家男男女女，老安少怀。其中的艰难困苦，你们回忆想想，你们的灵魂必知。若真是不知，则是无灵魂，就不是万物之灵，就是枯木毒草。"③

"二伯父认为时机成熟，即率德新、日新、同新等兄弟创建广州湾首间西药铺普济药房（该址今已定为赤坎区文物保护单位），由陈元瑛伯母主理。同时在隔邻开创建隆建筑公司，由六弟日新任经理，四弟德新打理物料采购等后勤业务。由于兄弟通力合作，使建隆建筑公司成为广州湾资

---

① 见杨法镶《湛江概况》，中国指南社 1947 年版。
② 《家庭轶事》，见《维德日同纪念册》（内部资料）。
③ 《家庭轶事》，见《维德日同纪念册》（内部资料）。

金雄厚、技术力量较强、承接工程较多的一间营造厂。"[①]

三是以"国"为国。1941年、1942年是中国抗战最艰苦的岁月，梁伯纲作为广州湾商会的常务委员，和广州湾商人一道，依靠广州湾国际通道，为抗战输入了大量的物资，支持了中国的抗战事业。如1942年1～7月的统计，可见广州湾商会输出输入物资的情况，如表1所示：

表1　1942年广州湾商会输出输入物资统计

| 入口货物统计 | | | | 出口货物统计 | | | |
|---|---|---|---|---|---|---|---|
| 月份 | 件数 | 税额（元） | 吨数 | 月份 | 件数 | 税额（元） | 吨数 |
| 1 | 14970 | 44910 | 1860 | 1 | 3679 | 11037 | 213 |
| 2 | 25691 | 77073 | 4557 | 2 | 8865 | 26595 | 932 |
| 3 | 9432 | 28296 | 1713 | 3 | 17559 | 52677 | 1814 |
| 4 | 28361 | 95083 | 4643 | 4 | 40722 | 122166 | 4487 |
| 5 | 27487 | 82461 | 2736 | 5 | 25037 | 75111 | 4674 |
| 6 | 59891 | 179673 | 7892 | 6 | 43636 | 130908 | 6945 |
| 7 | 37846 | 113538 | 3882 | 7 | 28483 | 85449 | 5636 |

来源：《广州湾商业指南》。

## 建隆营造厂

清宣统二年（1910），梁日新出生于吴川县黄坡镇里屋村。广州湾赤坎被法国租借时期，梁日新在亲人的支持下，入读法国人开办的法华学校，主要攻读法文和数理。后来通过父亲治好建筑师范师爷疾病的关系，认识了安南籍的范师爷，跟随他学习建筑工程技术。范师爷赞赏梁日新对建筑设计的天赋，因此毫无保留地传授建筑设计施工技术。由于虚心拜师取经，梁日新迅速掌握了建筑行业专业知识，成为当时广州湾知名的建筑工程技术人员。

---

[①] 《追思梁维新伯父》，见《维德日同纪念册》（内部资料）。

20 世纪 30 年代初期，梁日新与兄弟在赤坎救火局街（今大众路）开办建隆建筑公司。梁日新以生意人的敏锐眼光，抓住机遇，拓展建筑业；又以其掌握法文法语的有利条件，打入法国统治政府的工务处，由此承揽很多市政工程。

当时粤西的标志性建筑物——南华大酒店，是梁日新的力作之一。该酒店由陈学谈投资，其从众多建筑商中选定梁日新设计和承建。南华大酒店需用土地面积大，梁日新经多次论证和反复选址才确定现址。当时这一带还是海滩涂，地下有很多暗泉和小喷井，要使建筑物将来不下沉，它的基础设施成本为正常设计的三倍以上。梁日新征得陈学谈同意后，从国外引进先进设备，采用分层施工的办法：先打长木桩固定地基使淤泥不滑动，再填入大量花岗岩石块，用机械压实后，在空隙中注入沙土，再在上面浇注混凝土框架，仅处理地基就花了一年多时间。由于地基坚实，酒店自民国二十八年（1939）建成后，经历 80 多年风雨洗礼，仍然屹立在赤坎古商埠。

南华大酒店的设计是典型南洋亚热带建筑风格，是当时粤西最高雅、最豪华的酒店，在香港、澳门及东南亚都享有盛誉，引来广州等地建筑商前来参观取经，梁日新的建筑设计名声大振。

图 5　建隆建筑公司（资料图片）

　　梁日新经营的建隆建筑公司所设计和承建工程项目较大的有：南天大酒店、南华大酒店、中国大戏院、百乐殿大戏院、西营长桥码头、东堤路八角肉菜市场（又称海滨市场）、扩建西厅机场、育婴堂、雷州关海关楼、吴川麻袋厂、李汉魂祖居等。

　　根据《民国时期湛江市营造厂情况表》① 所载的资料，当时广州湾经营营造建筑行业的共30多家。而建隆建筑公司为甲级厂，资本金额为国币35000万元，在列表中居首位。

　　笔者在湛江市档案馆查找资料时，找到了两份建隆营造厂资料（图6、图7），以说明上述史料有据可查。

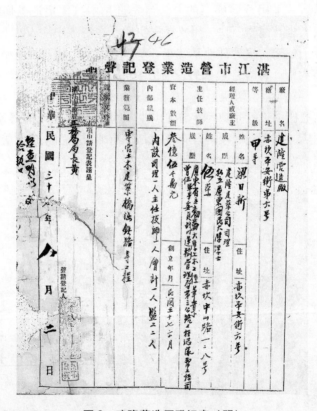

图6　建隆营造厂登记声（明）

---

① 郭寿华：《湛江市志》，大亚洲出版社1972年版，第745页。

　　从广州湾时期走来的建隆营造厂变迁为当时湛江的一家知名企业，在从广州湾到湛江的历史上留下浓重一笔。梁日新设计建造的南华大酒店、李汉魂祖居等经典建筑作品，超越时空，是凝固的历史，令后人在铭记城市记忆的同时，感受梁氏兄弟的家国情怀。

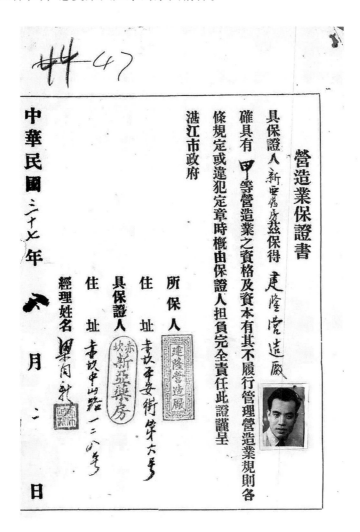

图7　建隆营造厂保证书

# 日军入侵

# "彐"字号作战计划：
# 日军入侵广州湾全解密[①]

## 日方制造克制假象　为入侵广州湾做准备

伴随着美英军队 1942 年 11 月在北非登陆，法国的形势在欧洲出现了微妙的变化，并且这种微妙的变化也影响到了法属印度支那地区。为此，日本 11 月 21 日召开的大本营政府联络会议讨论决定了《现今形势下的对法政策》[②]：

（1）对待法属印支要在既定方针的基础上，从表面上刻意保持克制之假象下，对敌方的应对策略进行封杀（干扰破坏）。

（2）要为进入广州湾做好准备，如果重庆政府捷足先登的话，计划将功亏一篑。

之所以针对法属印支地区做此决定，是因为根据重庆方面的策略及法国维希政府的动向来判断，一旦出现不利于我军的意外情况，我军很可能将其吸收掉。为了隐藏我军的真实意图，必须向英美和重庆方面表现出我军极为克制的假象，并对敌方的应对策略进行封杀，这才是最根本的方针。

从眼下的战局考虑，应当稳定住法属印支的北部地区以及广州

---

①　参阅《大本营陆军部 < 6 > 昭和十八年六月まで》，朝云新闻社 1973 年版，第 167 - 177 页。

②　《現下の情勢に伴ふ当面の対仏施策》，日本国立公文书馆亚洲历史资料中心，档案号：C12120216600。

湾，不希望在这些地区开辟新的战线。如果真的要占领，那也必须征得法国维希政府尤其是作为德日轴心协约国德国的谅解，这点是不可回避的现实。然而问题是如果德国在得知我方意图后迅速将消息泄露，结果肯定是导致国民党军队进攻法属印支北部和广州湾。

1943 年 1 月 14 日的日军联络会议又决定了《当面对法措施诸件》①，内容为北部法属印度支那及广州湾遭国民党军进攻时之应对策略等等。

1943 年 1 月 15 日，日本杉山元帅将对法作战准备要项上奏日本天皇，内容如下：

1. 与国民党军构成的战线上，应尽最大努力避免战势恶化所带来的诸多遗憾问题。

2. 在法属印支方向空战激化，预计国民党军必定有计划侵入，因此需要考虑加强陆上部队以及航空兵部队的实力。

3. 在广州湾驻守的法军有 500 人，为防止国民党军抢先进入，所以我军必须抢占先机进驻。为此应让支那派遣军抽调三个步兵大队作为基干力量在海南岛待机。②

日本大本营 1 月 18 日军令陆甲第五号颁布令：台湾军司令官迅速编成独立混成第 23 旅团（1 月 31 日编成完毕），旅团长渡左近少将（陆士第 27 期）。

同日根据大陆命令第 739 号决定，日本大本营将独立混成第 23 旅团正式编入支那派遣军战斗序列，命令如下：

1. 此部队编入第 23 军战斗序列，即独立混成第 23 旅团，台湾军司令官管理。

2. 编成管理官将第一项所述部队交与南支那方面管理，隶属于支那派遣军总司令管辖。

---

① 《当面の对仏措置に关する件》，日本国立公文书馆亚洲历史资料中心藏，档案号：C12120218100。

② 上奏案《对仏措置ニ伴フ作战准备ニ关スル件》，日本国立公文书馆亚洲历史资料中心藏，档案号：C13071047600。

3. 此部队在转变隶属关系从台湾出发之前由台湾军管辖。

4. 相关细节全部服从参谋总长指示。①

图1　西营航空图

## 对法措施的相关事项

1943 年 1 月 18 日，中国要求法国归还租界及废除治外法权，随即中法关系急剧恶化，各方关系也发生了微妙的变化。1 月下旬，日军已完成了针对法属印度支那及广州湾的作战准备，入侵部队将于 2 月 1 日至 3 日

① 参阅《大本营陆军部 < 6 > 昭和十八年六月まで》，朝云新闻社 1973 年版，第 167 – 177 页。

乘船出发。

1月30日，日本大本营政府联络会议决定：

1. 日本帝国将支持法国的对华措施。

2. 日本帝国将履行对法国的协同防卫，其范围限于广州湾及法属印度支那北部，经确认后部队将进入广州湾。如果因为交涉时间过长，我军将不等结果而先行进入。

3. 对前两项内容的具体说明：

第一，法国与重庆交换了外交大使，但并没有将新的地位给国民政府（按：汪伪政权）这一点很奇怪，法国宣布不会返还租界和废除治外法权，这对于我们开展对华政策是有利的。

第二，法属印度支那是日法共同防卫协定确认的，不必做事前外交准备，便可进驻广州湾。重庆和法断交在即，重庆军很有可能在美英空军的协助下占领广州湾，用其机场来封锁南支那海。

第三，重庆方面已经在广州湾附近增加兵力，企图占领雷州半岛。

第四，进驻广州湾需得到法国的同意，但是如果遇到重庆军先行进入或法军协同重庆军进入的情况，我军将强行进入。

第五，对法交涉开始后的军事行动具体由统帅部来决定。对于法属印度支那，要和法国政府、法国驻当地总督府同时展开交涉。①

联络会议上，铃木策划院的总裁质疑为何非要取得法国的同意？杉山元参谋总长回答："雷州半岛是敌人的控制区域，有法国人的支持将来处理起来比较好办，不和法国闹僵最好。"

对于重庆军增加广州湾方向驻军的事宜，支那派遣军回答：1月，伴随中国军队对广州湾重视程度的增加，其在广东西部地区增加了两个军，宜昌方向抽调了两个军，虽未确认其今后马上要占领广州湾，但随着中法的断交，这种可能性在增加。

---

① 《对仏措置に関する件》，日本国立公文书馆亚洲历史资料中心藏，档案号：C14060854900。

# 广州湾入侵作战的实施

关于进驻的谕令，日本大本营于1943年1月22日向现地军参谋长及其次长下达命令：最近国际形势之变化导致广州湾方向的国民党军出现异动迹象，遂下令入驻广州湾，所属部队进入战备状态。入驻之部队所需船只将于1943年2月1～3日在台湾高雄待命，部队登船与否将等待电报指示。

大陆命令第743号①的内容如下：

一、命支那派遣军总司令官协同海军在雷州半岛登陆并占领其要地（按：法属广州湾在行动范围内）。

二、相关细节由参谋总长下达：

1. 雷州半岛占领与法属广州湾进驻将遵循陆海军中央协定的原则及对法交涉要领（按：见本文附别册第一、第二）。

2. 进攻之部队以不引起同法国的冲突为重要努力目标。

大本营海军部以大海指第169号指示"雷州半岛作战及进驻法属租借地广州湾之有关陆海军中央协定"，作战代号为"彐"，兵力为陆军三个步兵大队基干和航空部队一部，海军为第二遣华舰队，作战时间待定为2月中旬。

1943年2月16日黎明，日军陆海军相互紧密配合，在未遇到有效抵抗的情况下，在雷州附近登陆，并占领了雷州县城。

日本大本营于16日一早接到部队登陆的消息后，迅速通知外务省按既定方针办理。

18日，收到驻法日本大使三谷发来的法国政府同意日军入驻广州湾之相关计划的电报。随即日本大本营于同日发出了大陆第1442号命令，命令支那派遣军司令官从现在起入驻广州湾。（图2、图3、图4）

据《申报》报道：

---

① 日本国立公文书馆亚洲历史资料中心藏，档案号：C14060908700。

事前到广州湾去作外交工作的□□陆军大佐和法国方面交涉委员潘尼上尉，在二十日下午四点半到寸金桥来迎接部队长，部队长从容不迫，寒暄一两句后，就趁［乘］了特地预备欢迎部队长的汽车，在全部将士列队致敬中开到租借地内，部队长到了之后，就和法国租借地州长官德谋克开始正式交涉，双方立刻达成谅解，二十一日就在当地签字。

二十一日上午十一点（日本时间）签字的那一天，是在州长官邸举行，先由德谋克长官起立致辞，恭祝日本的隆昌和东亚的安定，继由部队长强

图2　日军入侵雷州半岛，进入广州湾

调日法间的友好关系，希望法国方面密切协力。再由□□陆军大佐朗读共同防卫广州湾法租借地的协定条文，然后由□□中尉把它译成法语，再谈一遍，在双方同意中，就由部队长和德谋克长官签字，日法两国各执一份。[①]（□□为缺失字）

国民党陆军上将张发奎在回忆录中这样写道：

我从情报单位知悉日军正想进犯广州湾，这本在我们意料之中。我希望把三位当地名人安全转移。其中许爱周是当地缙绅，陈学谈和戴朝恩掌控了地方权力。没有这三个人，日本人休想在广州湾站住脚。这三人中，我仅见过陈学谈。我打电报给他，要求他们三人去柳州。陈没有来，他留在广州湾，秘密帮我搜集敌方情报；另两位遵命来了柳州，虽然他们从未见过我。

1943年2月16日，敌军在雷州半岛登陆，攫取了广州湾，完成

---

① 《申报》1943年3月5日。

了对我们的封锁。我们依靠地方部队帮助我们收复雷州半岛，他们在广州湾附近开展游击战。四战区在当地军事行动中与这些地方部队合作。

陈骏南负责的经济游击战指挥办公室的主要职责是：通过营造"气氛"、制造谣言来促成社会动乱与恐惧，以便破坏敌占区经济。具体做法是：透过文字上的宣传，如标语、出版物等。①

图3 日军入侵广州湾

2月25日上午10点30分，广州湾租界地长官德谋克（根据发音判断）登上了日本军舰，与日本陆海军的现地最高指挥官会面，并正式签署协定。

3月3日，日本大本营收到支那派遣军发来的现地协定报告，为圆滑处理对法关系，完成军事行动感到"喜悦"。

---

① 《张发奎口述自传——中华民国第四任陆军总司令回忆录》，亚太政治哲学文化出版有限公司2017年版，第774－777页。

图4　日军入侵广州湾后举行阅兵式（有法国人参加）

附件：

## 别册第一　陆海军中央协定

昭和十八年1月30日大本营陆军部大本营海军部

一、作战目的

雷州半岛要地占领，法属广州湾进驻并确保附近区域。

二、作战要领

1. 根据陆海军协定在雷州半岛东岸奇袭登陆攻占要地，对于法属广州湾要随时做好进驻准备。

2. 雷州半岛登陆时间暂定2月中旬，最终确认权由支那派遣军总司令和支那方面舰队司令共同商议决定。

3. 占领广州湾时部队要尽量表现出友好姿态。

4. 广州湾进驻最好要得到法国的协助，占领其周边地区及雷州半岛要地。

5. 如遇到国民党军先行进入或遇到法军抵抗命令将其击溃。

三、使用兵力

陆军第 23 军司令官指挥所辖 3 个大队的兵力及航空部队一部。

海军第二遣支舰队司令官所辖支那方面舰队司令官决定兵力。

四、防卫分担

陆上与海上防空作战分别由出动之陆海军所部承担。

五、关于新闻报道由大本营统一指示。

六、本作战代号：彐字号。

## 别册第二　伴随广州湾进驻而进行的对法交涉要领

昭和十八年 1 月 30 日陆海军部决定：

广州湾进驻后的对法交涉具体日期由大本营决定，进驻后将向法国政府发出照会。

1. 与法属印度支那共同防卫协定相关的日本国、法国将启动此协议，协定涉及法属广州湾，法军将向行动之日军提供保障，并竭力确保避免出现日法军队之间的冲突。

2. 帝国军队进驻广州湾所引起的事项将由进驻的日本陆海军最高指挥官与法属广州湾最高长官协调谈判。

# 广州湾共同防卫相关协定案①

昭和十八年1月30日

大本营陆海军部决定：

一、在广州湾驻防之日本军队、法国军队将共同履行防卫义务，日军主要担当竭力防守广州湾之军事责任，法军主要担当市内警戒等。

二、法国驻地政府需给予日军执行以上任务的具体保障：

1. 保障日军行动及宿营给养。

2. 日军将征用港口设施仓库等。

3. 军用资金劳力要加强收集利用。

4. 必要通货提供。

3. 日法军队要加强协同宣传与防谍。

4. 之前的诸项内容的细节、要领将另行通知。

①《廣州湾共同防衛に関する現地協定案》，日本国立公文书馆亚洲历史资料中心藏，档案号：C12120218600。

# 日本对雷州半岛蒲包的垄断和掠夺[①]

抗日战争时期，日本对雷州半岛人民不仅实施了残酷的屠杀，而且还对各地经济进行大量掠夺。蒲包是雷州半岛的特色出口创汇产品，日本资本垄断雷州半岛蒲包，对雷州半岛蒲包进行掠夺。蒲包虽然只是一个具体的农副产品门类，却是日本对雷州半岛实施经济掠夺的重要证据。本文主要通过日军的档案和调查报告，揭露日军"以华制华、以华养战"的阴谋。

## 雷州半岛蒲包调查

雷州半岛盛产蒲草和蒲包，素有"蒲乡"之称。雷州蒲织是一种以手工方式把蒲草编织成日常用品的传统技艺，主要流行于雷州半岛中部的雷州市，流布区域覆盖整个雷州半岛。

雷州市地处雷州半岛中部，属亚热带海洋性季风湿润气候，境内水田适宜种植蒲草。日本的调查报告非常详细，主要内容如下。

### （一）蒲草产地

蒲草产在海康县[②]以及徐闻县的一部分，即松竹市、客路市、杨家

---

① 参阅《广州湾雷州ヲンヘヲ事情》（1943），［日］广东日本大使馆事务所编，广东省立中山图书馆藏，索书号：K/6.06/9387。
② 雷州市旧称，以下地名均为日本调查报告的称谓。

市、邦塘村、土塘市、后坡市、虚亭墟、漂坡村等，这些地方蒲草田最多，主要有含盐分草田，品质适合原料草发育，光泽颇佳，用于出口的蒲草主要出自这些产地。

此外，局部产蒲草的地方可以列举出的有西田村、南渡塘、仙活市、泵塘村、高水塘、陈春塘、东井村、山尾村、西厅村、安揽村、杜陵村、白沙村、平原村、黎郭村、略斜村、虚亭市、麻含村、南门墟、塘尾村、平城市、新村、滨富村等地，上述所有地方都属于海康县以及徐闻县的一部分。

相对于此，东北部遂溪县和徐闻县的一部分，即太平塘、东岸、斗门、庄稼洋、心塘溪、茂良、高塘、塘南垄等村落，由于气候不够温暖，湿气也少，原料草不能充分发育，所以原料草品质不良，色泽大多稍带茶褐色，不适合出口国外。

## （二）蒲草的种植及收获

蒲草通常称作蒲（包）草。关于蒲草种植，当地农民所说各不相同，但大体上是每年除去农历的三、四、五月，什么时候都可以种植。只看一眼草田是无法明白种植方法的，就像种植稻苗一样，分散种植，即按照分株方法种植才比较稳妥。

有的不分株，就让它发芽，或者用新草种的尾种植，新旧一块儿发芽的话，第二年的收获就比较好。

相对于此，也有以放任法进行收获的：根本不种植，二次、三次从根上收割，等待其发芽，多次重复的方法，但重复次数多了，品质就低下。

还有一种方法是靠草田（培育）。农村附近靠近河川或者沟渠的泥田是最适合种植的。沙子少的草田，蒲草生长得较好，因为土壤肥沃，而沙多水少的草田会妨碍蒲草根部的发育，根部发育不好，蒲草的品质就会变劣，而且等待收获的日期很长。

水最好深二尺至三尺，含盐分的更好。上述肥田种植的，从发芽到收获大致需要 22 个月到 25 个月；而沙多水少的田地，光是根部的发育就需要五六个月，收获就更迟了。

如果在草田上施肥，根据肥料质量不同而不同，但大体都是提前三个月收获。

把进入收获期的一些粗壮的蒲草拔出来，放置在一旁，它们就会自然

枯干。这样可以延迟蒲草整体的收获期。（图1）

用人力而不用刀具的理由是在切割的时候避免把那些幼小的蒲草也给割下来。顺便提一下，一日亩［0.167公亩（1公亩等于100平方米）］大约能收获72万根即2000把蒲草。

图1　雷州城南门外收获蒲包草

## （三）原草的干燥及扎草

拔出来的蒲草切掉根部，洗去泥，长短不用对齐，就那样捆起来，堆放在树荫下的空地上，然后切去顶端，对齐，按照长短分开，摆成扇形放置两三天，使其干燥，再一捆一捆扎紧（一捆300～400条）。这大致相当于织一张蒲草席的量，织成一张蒲草席需要340～350条蒲草。

## （四）干燥蒲草的买卖

用竹子担起两捆蒲草，在周一、周四、周日的集市上，农民会把它们凑到一块儿进行买卖，这些干燥蒲草主要是农民或其他阶层的人购买使用，如以它为原材料做成蒲草席等，并以此作为家庭副业。雷州近郊的人们，女人、孩子、老人几乎都知道织法。

市场离各农家比较远，农民用牛车、戎克、肩挑等运输蒲草，在有集市的时候进行买卖。（图2）集市上的农民们会把上述货物集中到一起，当天从拂晓时开卖，若集市能集中五六千人到一万多人，一两个小时就能卖光。

价格根据市面上的需求上下浮动，由草的成色、长短等来定。总体上看，草长的、发育良好、色泽青绿的品质好，价格高；相反，又短又细、色泽带黄的品质差，价格低。

图2　雷州城外中山公园前贩卖蒲包草的情形

## （五）蒲草的编织

把蒲草弄成一束，在雷州近郊道路上的石头上，拿着木杵用脚踩大约30分钟，捣成平面，这也是需要要领诀窍的。用人力的理由是可以把纤维适当地捣成平面，方便接下来的人力编织。

手工编织所用蒲草大约有三个来源：

（1）从自家田地里收割草编织。

（2）他人给予草，并被雇佣编织。

（3）从他人那里购买草编织等。

手工编织一天的产出能力大致是：每天每人的制造能力是普通袋3张

（袋子一个需要蒲草 340 ～ 350 条）；扁平物 5 张（扁平物一张需要蒲草 320 条），这大概是最高能力，工费一张 2 ～ 3 元。

### （六）蒲包的规格及价格

#### 1. 席子类规格

（1）加大 46 英寸 ×48 英寸或 48 英寸 ×49 英寸。

（2）七尺 43 英寸 ×46 英寸或 42 英寸 ×48 英寸。

（3）六八 40 英寸 ×48 英寸。

（4）六六 36 英寸 ×48 英寸。

（5）六四 36 英寸 ×42 英寸。

#### 2. 袋状物品规格

（1）四八。（2）四六。（3）四四。（4）四二。（5）三九。

上述蒲包用排钱尺表示蒲草长宽合计，如"六八"是指蒲品长宽合排钱尺六尺八寸。

分好类的蒲包以同一大小的 20 张作为一摞，打上标记。四摞一起，在三个地方用竹片勒紧，当作一枝，用两张包起来作为外包装，再用麻绳缝起来，打上标记。一枝即 82 张（一摞 25 张的话，一枝 102 张）。六六的是 102 张的包装。

把蒲包包装成袋，称为"打包"。它的工费 1943 年以前是每 100 枝 1.68 元，1943 年上涨到每枝 1 元 50 钱。上述包装好的货物从海康港用大量戎克船运到西营，各船装 90 枝到 100 枝。

## 日本公司的垄断掠夺网络

太平洋战争爆发以前，华资公司为了掌握货源，都在雷州城设有机构，如恒兴号的恒栈，宏伟号的宏栈，永安号的永信、广发号的广栈等。自然，这些中国公司都为日本公司所控制。控制关系如表 1 所示。

表1　中国公司被日本公司控制情况①

| 中国公司 | 日本公司 |
|:---:|:---:|
| 宏栈 | 三发 |
| 达新 | 三发 |
| 永信 | 三井 |
| 恒记 | 加藤商事 |
| 广栈 | 加藤商事 |

同时，这些铺号在海康、遂溪两县的主要墟镇（如松竹、沈塘、杨家等）设有收购站。各收购站把收购上来的蒲品先初步筛选，然后用驳船运到南渡河口的溪头渡，转上帆船运至广州湾出口香港。

由于数量庞大，南渡河上游又受水流限制，故南渡河用来载运蒲包的驳船就有百余艘之多，从海康县运来广州湾载重三四十吨的帆船亦有四五十艘，因当时广州湾没有码头，轮船泊在西营海面装卸，十分不方便。

于是，这些商号直接在广州湾西营开设店铺，在西营最有实力的蒲草华商是永安、宏伟、恒兴三家店，此外，还有20家以上的蒲草华商从事购买活动。这些店以雷州为中心，像蜘蛛网一样张开紧密的联络网，在各地分配驻扎人员，能够敏感地捕捉行情变化、需要动向、买卖动机等。

## 日本对蒲包的垄断掠夺

中国的蒲草90%产自广东省，其中85%产自雷州半岛，剩余部分由肇庆产出。雷州产的蒲草每年大约500万担，每年生产的蒲包超过2000万张。抗战全面爆发后，雷州半岛蒲包产量逐年呈递减趋势，如表2所示。

---

①　参阅《广州湾雷州ヲンヘヲ事情》（1943），［日］广东日本大使馆事务所编，广东省立中山图书馆藏，索书号：K/6.06/9387。

表 2　雷州半岛蒲包生产量①

| 时间 | 产量 |
|------|------|
| 1938 年 | 约 1500 万张 |
| 1939 年 | 约 1200 万张 |
| 1940 年 | 约 1000 万张 |
| 1941 年 | 约 750 万张 |

抗战全面爆发前，从香港出口的蒲包的目的地，1935 年绝大部分是日本，占全部的 98%。抗战全面爆发后，由于考虑到米价高涨，蒲草的种植面积减少，面向日本的占 80%，其中从广州湾运出的蒲包大部分从香港再发往台湾，因为台湾的白糖包装用蒲包，主要是糖业联合会购买。

输入目的地的蒲包数量分布情况如表 3 所示。

表 3　蒲包输入目的地及数量②

| 目的地 | 数量 |
|--------|------|
| 面向日本及台湾 | 580 万张 |
| 上海 | 200 万张 |
| 昭南（新加坡） | 240 万张 |
| 法属印度支那 | 250 万张 |
| 香港等其他地方 | 300 万张 |
| 合计 | 1570 万张 |

自日军 1940 年 7 月派监视团在广州湾驻扎后，在广州湾海军武官的许可下，日本各大公司大力掠夺雷州半岛蒲包，主要满足泰国、法属印度支那进口米的包装等。同时，日本加藤商事株式会社、岩井商店、安部幸、协同组等也加入其中。此外，万和公司、昭和通商、日本棉花、丸水

---

① 参阅《广州湾雷州ヲンヘヲ事情》（1943），［日］广东日本大使馆事务所编，广东省立中山图书馆藏，索书号：K/6.06/9387。

② 参阅《广州湾雷州ヲンヘヲ事情》（1943），［日］广东日本大使馆事务所编，广东省立中山图书馆藏，索书号：K/6.06/9387。

商店等也实际上从事蒲草生意，大约是上述几家公司垄断了雷州半岛的蒲包市场。

据统计，驻广州湾三井、三菱公司自 1942 年 4 月到 1943 年 1 月发出的蒲包数量为 351 万张。

太平洋战争爆发后，日本的包装材料日益紧缺，蒲包作为麻袋的替用品，需求顿时旺盛起来。1943 年，日军入侵广州湾，对广州湾和全广东的蒲包存量进行了调查，调查结果如下：

广州湾各社 1943 年 9 月的库存量为 4354450 张，广东 1943 年 9 月库存雷州席为 1042600 张。①

从发货量和库存量来看，日本对广州湾掠夺的蒲包量与其期望值 1500 万张相差较大。日军分析原因，认为主要是蒲包的价格上涨幅度较大和资金不足所致。

日军认为，最近蒲草价格暴涨十分显著，现今雷州半岛行情几乎也控制不住，原因大体如下：

（1）由于加尔各答麻袋的断绝，所谓的麻袋替用包装材料特别是在战争时期"大东亚共荣圈"之内的包装材料，全面需求旺盛。

（2）随着战争的发展，在国际各方面形势作用之下，物价整体上涨，特别是米价高涨，日用杂货各物飞涨。

（3）随着需求的增加，一时之间，一群小业者和大商社竞相购买。

（4）由于钱庄投机购买等因素，手中持有物品的商家不舍得卖，而且资源极度匮竭，货流少，一度高涨的行情不见变动。

日军决定成立蒲包组织，把西营和赤坎的资金合起来利用。日军调查了广州湾的资金情况：广州湾有实力的钱庄大体有 17 家，平均每家店 200 万元，有 3400 万元的现金；西营侨民拥有大洋合计约 4000 万元；赤坎的资金无法合算，为 7500 万～8000 万元；其他蒲草华商拥有大洋情况：假设每家店有 20 万～30 万元，约有 20 家店，有 500 万元左右。日军认为 1943 年旧法币外汇暴涨、储备券外汇下跌等资金问题是处理蒲包的关键，如果不慎重考虑对策，处置不当，就很难满足战争的需要。

---

① 参阅《广州湾雷州ヲンヘヲ事情》（1943），［日］广东日本大使馆事务所编，广东省立中山图书馆藏，索书号：K/6.06/9387。

# 雷州半岛华资企业的应对

太平洋战争爆发以前，香港的雷州蒲包业作为一个行业而存在，商人成立了蒲包业同业公会。由于蒲包商会内分别经营肇庆蒲包和雷州蒲包，因此在蒲包商会中，经营雷州蒲包的商户另外成立永昌堂蒲包商会，而永昌堂蒲包商会内又有一个叫五昌堂的组织。所谓五昌堂，实际上是由五家大字号所组成，他们是永安行，老板麦长道；宏伟行，老板谭心铭，经理蔡穆伯；恒兴行，老板麦伯源；福兴号，老板蔡有为；德盛号，老板梁松，后来是其子梁少立。这几间算是经营雷州蒲包批发大户。另一间大户广发号，经理曹海生则没有参加五昌堂。①

五昌堂无疑是一个松散的联营组织，他们定期或不定期在香港石糖咀金陵酒家碰头，对外研究接受洋行订单的数量、价格，对内协商分配供货数量，亦即谁从洋行接到订单都向五家商号进行分配。联合和协调的好处很多，如可避免同行业之间互相抢售、抢购所造成的损失。海康的蒲包巨商王世澜、王世良兄弟在香港开设的广裕昌蒲包行，就是同行互相倾轧的牺牲者。所以，麦长道等人组成五昌堂的主要目的就是统一对外，以联合的方式对付日本洋行，防止收购时同业间哄抬价格而造成损失。当然这样会引起外国洋行的不满。如三井洋行指使原来在宏伟号的职员曹海生另立旗帜开办广发号，企图瓦解五昌堂的联合。当五昌堂探悉广发号接到洋行的订单后，立即联合采取对付广发号的行动，如在产地哄抬收购价格，使广发号的合同不能依约履行。

1941 年 12 月，太平洋战争爆发。翌年，永安、宏伟、恒兴等几家大户从香港迁至广州湾经营，但卒因战时交通阻塞、业务难以展开而相继倒闭。

---

① 陈基：《雷州蒲包行业史料》，《湛江市工商史料》第 1 辑（内部资料），第 44 页。

# "三九"事件真相

　　二战进入 1945 年后，国际形势发生了急剧变化。1945 年 3 月 9 日，日本人先是支持保大（Bảo Đại，即阮福晪，原名阮福永瑞，阮朝末代皇帝，1925—1945 年在位）成立安南帝国，以实现越南"独立"为名，要求法属印度支那殖民军服从日本军队的指挥。然后日本以法方违反日法《共同防卫印度支那协定》为由，采取紧急措施，以武力同时接管了印度支那和广州湾，这就是所谓的"三九"事件。"三九"事件，日军又称明号作战。

　　1945 年 3 月 9 日下午 7 时整，日本大使松本向法国驻印度支那总督让·德古（Jean Decoux，1884—1963）递交一份最后通牒，要求法国在印度支那的海陆空军和武装警察接受日军的指挥；各条铁路和海上内河运输线以及国内外交通线，必须置于日军的直接管理之下。日本限令印度支那总督在两小时内答复。让·德古在与高级文武官员研究后，请求日方放宽期限，以便与驻在河内的法军总司令部磋商通牒中提出的条件。日方认为德古的答复实际上是驳回最后通牒的信号，于当晚 9 时 20 分下令进攻西贡各大机关及总督府，德古及法国高级官员被捕，各大机关被占领。法国军队除了在河内、河阳、谅山等地有一些微弱的抵抗外，至 3 月 10 日下午，大多数法军成了日军的俘虏。

图 1　日军明号作战专著

日军在印度支那的明号作战过程，已有专著（图1）记载，奇怪的是未记载发生在广州湾的过程。在日本友人的帮助下，笔者找回了那段历史。

## 对广州湾法军解除武装

日军驻广州湾独立步兵第70大队村冈已于2月底接到指令："你方以3月10日零点为期，与解除所在法属印度支那地区的法属印度支那军的武装的行动相配合，实施解除广州湾法属印度支那军的武装，并接收其租借地的行动。"①

接到命令后，村冈开始制定秘密行动方案。村冈思考，当时在广州湾的法军兵力以安南军为主体，共有1000人左右，装备普通。如果只是这些的话，以日军全部兵力战斗，一点问题也没有。然而村冈不得不考虑当时正值与法军交战，北方地域敌人的进入或是半岛内蠢动的杂军、民众的起义暴动等因素，村冈决定只使用1/2不到，也就是两个中队的兵力作战。

作为作战准备，3月4日，村冈命令驻遂溪洋青第四中队主力军向西营飞行场的军营转移并命令构建飞行场掩护设施。另外，驻遂溪马头岭第三中队向寸金桥移动，以支援陆军医院内的地下沟工程。实施这些行动后，再等待作战当天的到来。

9日晚上9时，特务机关长山田大佐和村冈带着翻译官到西营广州湾公使署。日军第三、四中队坐车到达市内，在各重要地点设置分哨，将装甲车开到公使署前，在路树下向法军军营方向架起机关枪，而法军丝毫没有察觉。

在完全切断公使署与外界联系后，日方要求与法公使会面。晚上10时左右，双方见面，日方要求法方10日0时前解除法属印度支那军的武装，并把法租界交让给日本军。

这消息对于法公使简直是晴天霹雳，他一时目瞪口呆，继而仰天惊叹。渐渐地，他恢复了冷静，说广州湾和越南还要依靠法国政府的指示，

---

① 《华南边境の战线》，西樱印刷株式会社1983年版，第224－225页。

所以请等待。然而日本人说没时间。其实,此时身处越南的让·德古也正被日方下最后通牒。

10日0时渐渐临近,日军威胁,如果再不回答就得使用武力解决了。法公使表情变得异常痛苦。广州湾公使署楼顶的钟声在他的心上重重敲了12下,3月10日0时到了。山田和村冈站起身来,迫使公使做出最后的决定。公使最终以无条件答应日本人的要求结束了会谈,并对各下属机关直接电话下达解除武装的命令。(图2)

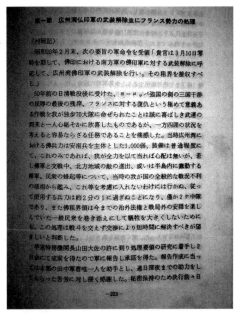

图2 村冈广州湾"三九"事件回忆录

3月10日凌晨,日军大塚大队占领法军军营并解除其武装;第四中队主力(真锅小队)对西营、今野小队对太平市军营、镝木分队对志满市驻地予以接收和占据;第三中队(铃木队)对坡头一带、第一中队一个小队(盐田小队)对硇洲岛的驻地予以占领。

各处法国军警均未做任何抵抗,就全部缴了枪械。到傍晚时止,日军完成了部队进驻、武器接收、部队的解散收容、土民兵的归乡、法军和一般法人的收容等行动。日军用车把所缴获的枪械运回西营。日军在西营宣布全面戒严,市民准出不准入。日军在赤坎只在法国大马路(今赤坎区中山路)实施戒严,其他地方还允许自由进出。

## 广州湾汪伪政权的建立

日军解除了广州湾法军的武装,那谁来管理广州湾呢?

3月10日下午,日军邀请南路大汉奸王英儒和广州湾总公局局长陈学谈协商，拟成立广州湾日伪政权，接管广州湾，由王英儒和陈学谈两人出任长官，主持广州湾行政事务。然而，广州湾地方实力派人物陈学谈"不允与王逆英儒负责"，不肯出任伪职。而此时汪伪政府、汉奸王英儒也无力接管广州湾。日本当局不得已，只好又将广州湾的行政管理权交回给法国政府暂时负责，并把所收缴枪支发还给绿衣楼警兵，仍由警兵维持广州湾地方治安。①

7月16日，日方将广州湾行政权"移交"给汪伪政府。7月20日，汪伪政府为此发表声明：

> 本年3月10日以后，法国于该租借地既已停止执行政权，广州湾之法国军备及武装亦已被解除。如是光绪二十五年（即西纪1899年）缔结之中法两国间关于租借广州湾条约，已完全失其契约之目的。中华民国国民政府为达成独立自主及领土完整之目的，业于三十四年7月16日直接收回该租借地之行政权。②

汪伪政府在二战临近结束之前夕，在形式上宣布"直接收回广州湾租借地之行政权"，并任命陈学谈为广州湾自治区区长。

此时的陈学谈，还有另外一个身份，就是军统的通讯员。

自然，抗战胜利后，中国政府是不会承认广州湾汪伪政权的。

---

① 中共湛江市委党史研究室编：《南路人民抗日斗争史料》，广东人民出版社1996年版，第591－592页。

② 《达成领土完美目的　国府收回广州湾》，载《中华日报》1945年7月21日。

# 胜利收回

# 收回广州湾之中、法、日外交折冲

抗战后期，中、法、日三国围绕广州湾租借地问题展开交涉，呈现出牵延时间长、涉及面广、问题复杂等特点。这其中既有国与国之间的关系问题，也有社会民众的施压问题，更与国际政治形势密不可分。1937年，日本发动全面侵华战争，战争给中国带来巨大灾难，但中国也借助参加世界反法西斯同盟的机会，逐步提升了国际地位，给租借地问题的解决带来了契机。二战中，法国战败，其国际地位下降，亦为广州湾问题的解决创造了有利条件。本文中所说的抗战后期，特指1940年法国沦陷后至1945年收回广州湾这个阶段。笔者拟以收回广州湾租借地的外交折冲为研究视角，全面梳理此间中、法、日三国外交关系，以此说明广州湾回归的艰辛历程。

## 日军入侵广州湾前的中、法、日外交关系

1940年5月10日，德军入侵法国，46天的战斗中，法国有84000名士兵阵亡、12万人受伤、150万人被俘。[1] 法国无力再战，6月22日，以贝当为首的法国政府与德军签订停战协定，不久，迁往小城维希，成为德国的傀儡，历史上称为"维希政府"。

法国沦陷之前，中法关系问题并不复杂，法国以九国公约及英美对华态度为立场，对中国的抗战表示同情，主要交涉的是假道越南运输、中法

---

① ［美］威廉·夏伊勒著：《第三共和国的崩溃》，戴大洪译，南海出版社1990年版，第1166页。

军事合作等问题，① 此时尚未涉及收回广州湾的问题。

维希政府成立后，一改此前对中国抗战事业的同情和支持，在日本的压力下，停止对华直接援助，全面封锁中越边界，并与日本先后签订军事、经济协定和共同防卫印度支那议定书，如《松冈—亨利协定》（1940年8月30日）、《西原—马尔丁协定》（1940年9月4日）、《日军海防登陆协定》（1940年9月22日）、《加藤—达尔朗协定》（1941年7月29日）等，确保法、日在军事上的合作，不仅把印度支那变成日本进攻中国西南的桥头堡，也将该地作为日本"南进"的后勤补给基地。

太平洋战争爆发后，中国加入世界反法西斯同盟，同时宣告：所有一切条约、协议、合同，凡涉及中日、中德、中意间关系者，一律废除。

1942年10月10日，英、美两国为鼓励中国积极抗战，发表废约声明。蒋介石政府就此也正式通知法国驻华使馆，希望维希政府做出同样的表态。但维希政府不愿在这个问题上与英、美立场一致，怕得罪日本。同时，维希政府为维护其在华沦陷区和"自由区"（注：指国统区，下同。）的利益，既不愿正式承认汪伪政权，也不想与蒋介石的重庆政府断交，希望能执行一种模糊的政策。

10月18日，维希政府答复中方：法国政府打算在形势许可的情况下，从积极的意义来研究治外法权问题。另一方面，为避免引起日本的误解，10月24日，维希政府训令法国驻日大使向日本政府表示，法国政府认为在目前考虑重庆政府的要求是不合适的。② 就这样，此问题被搁置。

12月18日，日本大本营和政府联席会议通过了《以〈为完成大东亚战争处理对华问题的根本方针〉为基础的具体策略》；21日，由御前会议做出决策，正式通过相关文件，实施"对华新政策"。日本对华新政策的重要内容之一是"以尊重中国主权和领土的精神为基础"，设法尽速撤销或调整"在中国的租界、治外法权和其他特殊的各种形态"③。显然，日本政府推行此举有利于树立日、汪的形象。汪伪政府则抓住"机遇"，不断与日方进行交涉，力争"收回"租界和"撤废"治外法权。

<hr>

① 陈三井：《近代中法关系史论》，台湾三民书局1993年版，第261页。

② Fabierme Mercier. *Vichy face à Chiang Kai-Sheky: histoire diplomatique.* Paris: Editions l'Harmattan, 1995, p.191.

③ ［日］服部卓四郎：《大东亚战争全史》第2册，张玉祥等译，商务印书馆1984年版，第652－666页。

　　汪伪政府在外交方面颇有"进展",1943 年 1 月 9 日,汪精卫和重光葵在南京签署《关于交还租界及撤废治外法权之协定》。主要内容包括日本政府将中国境内之专管租界行政权"交还"汪伪政府,承认汪伪政府尽速"收回"上海公共租界、厦门鼓浪屿公共租界及北京公使馆区域行政权。日本政府决定"速行撤废"在华治外法权等。①

　　重庆政府与美国、英国的中美、中英新约谈判也接近尾声,蒋介石深恐汪伪政府抢先与日本达成"废除"不平等条约的协议,也加快了谈判的步伐。1 月 11 日,中美、中英新约同时分别在华盛顿和重庆签字。这两个条约的内容中都有废除治外法权和交还租界的条款。

　　1943 年 1 月 12 日,重庆政府就签订新约一事发表《告全国军民书》。不平等条约的废除极大地鼓舞了中国军民的抗战士气,社会各阶层对此都给予高度评价,包括中共方面。中国共产党人在《解放日报》上发表了《中国共产党与废除不平等条约》②的专论。2 月 5 日,延安各界两万人还举行了隆重的庆祝废约大会。毛泽东、朱德等中共党政军高层领导人组成大会主席团。朱德在大会上发表了《庆祝中美中英新平等条约的讲话》③。

　　面对突变的国际局势,维希政府认为法国在废除治外法权问题上不能再保持沉默了,否则便是不明智的。在日伪统治区,如果汪伪政权在日本的支持下采取主动,单方面废止中法间的不平等条约,或在租界制造麻烦,法国将无能为力,或者只好接受严厉的条件,这将使法方处于十分被动的境地。

　　1943 年 1 月 10 日,维希政府通知日本政府正式转告汪伪政府,法国在治外法权问题上将会做出有利于它的决定。

　　1 月 22 日,法国驻华大使高思默(Cosme)根据法国外长皮埃尔·赖伐尔(Pierre Laval)的指示,离京赴沪,与汪伪政府"外交部"部长褚民谊举行会晤。

　　正当维希政府在远东焦头烂额之际,日本又借助德国在其后院横插一刀。1943 年 1 月,在日本的要求下,德国向维希政府发出驱逐重庆国民政府驻维希官员的通牒。显然,日本希望通过这一通牒,令维希法国与蒋

---

① 《申报年鉴》1944 年度,第 500 – 501 页。
② 《解放日报》1943 年 2 月 4 日。
③ 《解放日报》1943 年 2 月 5 日。

政权断交成为事实。这意味着维希政府将不得不放弃在中国非沦陷区的所有权益，而选择与汪伪政权全面合作。法国方面认为这一举动"将会从整体上和根本上改变 1860 年以来我们在中国的政治、经济及文化地位"①。

在成功地驱逐中国驻维希政府外交使节之后，日本一方面认为维希法国与重庆政府的关系应就此结束，另一方面也希望维希政府能借此机会正式承认其"对华新政策"中的重要一环——汪伪政权。然而，最终的结果却令其失望。为了加速达成这一目标，日本方面决定对法国实施军事上的压力，以迫使其改变态度。广州湾问题便在此刻提上了议程。

此时的广州湾，只不过是维希政府手中所剩下的几颗棋子之一，日法合作的事实以及日军的优势地位，使得广州湾已经失去了在欧战爆发前所拥有的重要价值。日本此时提出要求维希政府放弃广州湾，显然是希望维希政府将其交还给汪伪政权，以达到承认汪伪政府的目的。

## 日军入侵广州湾与法国的废约声明

1943 年 1 月 30 日，日军大本营政府联络会议正式确立了对法新政策，出台了《对法处理关系文件》和《广州湾共同防卫之现地协定案》。《对法处理关系文件》指出，日本帝国将履行对法国的协同防卫，其范围限于广州湾及法属印度支那北部，经确认后，部队将进入广州湾。文件还做了具体说明：

> 法国驱逐了重庆外交大使，但并没有将新的地位给国民政府（汪伪政权），这一点很奇怪，法国宣布不会返还租界和废除治外法权，这对于我们开展对华政策是有利的；我们不必做事前外交准备便可进驻广州湾；重庆和法断交在即，重庆军很有可能在美英空军的协助下占领广州湾，用其机场来封锁南支那海。

---

① Note de la sous-direction Asie. Departement 14/01/1943, A. M. A. E（法国外交部档案室，以下简称 A. M. A. E），Guerre, Vichy-Asie. vol. 30.

《广州湾共同防卫现地协定案》内容如下：

在广州湾驻防之日本军队法国军队将共同履行防卫义务，日军主要担当竭力防守广州湾之军事责任，法军主要担当市内警戒责任等；法国驻地政府需给予日军执行以上任务的具体保障，包括保障日军行动及宿营给养；日军将征用港口设施仓库等；军用资金劳力要加强收集利用；必要通货提供等①。

2月1日，谷正之外相训令日本驻维希政府三谷大使，迅速与维希政府就广州湾问题展开交涉。

维希政府在与日本交涉中，对重庆国民政府做出一个很不友好的举动。日本政府借口废约声明发表后，蒋介石将会对越南和广州湾采取报复行动，提出根据日法签订的共同防卫印度支那规定，应允许日本立刻派军队进驻广州湾，以加强广州湾的防卫。日方称：法国方面的守备军兵力相当薄弱，一旦重庆方面出兵加以威胁占据，势必会破坏日法共同防卫的事实，损害帝国的威信，成为中方的宣传材料，甚至会增加日方海上交通的危险系数。②

出乎日本意料的是，维希政府在此问题上几乎未做抵抗。仅仅过了半个月，维希政府就基本同意了日本的这一要求，赖伐尔在2月16日致日本外相谷正之的电报中不无献媚地提到："我很荣幸地告知阁下，法国政府认识到，仅靠其自身在广州湾的驻军无法抵挡来自外部的攻势，因此法国政府很乐意接受帝国当局在此方面所能提供的帮助。"③

2月16日，日军派出独立混成第23旅团强行登陆雷州半岛，在登陆过程中，日军几乎未受到法军和重庆政府军队的抵抗（此时协议尚未订立）。

2月21日，广州湾作战行动在"友好的气氛"里以签署现地协定书而"圆满"结束（图1）。上午11时15分，即在行政长官官邸举行签字礼，首由特茂克长官表示与日本协力之决意，并祝东亚与日本之兴隆，继

---

① 具体全文内容见何杰《日军入侵广州湾全解密》，载《湛江晚报》2012年12月23日。

② Note d'audience, sous-direction Asie, Departement 08/02/1943. A. M. A. E., Guerre, Vichy-Asie. vol. 321.

③ Teln 1106. de Laval à Mitani. 16/02/1943. A. M. A. E., Guerre, Vichy-Asie. vol. 30.

由某部队长致辞，殷殷期待广州湾之繁荣，旋即在以日法两国文字写成之现地协定书上分别签字。日军乃于下午 2 时半，自寸金桥开始"和平进驻"赤坎，法军亦于寸金桥法租借地内整队相迎，两军互相交欢，情感颇为融洽。①

**图1　日法在广州湾签订文件**

日法共同防卫正式实现，两国之间紧密的连带关系也被确认。此时，维希政府再次自作聪明，认为可以在声明中大做手脚，以避免正式承认汪伪政权。

维希政府采取"无责任制"② 形式发表最终声明。

2 月 23 日，维希政府发表废约声明，声明称：

> 法国为了增进中法邦交起见，决定撤销在华治外法权，并放弃北平东交民巷使馆区、上海公共租界、福建鼓浪屿公共租界，及上海、天津、汉口、广东各法租界之行政管理权。法国政府准备在有关之各种问题解决后，于最早可能时期内，予以实行，并即公布之。③

---

① 《申报》1943 年 2 月 25 日。

② 法国学者梅希尔称其为"Ad Omnes"，即面向所有人的意思，也就是说虽然语气上归还中国，但并不实指具体归还对象和时间。

③ 《南京民国日报》1943 年 2 月 24 日。

日军入侵广州湾和维希政府 2 月 23 日的声明，构成了整个广州湾事件。广州湾事件事实上为维希政府正式承认汪伪政权打开了大门，以至于法国学者梅希尔也认为这一事件甚至是"二战"中维希政府对华政策的转折点。① 在这一废约声明中，维希政府虽然为避免过于刺激重庆政府，故意不声明将放弃的治外法权和租界归还中国哪一个政府，但鉴于法国所归还的租界都在日伪统治区内，因此，这一废约声明正如日本人所说的那样，实际上是对南京汪伪政府的承认。② 对此，南京的汪伪政府也表示欢迎。

维希政府的所谓"拖延模糊"政策能够达到目的吗？显然不能。事实上，中法在 1899 年关于广州湾租借条约中就已经规定，法方不可拿该租界所有权问题与中国的竞争敌国谈判，而维希政府在这一事件中的行为，显然违反了条约的规定。但是，印度支那总督让·德古有独特的见解和考虑。2 月，维希政府通过一项法令，规定如果让·德古与法国的一切联系被切断，就授予他相机行事的全权。

作为印度支那的军政事务总负责人，让·德古认为，如不发表"拖延模糊"的废约声明，维希政府和重庆国民政府的关系将破裂，很有可能导致重庆国民政府最终出兵印度支那，从而会引发一场原本可能避免的战争。他的另一层考虑则更为深远，即他将现阶段政策与战后中法关系联系起来，得出了与高思默等人截然不同的看法：法国在中国的利益分为沦陷区和"自由区"两部分，这是不言而喻的，从实际价值总额来看，法国在沦陷区的财产无疑要远远高于其在"自由区"所占有的产业。

然而两者之间的区别有两点：（1）法国的实际控制权问题。事实上，从法国当时在两区域内对各类财产的控制权来看，法国在"自由区"显然要拥有更多的实际控制力，例如法国仍掌控云南部分铁路，而其宗教团体在两广地区也仍拥有极大的影响力。而反观沦陷区，法国的主要财产即租界和部分财团商社，自从汪伪政权发行中储券以来，外资金融势力已经遭到了极大的打压，而法国对各租界的控制也大不如前，从后来维希法国与日、汪就租界问题的谈判中我们就可以看出，维希法国尽管试图保有对

---

① Fabierme Mercier. *Vichy face à Chiang Kai-Sheky：histoire diplomatique.* Paris：Harmattan, 1995, p. 207.

② Bullet In De Renseinements n° 186, 24 mars 1943, A. M. A. E, Guerre, 1939—1945 Londres-Alger, n° 69.

租界的各项权力，但事实上在日、汪的双重打压下所能做出的也只是不断地退让。（2）从两地的发展潜力以及法国的整体利益来看，让·德古认为"自由区"的产业要比沦陷区的物产更为重要。这是因为：一方面，法国势必面临着交还租界的最终命运，不管对方是南京政府还是重庆国民政府，因此，沦陷区的财产在战争后期及战后显然将不再属于法国；而相比之下，法国在"自由区"的几项产业，包括东方汇理银行各分行以及云南铁路的管理权都将为战后印度支那与华南几省之间的贸易创造条件。此外，如果法国能够在战时维持与重庆国民政府的良好关系，那么在战前已经基本成型的几大交通运输建设工程也将重新上线，例如法国计划投资45 亿法郎修建的昆明—叙府（今四川宜宾）—成都线，雷诺公司也由于相关的工程获得了 1500 辆内燃机车的订单，铁路、公路甚至海路的合作项目将会从此而源源不断地产生。[①] 很明显，让·德古在此问题上略有远见，在他看来，"中国的西部地区在战后将会体现出其巨大的经济发展潜力，而作为其门户的印度支那地区显然是一个理想的中转站"[②]。

入侵广州湾之后，日本方面采取了各种手段，意图迫使维希政府将广州湾归还给汪伪政权。日本和南京方面的新闻机构对这一声明大肆宣扬，企图从舆论上彻底造成维希政府将广州湾归还给汪伪政权的事实。

日方也曾要求维希政府推迟发表最终声明，即直到日本完全占领广州湾后，才允许后者表态，借此为汪伪政权争取时间赶赴广州湾。同时，日本又不允许维希政府将协议全文告知重庆国民政府，以离间双方的关系。

日军侵占广州湾，重庆国民政府在越南的最后一道军需供给线面临遭受日军切断的威胁。对此，重庆国民政府很快做出强烈的反应，2 月 24日照会维希政府，宣布废止《中法广州湾租借条约》。[③]

广州湾事件之后，维希政府加快了与汪伪有关法国在华租界及治外法权等诸项事宜的谈判工作。南京汪精卫政府与法国维希政府签订和互换了《鼓浪屿公共租界行政权交还换文》（1943 年 4 月 8 日）、《交还天津、汉

---

[①] Jaubert（Marseille）à Rollin（Vichy）17/03/1943，A. M. A. E，Guerre，Vichy-Asie，vol. 30.

[②] Jaubert（Marseille）à Rollin（Vichy）17/03/1943，A. M. A. E，Guerre，Vichy-Asie，vol. 30.

[③] 林泉编：《抗战期间废除不平等条约史料》，台湾正中书局 1983 年版，第648－649 页。

口、广州法租界的实施细目条款》（1943 年 5 月 18 日）、《上海公共租界行政权交还换文》（1943 年 7 月 22 日）。

关于广州湾法国租借地，维希政府与汪伪南京政府未签署任何法理上的文件，虽然广州湾事实被日军占有，且由日、法共同防卫，但只能说仍然未能"收回"，广州湾成为维希政府在华的最后一块坚守地。

法国维希政府对国民政府的多次抗议置若罔闻，重庆国民政府最后采取果断措施，宣布断交。8 月 1 日，国民政府发表宣言指出："中国政府对于维希政府此种行为不能再予容忍，兹特郑重宣告自即日起中国与法国维希政府之外交关系，即行断绝。"① 同日，重庆国民政府还宣布接管滇越铁路。

1944 年 3 月，日军为推动"华南一元化"战略，进行所谓撤废广州湾区域之军政，将其划入广东省政府管辖，并命令日军司令部驻广州湾方面某部队长伙同广东伪省长陈耀祖与日军司令官签字，表示日军移交广州湾，由汪伪政权接管，并声称今后专负作战警备使命。显然这是一次作秀，法军还在广州湾，汪伪政权怎么接管？

进入 1945 年后，国际形势发生了急剧变化。1945 年 3 月 9 日，日本人先是支持保大成立"安南帝国"，以实现越南"独立"为名，要求法国印度支那殖民军服从日本军队的指挥。然后日本以法方违反日、法《共同防卫印度支那协定》为由，采取紧急措施，以武力同时接管了印度支那和广州湾，这就是所谓的"三九"事件。

对此事件，《高州民国日报》曾有专访报道：

> ……日军于本月十日晨，突在西涌尾高岭及坡头仔一带将法军及安南兵全部缴械。□□法越兵均未有抵抗，被缴枪械，用车运返西营，各□市□大为影响。惟敌在西营宣布戒严，市民准出不准入。赤坎方面，则仅在法国马路戒严。□是日下午，敌军当局邀请王逆英儒及侨商陈学谈协商，拟请由彼二人出任主持湾内行政，惟陈氏不允与王逆英儒负责，结果不能解决。敌当局不得已，又暂□警权交回法政府暂时负责，并将绿衣警兵枪支发还，将仍维持地方治安，详细办法

---

① 《我政府发表宣言与维琪政府绝交》，载《中央日报》1943 年 8 月 1 日。

讫仍需圆满解决云。①

从上述新闻报道可以看出，即使日军完全把法军全部缴械，汪伪政府人员王英儒也不能管理广州湾的行政，因为广州湾的大亨、地方实力派陈学谈不答应。日军没办法，还只能是"将绿衣警兵枪支发还，将仍维持地方治安"。

7月16日，日方将广州湾行政权"移交"汪伪政府。7月20日，汪伪政府为此发表声明：

> 本年3月10日以后，法国于该租借地既已停止执行政权，广州湾之法国军备及武装亦已被解除，如是光绪二十五年（即西纪1899年）缔结之中法两国间关于租借广州湾条约，已完全失其契约之目的。中华民国国民政府为达成独立自主及领土完整之目的，业于三十四年7月16日直接收回该租借地之行政权。②

汪伪政府在二战临近结束之前夕，在形式上宣布"直接收回该租借地之行政权"，并任命陈学谈为广州湾自治区区长。

此时的陈学谈，还有另外的一个身份，就是军统的通讯员。由此看来，维希政府、日本政府、汪伪政府围绕广州湾的外交都是失败的，唯有重庆国民政府是最大的赢家。

自然，汪伪政府及与法国维希政府的外交交涉，并不为重庆国民政府和战后法国政府所承认。

## 戴高乐主动交回广州湾

维希政府与重庆政府的正式断交无疑标志着中法关系"新纪元"的开始。

---

① 《敌武力接收广州湾 越法军全部被缴械》，载《高州民国日报》1945年3月□日。"□"为原件内容无法辨认。

② 《达成领土完美目的 国府收回广州湾》，载《中华日报》1945年7月21日。

　　1943 年 8 月 27 日，盟国宣布承认法兰西解放民族委员会的第二天，国民政府也发表声明宣布正式承认在北非由戴高乐领导的法兰西民族解放委员会。

　　戴高乐政府不承认维希法国将在华的租借权移交给汪伪政府，认为系法国非政府之行为，应为无效。同时，戴高乐政府认为重庆政府单方面宣布取消法国在华的特权不符合国际公法，希望修新约废除法国依不平等条约所取得的权利。

　　1944 年 6 月 6 日，盟军在法国诺曼底登陆。8 月 25 日，法国古老的政治、文化中心巴黎获得解放。中法新约的订立被提上了议事日程。然而，此时的法国在国际上的地位大大下降。

　　二战后期，美国总统罗斯福不支持法国重返印度支那，提议由中、美、英三国共管。一切有关法国的盟国会议、盟军行动等，罗斯福都不让戴高乐参加，甚至不让他知道。例如，开罗会议、德黑兰会议、雅尔塔会议等，都把戴高乐晾在了一边。直到 1945 年 4 月 12 日，罗斯福去世，继任总统杜鲁门向戴高乐保证，美国不反对法国重返印度支那。

　　同时随着中国国际地位的提高，法国在废除不平等条约问题上实际上并不占主动地位，已没有太多与中国政府进行讨价还价的筹码。中国在承认法兰西民族解放委员会之初，没有任命和派遣外交代表。直至 1944 年 10 月 23 日，国民政府才正式承认法兰西共和国临时政府，并于 11 月 28 日任命钱泰为驻该临时政府全权大使。

　　蒋介石对于印度支那的态度，初期支持美国的意见，反对法国重返印度支那。不久，随着蒋介石与美国矛盾的发展，蒋介石对印度支那的立场发生了变化。

　　中国战区参谋长史迪威来华后，对蒋介石保存实力、消极抗战的行为很不满，又看不惯国民党军队、政府的腐败行为，扬言要将美援助物资拨给积极抗战的共产党，并建议罗斯福总统派美国军官来指挥国民党军队。这对蒋介石来说无疑是在挖"心头肉"，美蒋矛盾逐渐尖锐。

　　正当美蒋矛盾逐渐尖锐的时候，1944 年 10 月 10 日，蒋介石突然秘密召见了戴高乐政府驻重庆大使贝志高将军，并进行了长时间的会谈。蒋介石告诉贝志高："对于印度支那和印度支那领土，我们都没有任何企图。"[①] 此时的蒋介石无暇顾及印度支那，面对与美国的合作出现危机、

_____

① 凌其翰：《在河内接受日本投降内幕》，世界知识出版社 1984 年版，第 32 页。

中国共产党的势力不断壮大、国民党政权受到威胁的形势，蒋介石想得更多的是摆脱美国的控制和束缚，同时也是为了消灭"国内的敌人——中国共产党"。

戴高乐对蒋介石态度的转变投桃报李。1945 年春夏之交，戴高乐指示驻重庆代表根据两国于 1945 年 3 月 13 日达成的《解决两国悬案之换文协定》，与国民政府谈判交收广州湾租借地问题。

在谈判策略上，法国政府通过放弃广州湾租借地来推动中法废约谈判。在 6 月 27 日的训令中，法国外长指示驻华大使贝志高最好将归还广州湾租借地作为谈判的筹码，指出《中英新约》对于归还九龙租借地没有做任何规定，但"如果在我们的条约里插入一条关于把我们的广州湾租借地归还给中国的条款可以使整个谈判变得容易的话，那么你就不要拒绝，殖民部已向我表示同意这一点"①。

7 月 11 日，法国外长乔治·皮杜尔专门就广州湾问题指示贝志高尽快向中方表明：法国准备在适当的时候将广州湾租借地的行政管理权正式归还中国，指出："我与殖民部部长一致相信您可以根据当地情况和我们与中国接近的愿望，很快解决这一敏感的问题。它如能得到比较满意的解决的话，将确保我们未来谈判的成功。外交部已与中国使馆就此达成协议，它答应致电重庆，做有利于我们的解释。"②

1945 年 8 月 18 日，中国政府接受法方建议，中华民国外交部政务次长吴国桢博士与法兰西共和国驻中华民国大使馆代办戴立堂先生在重庆签订了《交收广州湾租借地专约》。该约于同日生效，中国正式收回广州湾租借地。该专约的大致内容为：1899 年 11 月 16 日中法间所订专约作废，该专约所给予法国政府之一切权利，即行终止。法国政府同意将广州湾租借地，依照 1899 年 11 月 16 日中法专约所划定地界内之行政与管理，归还中国政府。广州湾在历经 46 年之后重新回归中国。

1945 年 9 月 21 日，驻雷州半岛日军在赤坎签字投降。1945 年 12 月 11 日，前广州湾法国总公使骆化及法籍官民 20 余人、越籍侨民 30 余人搭乘英国兵舰加顿号返回越南西贡。1946 年 1 月，湛江市正式成立。（图 2）

---

① Le ministère des Affaires étrangères L'ambassadeur de France Tchong – King, 27 juin 1945, Asie-O-canie 1944—1955. Chine. v. 209.

② Le ministère des Affaires étrangères L'ambassadeur de France Tchong – King, Paris, 11 juillet 1945, tel. Asie-O-canie 1944—1955. Chine. v. 316.

综上所述，笔者认为，日军入侵广州湾是标志性事件，是维希政府对华政策的转折点，为维希政府正式承认汪伪政权打开了大门，继而导致重庆政府和维希政府断交。在"二战"接近尾声之际，戴高乐出于重返印度支那的目的，试图以主动交回广州湾来博得中国方面的支持。随着国共两党军事冲突的加剧，执政的国民党显然已无力参与国际事务。日本投降不久，法国便在英、

图2　国民政府湛江市政府

美的支持下重新占领西贡，控制越南南部，进犯越南北部，企图重建其殖民统治，遭到越南人民的坚决抵抗，直到1954年7月，越南北部国土获得全部解放。由此可见，外交乃政治的继续，更是国与国关系的晴雨表。围绕广州湾问题的交涉亦然。

# 雷州半岛日军投降纪述

**图1　1945年8月11日的《大光报》**

1945年8月11日，在寸金桥边上开办的《大光报》整版套红，头条通栏标题是《普天同庆 世界重现和平（肩题）日本宣告投降（主题）盟国人民狂欢（副题）》，细看消息来源于重庆中央社，原来日方只是"8月10日向中美英发出投降照会，接受波会（即波茨坦会议）公告求保留日皇"，另一条消息则更明确"中英美苏已交换意见，签订降约尚需数日"。（图1）

无疑，这是胜利的序曲。

8月14日上午，日本最高首脑在日本皇宫防空室举行御前会议，讨论无条件投降的诏书问题。日本天皇裕仁考虑国内外形势和"彼我双方的国力战力"，表示如果继续战争，"无论国体或是国家的将来都会消失，就是母子都会丢掉"，决定发出停战诏书。同日，日本天皇发布了《停战诏书》："朕深鉴于世界大势及帝国之现状，欲采以非常之措施，以收拾时局，兹告尔等臣民，朕已饬令帝国政府通告美英中苏四国愿接受其联合公告。"

8月15日，日本天皇的《停战诏书》正式播发，宣布日本无条件投降。

8月26日，南京国民政府电令粤桂南区总指挥邓龙光负责对侵雷日军的受降并接收雷州半岛和广州湾地区。8 月 28 日，侵雷日军派人到粤桂南区总指挥部洽降。

9 月 9 日，国民党第二方面军所属四十六军，开始接管广州湾。[①]

## 投降前日军在雷州半岛的布防

自 1943 年 2 月 16 日，日军独立混成第 23 旅团入侵雷州半岛，兵力如表 1 所示。

表 1  独立混成第 23 旅团编制人员

| 番号 | 自行车/辆 | 马/匹 | 军属/人 | 各部/人 | 兵科/人 | 通称号 |
|---|---|---|---|---|---|---|
| 司令部 | 16 | 6 | | 64 | 77 | 纯 9841 |
| 128 大队 | — | 40 | 1 | 29 | 782 | 纯 9842 |
| 129 大队 | — | 40 | 1 | 29 | 782 | 纯 9843 |
| 130 大队 | — | 40 | 1 | 29 | 782 | 纯 9844 |
| 炮兵队 | 11 | 214 | — | 32 | 562 | 纯 9845 |
| 工兵队 | | 6 | | 11 | 167 | 纯 9846 |
| 通信队 | — | 22 | — | 7 | 168 | 纯 9847 |
| 总计 | 27 | 368 | 8 | 201 | 3320 | |

注：总计 3521 人，军属 8 人，马 368 匹，自行车 27 辆，94 式轻迫击炮 12 门，88 式野战高射炮 4 门。[②]

随战时的变化而变化，入侵雷州半岛兵力最多时有如下配制：

旅团长下河边宪二少将。

---

① 中共湛江市委党史研究室编：《南路人民抗日斗争史料》，广东人民出版社 1996 年版，第 598 页。

② 日本国立公文书馆亚洲历史资料中心藏，档案号：C12121005600、C12122444800。

下辖：

独立步兵第 128 大队，大队长谷村静夫中佐；

独立步兵第 129 大队，大队长野野本文雄中佐；

独立步兵第 130 大队，大队长竹内繁男中佐；

独立步兵第 247 大队，大队长宫崎光次大尉；

独立步兵第 248 大队，大队长渡部市藏中佐；

独立步兵第 70 大队（主力部分），大队长冈村安中佐；

以及野炮兵队，工兵队，辎重队等，共 5366 人。①

随战时的变化，日军在华兵力入不敷出，第 23 旅团部分调往海南、广东等地。最后组建雷州支队，配置如下：

雷州支队，队长陆军中佐渡部市藏；

独立步兵第 70 大队，大队长陆军少佐渡部玄藏；

独立步兵第 248 大队，大队长陆军少佐臼井七子。

据投降时统计，该支队共有官兵 2530 人。②

该支队在投降前在雷州半岛的兵力布防如下：③

独立步兵第 248 大队第一中队驻西营；

独立步兵第 248 大队机关驻寸金桥福建村附近；

独立步兵第 248 大队第二中队驻麻章；

独立步兵第 248 大队第三中队驻坡头；

独立步兵第 248 大队第四中队驻志满；

独立步兵第 70 大队主力、航空队一部驻遂溪县城；

独立步兵第 70 大队第二中队驻乌蛇岭；

独立步兵第 70 大队第三中队驻马头岭；

独立步兵第 70 大队第四中队驻洋菁。

---

① 军事委员会委员长广州行营参谋处编：《广东受降纪实》，怀远印刷厂，1946年，第 21 页。

② 军事委员会委员长广州行营参谋处编：《广东受降纪实》，怀远印刷厂，1946年，第 21 页。

③ 《独立混成第 23 旅团炮兵队史》，株式会社六甲，1988 年。

# 日军投降及国军接收

宣布投降不久，日军雷州支队立即开始准备投降事务，除了随带兵器、被服，选定了四处军用物资的集聚地，分别是遂溪、麻章、寸金桥、西营。9月10日，桂南区总指挥部参谋长少将刘其宽为前进指挥所主任，进驻赤坎，双方接洽频繁，完成事务联络。9月18日，粤桂南区总指挥邓龙光进驻赤坎准备受降。9月21日，雷州半岛受降仪式在赤坎粤桂南区总指挥部举行。10月3日，日军雷州支队全部完成接收，在铺仔墟集结。① 据《广东受降纪述》一书记录，雷州半岛日军10月9日全部解除武装，计日官兵2530名及台籍士兵235名。

国军接收主官和部队接收主官如下：
第二方面军副司令长官兼粤桂南区总指挥：陆军中将邓龙光。
铺仔墟、寸金桥、西营、麻章接管负责人：中国第175师师长、陆军少将甘成城。
接收组组长：第175师525团团长上校卢玉衡。
遂溪地区接收负责人：中国第156师师长、陆军中将□□②
接收组组长：第156师466团上校钟干雄。

---

① 另据军事委员会委员长广州行营参谋处编《广东受降纪述》（怀远印刷厂，1946年）一书第32页所述，雷州半岛日军10月9日全部解除武装，计日官兵2530名及台籍士兵235名。
② 原档案如此，姓名不详。

# 投降交接经过

日军城月驻扎部队（独立步兵第248大队第4中队的一部分和福岛部队暂时编入者）于8月31日撤离城月，在麻章集结。

日军独立步兵第70大队的遂溪正面第一线阵地分别于9月5日交接马头岭警备，9月6日交接洋菁墟警备，9月12日交接乌蛇岭警备，然后在遂溪附近集结。之后，独立步兵第70大队以遂溪集结态势在9月26、27日两天解除武装，完成军用物资的接收，于9月29日从遂溪出发，9月30日在铺仔墟集结。

伴随着9月13日中国军队进驻广州湾地区，其余在麻章、寸金桥、西营附近的日本部队为了监管在接收之前集聚的军用物资而保留一部分兵力，然后9月13日在铺仔墟完成集结。

坡头驻扎部队（独立步兵第248大队第三中队）在9月11日撤离坡头，在西营集结。

硇洲岛驻扎部队（独立步兵第248大队第一中队的一部分）在9月13日到达西营。

雷州（海康县城）驻扎部队（独立步兵第248大队第四中队主力）在9月16日从雷州坐戎克船出发，17日登陆西营，18日在志满市集结。

警备投降交接状况如表2所示。

表2　警备投降交接部队

| 交接日期 | 驻扎地 | 日本军 | 中国军 | | |
| --- | --- | --- | --- | --- | --- |
| | | | 师 | 团 | 接收负责人 |
| 8月31日 | 城月 | 独立步兵第248大队第四中队（栖本少队） | 第188师 | — | — |

续上表

| 交接日期 | 驻扎地 | 日本军 | 中国军 | | |
|---|---|---|---|---|---|
| | | | 师 | 团 | 接收负责人 |
| 9月5日 | 马头岭 | 独立步兵第70大队第三中队（沟渊队） | 新编第19师 | 56团 | 团长 |
| 9月6日 | 洋菁墟 | 独立步兵第70大队第四中队（大塚队） | 新编第19师 | 57团 | 第三营长 |
| 9月11日 | 坡头 | 独立步兵第248大队第三中队（池田队） | 广东省保安第六大队 | — | 少校吴炳光 |
| 9月12日 | 乌蛇岭 | 独立步兵第70大队第二中队（白川队） | 第175师 | 524团 | 第一营长 |
| 9月12日 | 硇洲岛 | 独立步兵第248大队第一中队（高山少队） | 广州湾第四区区长 | — | 陈国郎 |
| 9月13日 | 寸金桥 | 支队本部 | 第175师 | 534团 | 第二营长 |
| 9月13日 | 麻章 | 独立步兵第248大队第二中队（渡边队） | 第175师 | 师团司令部 | — |
| 9月13日 | 西营 | 独立步兵第248大队第一中队（山本队） | 第175师 | 525团 | 团长卢玉衡 |
| 9月16日 | 雷州 | 独立步兵第248大队第四中队（西芝队） | 第188师 | 564团 | 团长蔡照心 |
| 9月29日 | 遂溪 | 独立步兵第70大队主力 | 第156师 | 466团 | 团长钟干雄 |

# 日军签署投降书及市民欢庆胜利

从 1945 年 8 月 28 日至 9 月 21 日前，粤桂南区总指挥部分别发出〔廉〕字第 1 号至 12 号令和〔湛〕第 1 号令，命令雷州半岛日军无条件投降，并做好 9 月 21 日投降签字准备。

9 月 21 日上午 8 点 30 分，赤坎粤桂南区总指挥部上尉参谋陈稀前往铺仔墟，引导日军参加投降签字仪式。日军雷州支队长渡部市藏中佐、日军独立步兵第 248 大队长臼井少佐、日军独立步兵第 70 大队长渡部玄藏少佐以及一名翻译参加投降仪式。

在赤坎粤桂南区总指挥部，中方出席签字仪式的人员有：粤桂南区总指挥邓龙光中将、粤桂南区副总指挥朱晖日中将、粤桂南区参谋长刘其宽少将等。双方在举行完一整套的投降仪式后，上午 11 点，日军雷州支队长渡部市藏中佐代表雷州半岛日军签署投降书（投降书及日军投降影集见本文附件）。

当天，广州湾的市民皆走出街头，奔走相告，欣喜若狂，此响彼和，家家燃放爆竹密如串珠，以庆祝广州湾重入祖国怀抱。①

投降后的第二天，即 1945 年 9 月 22 日，广州湾举行庆祝胜利暨劳军大会。这是最富有历史意义的日子，市民在欢腾，国旗和盟国的国旗在屋顶、在高耸的牌楼上飞扬，伟大的行列在湛江市最热闹的中山马路上，培才中学的乐队领导着，用整齐的步伐前进。②

# 战后的审判

日军入侵雷州半岛两年多，在其残酷的统治下，奸杀淫虐、杀人放火，无恶不作，罄竹难书。雷州半岛同胞备受凌侮，在血雨腥风中期待光

---

① 广州湾现代照相院梁显强拍摄的日军投降影集图片上的说明文字。
② 广州湾现代照相院梁显强拍摄的日军投降影集图片上的说明文字。

明的到来。抗战胜利后，国民政府第二方面军立即开始战犯调查工作。

根据日本法务省司法法制调查部保留下来的 B、C 级战犯记录来看，对下河边宪二起诉理由概要如下：

下河边宪二，作为独立混成第 23 旅团长驻防在广东雷州半岛一带，昭和十九年（1944）4 月在遂溪沙泥坡地区建设军用机场，为防卫该机场，强制拆毁周围的沙泥坡村、四条村、方朗村等七个村的 340 多户房屋，同月 24 日，集体屠杀强制征用于该机场建设作业的青水村、曲塘村等六个村的村民陈阿金、黄亚益等 80 多人，同年，率领旅团参加湖南、广西作战时，烧毁在桂平的陈迳等 260 多户民居，使其化为焦土。广州行营审判军事法庭于 1947 年 4 月 30 日判处其死刑。[①]

符永茂，伪雷州和平救国军总司令，枪决。所部遣散，械弹由粤桂南区总指挥部接收。

陈忠武，遂溪保安警察总队长，部队撤销，官佐遣散，士兵拨补 64 军。

陈学谈，广州湾市长，准自首。所部遣散，械弹由粤桂南区总指挥部接收。[②]

本文日军投降纪述只研究了日军在雷州半岛和广州湾地区的陆军部队受降，驻雷州半岛日军空军的受降也值得研究。

---

① 《独立混成第 23 旅团炮兵队史》，株式会社六甲，1988 年，第 429 – 430 页。
② 军事委员会委员长广州行营参谋处编：《广东受降纪述》，怀远印刷厂，1946 年，第 122 – 123 页。

## 附件

## （一）日军雷州支队投降书①

一、日本天皇、日本帝国政府及日本帝国大本营，已向同盟国最高统帅无条件投降。

二、同盟国最高统帅第一号命令规定："在中华民国（东三省除外）、台湾与越南北纬十六度以北地区内之日本全部陆、海、空军与辅助部队，应向蒋（介石）委员长投降。"

三、吾等在雷州半岛区域之全部日本陆、海、空军及辅助部队之将领，愿率其所属部队向蒋（介石）委员长投降。

四、吾等当即命令所有雷州半岛区域内之日本陆、海、空军各级指挥官及其所属部队与所控制之部队，向蒋（介石）委员长特派受降代表中国陆军总司令何应钦上将及何应钦上将指定之雷州半岛地区受降官邓龙光中将投降。

五、投降之全部日本陆、海、空军愿即停止敌对行动。暂留原地。待命将所有武器、弹药装具、器材、补给品、情报资料、地图、文献、档案及其他一切资产等当暂时保管，所有航空器材及飞行场一切设备、舰艇、船舶、车辆及码头、工厂、仓库及一切建筑物，以及现在上述地区内日军或其控制之部队所有或其控制之军用或民用财产，亦均应保持完整，待缴于蒋（介石）委员长特派受降代表中国陆军总司令何应钦上将及何应钦上将指定之雷州半岛地区受降长官邓龙光中将之部队长及政府机关代表接收。

六、雷州半岛区域内日本海、陆、空军所俘同盟战俘及拘留之人民立予释放，并保护送至指定地点。

---

① 中共湛江市委党史研究室编：《南路人民抗日斗争史料》，广东人民出版社1996年版，第658－660页。

　　七、自此以后，所有投降之日本陆、海空军当即服从蒋（介石）委员长之节制并接受蒋（介石）委员长及其代表中国陆军总司令何应钦上将指定之雷州半岛地区受降官邓龙光中将所颁发之命令。

　　八、本官对本投降书所列各项及蒋（介石）委员长与其代表中国陆军总司令何应钦上将及何应钦上将指定雷州半岛地区受降官邓龙光中将以及对投降日军所颁发之命令，并当即对各级军官及士兵转达。遵照所有驻雷州半岛地区之日军官佐士均须负责完全履行此类命令之责。

　　九、投降之日本陆、海、空军中任何人员，对于本降书所列各款及蒋（介石）委员长与其代表中国陆军总司令何应钦上将及其指定之雷州半岛受降官邓龙光中将嗣后所授之命令尚有未能履行或迟延事情，各级负责长官及违犯命令者愿受惩罚。

　　奉日本帝国政府及日军派遣军总司令官冈村宁次大将命签字人日军雷州支队长渡部中佐，公历一九四五年九月二十一日午前九时签字于中华民国湛江市之赤坎，陆军中佐渡部市藏（印）。

　　代表中华民国、美利坚合众国、大不列颠联合王国、苏维埃社会主义共和国联邦，并为对日本作战之其他联合国之利益，于公历一九四五年九月二十一日午前九时在湛江市之赤坎接受本降书。中国战区最高统帅特级上将蒋（介石）中正特派代表中国陆军总司令一级上将何应钦指定之雷州半岛地区受降官陆军中将邓龙光（印）。

## （二）雷州半岛日军投降影集<sup>①</sup>（外一张）

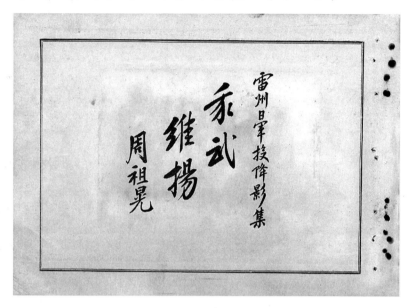

雷州（半岛）日军投降影集

朱晖日题词

---

① 本影集由广州湾现代照相院梁显强拍摄，首次全部公开。

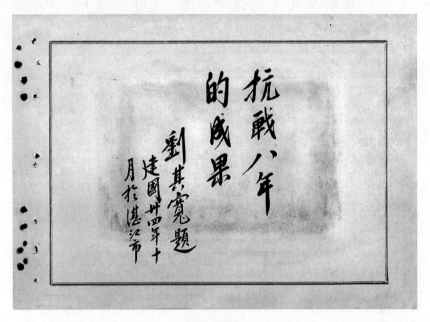

刘其宽题词

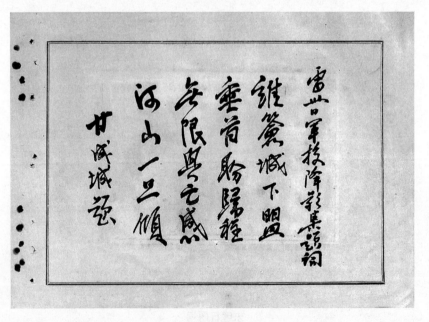

甘成城题词

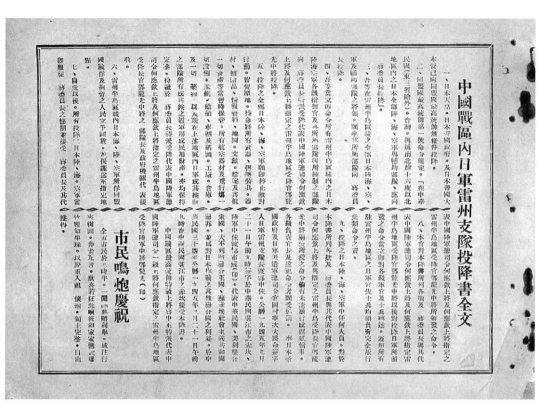

中國戰區內日軍雷州支隊投降書全文

一、日本天皇、日本帝國政府、及日本帝國大本營已向同盟國最高統帥無條件投降。

二、同盟國最高統帥第一號命令規定：「在中華民國（東三省除外）、台灣、與越南北緯十六度以北地區內之日本全部陸、海、空軍與輔助部隊，向蔣委員長投降」。

三、吾等在雷州半島區域之全部日本陸、海、空軍及輔助部隊所屬之將領，遵照上所述發之命令，當立即將所有部隊向蔣委員長投降。

四、吾等當立即命令所有雷州半島區域內之日本陸海空軍各級指揮官及其所屬之部隊現有控制之部隊停止敵對行動。

五、投降原地。待所有將領所有武器、彈藥裝具、器材、地圖、文獻、檔案及其他一切資產、船舶、車輛及碼頭、工場、倉庫，以及現在上述地區內日軍或其控制之部隊所有或所用或民用財產，亦均保持完整，待蔣委員長所派受降代表中國陸軍總司令何應欽上將指定之雷州半島地區受降官鄒龍光中將處理。

六、雷州半島區域內日本海、陸、空軍所停留之同盟國戰俘及拘留之人民立予釋放，並保證安全送指定地點。

七、自此以後，所有投降：日本陸、海、空軍當受降長官鄒龍光中將之節制並接受，蔣委員長及政府機關代表等受降官陸軍中將鄒龍光（印）

市民鳴炮慶祝

日軍雷州支隊投降書全文

現代攝

投降签字的日军军官在中国军官引导下进入签字现场

日军军官在赤坎签字现场

日军军官在投降书上签字

中国军官签字

接收日军的大炮（一）

接收日军的大炮（二）

接收日军的枪支

中方接收人员（一）

中方接收人员（二）

日军战马

接收日军的物资

接收日军的货币

接收日军的战马

接收人员合影

接收人员在南强中学

庆祝胜利劳军大会

正面：前排左起　陈参谋稀　周处长天民　刘参谋长其宽　邓总指挥龙光　朱副总指挥晖日　陶处长祥麟　沈参谋次平　林主任

二排左起　xxx　戴司令朝恩　凌特派员仲宽　甘师长成城

三排左起　xxx　李市长月恒　梁处长文彬

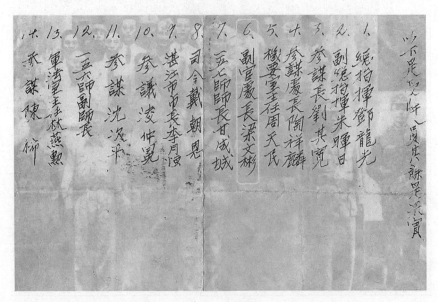

背面：参加雷州半岛日军投降签字典礼人员及来宾名单

（此照片为美国华侨李鹭女士提供，这是她家的珍藏，图中标6的人是李鹭的外公梁文彬。特此感谢）

# 附　　录

# 风雨湾城回归路[①]

　　一个正在远去的名字，一段尘封已久的历史。它曾经的存在正变得虚无缥缈，而在那个战火纷飞的年代，它却是这个国家不可或缺的生命线。抗战关键时刻，为何各方势力在这里汇聚？风云变幻的大时代，人们的命运又是如何？战时广州湾，一段被遗忘的历史。

　　望百年沧桑，穿越灵魂回忆。本报《文化湛江·历史印记》带你走进广州湾风云系列——

　　…………

**凤凰卫视摄制组在湛江拍摄**

---

①　原载《湛江晚报》2013 年 9 月 15 日。配图为工作人员所摄。

*东海和硇洲是我的一双管钥，*
*我是神州后门上的一把铁锁。*
*你为什么把我借给一个盗贼？*
*母亲呀，你千万不该抛弃了我！*
*母亲，让我快回到你的膝前来，*
*我要紧紧地拥抱着你的脚踝。*
*母亲！我要回来，母亲！*

*——闻一多《七子之歌·广州湾》*

2013 年 9 月 4 日，香港凤凰卫视《印象岭南》栏目组来到湛江，拍摄"印象岭南之战时广州湾"的专题片，主要拍摄抗日战争期间的历史，找寻这期间发生在湛江的人和事，还原 1937 年到 1945 年发生的一段历史。9 月 6 日，栏目组采访了广州湾研究会会长、《湛江晚报》主任编辑何杰。他解答了栏目组关于日军入侵广州湾以及广州湾重回祖国怀抱的历史，揭开了那一段被尘封的往事。

## 广州湾成海上咽喉　日寇伸出魔掌抢夺

凤凰卫视（以下简称"凤"）：广州湾被称为一个很重要的战时国际通道，为什么这样说？

何杰（以下简称"何"）：随着抗战的全面爆发，中国国内的所有物资通道是随着战时的状态不断转移的。比如说在抗战前期，香港是主要的运输通道，大批国民政府的军火，包括武器弹药都是通过香港转口的。但是随着战事的不断发展，日本不可能让一个这么重要的港口存在，就入侵了香港。香港沦陷以后，战略物资通道就发生了转移，看整个中国沿海港口，广州湾是唯一的出海口，别的沿海港口基本上都被封锁起来，与广州湾临近的澳门也被日本封锁起来了。广州湾既连着大陆，又背靠大西南。当时国民政府所需要的物资都需要通过广州湾运输。据国民政府的海关统计，1940 年至 1942 年之间，广州湾的进出口货物量在全国排第一第二，特别是 1942 年，它的出口货物量占非沦陷区的 78%，进口货物量占44%，相当于当时中国整个物资的转运都在这里，很多学者研究抗战的国际通道时往往把广州湾忽略了，其实我们说广州湾的作用是这样的：天上有驼峰航线，地上有滇缅公路，海上有广州湾通道。

凤：当年日本入侵广州湾的战略意图是什么？

何杰接受《凤凰卫视》采访

何：日本入侵广州湾有一个大背景，当时法国不肯承认汪伪政府。日本入侵的真实目的就是想对法国实施军事压力，使其承认汪伪政府。当时日本侵华已经无力再深入了，于是它制定了一项新的对华政策，主要内容是把日本在华租界还给汪伪政府，帮助汪伪政府提高知名度。另外，日本和法国是同盟关系，日本还了，那法国为什么不还呢？当时法国采取了模糊的政策，既不想承认汪伪政府，又不想得罪重庆政府，这种模糊的政策让日军很生气。为了加速达到目的，日本决定给法国施加军事上的压力，迫使其改变态度，广州湾问题便在此刻提上了议程。而（法属）印度支那和广州湾比较近，日军当时南进已经在印度支那驻了大量的兵力，广州湾又受印度支那管辖，也就是说日军入侵广州湾在当时是非常方便的事。

## 国民党无力抵抗　蒋介石舍近求远

凤：日军在雷州半岛登陆时，国民党军为什么一枪不发？

何：当年国民党军队驻防雷州半岛并不是一枪不发，是没办法抵抗。如果按照当年抗日战力的比例，日军的混成旅团相当于半个师团的配置了，国军要抵御日军半个师团必须有一个到两个军的兵力。雷州半岛又是一个一望无际的平原，面对日军作战，抵御力量基本上都是炮灰。国民党正规军没有做任何防御抵抗计划就退出了。仅有小的、零星的部队进行抵抗，但面对这么强大的旅团进攻，他们基本上是没有还手能力的。如果没有正规军做长期积极的抵抗，取得胜利几乎没有可能。

凤：重庆国民党政府难道看不到广州湾的战略地位和重要性？

何：重庆国民政府肯定看到了广州湾的战略地位和重要性。在李宗仁的回忆录里有这么一段话，他认为国民政府打通滇缅公路是舍近求远的办法，他认为如果把广州湾占领，所有美军在太平洋的物资就可以通过广州湾来运输，这样整个抗战就会变得非常容易，容易在哪里呢？从形势上分析，所有日本军队在沿海岸线呈长蛇形分布，你打缅甸的日军的话，那么缅甸的日军就会收缩，越收缩越小，越打就越困难。李宗仁就提出，广州湾处在"长蛇"的中央，那么我就拦腰斩断，打蛇打七寸，拦腰把日军斩断，迎接太平洋美军的物资的话，这样会使整个战事变得容易得多，但是他的方案没有被蒋介石接受。说实在的，蒋介石出于私心考虑，他不是看不到这个战略的好，而是怕美军把军援物资从广州湾运过来，受惠的是全副武装的桂系，因为广西离广州湾很近。所以，蒋介石就否定了这套方案。他用了 50 个师去打通滇缅公路。

## 法国人无心再战　共产党积极抗日

凤：（日寇入侵后）法国（不作任何抵抗）相当于把广州湾让出去，为什么会作出这样一个决定？

何：法国在 1940 年基本是战败了，陆军部队被希特勒打没了，就不得不成立维希政府。这个维希政府是一个傀儡政府，是被德国操纵的。德国和日本同属轴心国集团。日本与法国签订一个（法属）印度支那的共同防卫协定，"共同防卫"的意思就是"共同管辖"，其中管辖的地方就包括广州湾。法国人和日本人还是有很多矛盾的，广州湾的法国军官很仇恨日本人。因此，当共产党抗日的时候，法国军官对日本人的不满体现在把枪借给共产党。在麻章的一个洋村，这是法国人统治的一个小公局，这个公局大概有十几支枪。当时共产党打日本人没有枪，就向法国人借。日本人来查这批枪的时候，他们就故意把公局的水杯、板凳打烂，对日本人说共产党把枪抢走了。然后在战争中是这样体现的，共产党打日本人的碉楼的时候，法国人非但没有帮手，还在旁边看热闹。

凤：南路特委在广州湾发挥了什么作用？

何：当年南路特委书记周楠来到广州湾，面临着很多的问题，那该怎么办？步行去重庆，向重庆八路军办事处汇报工作。南方局就给他们指示，根据当年抗战形势的变化，党提出必须发展独立的武装。所以南路特委决定在老马村发动武装起义，建立自己的独立武装，这就是著名的南路老马起义。经过近一年的发展，这支队伍发展到五个团左右。

## 法国人自作聪明废约　日本投降，广州湾回归

凤：说一说为什么法国当年会那么积极地交回广州湾？

何：我们刚才讲了日军为了让法国人承认汪伪政府，就侵略了广州湾，向法国施压。但法国人既不愿得罪重庆政府，又不想承认汪伪政府，于是采取了模糊策略。日军侵略广州湾的第二天，法国就发表了废约声

明，没说明把法国租界交还给谁，这是一个"无责任制"声明，自作聪明。法国人作出这个声明后，重庆政府立即表示强烈不满，第二天就声明了1899年的《广州湾租借条约》无效。这已经是对法国政府很严重的警告了，但是法国政府在日本人的压迫下，继续交还了上海租界等租界给汪伪政权。重庆政府很恼火，每交一次就抗议一次，最后重庆政府宣布和法国维希政府断交。

凤：那广州湾最后是怎样回归的呢？

何：戴高乐①上台以后，认为所有与维希政府有关的条约一律无效。也就是说，重庆政府宣布1899年《广州湾租借条约》无效也是单边的，没有和第五共和国签约，戴高乐政府没有同意，这样中法新约的订立就被提上了议事日程。但在"二战"之后，法国的国际地位大跌，美国总统罗斯福提出（法属）印度支那应该由中国、英国、美国共管，这样戴高乐肯定不答应。当时，国民政府和美国、法国之间形成了一个微妙的三角关系，国民政府想要利用与法国修复关系向美国施压，以寻求更大的利益，美国人又想削弱法国人的势力，这样一来，国民政府和法国人又走到了秘密谈判会议上。"你不想我的（法属）印度支那，我就不想你的广州湾"，双方由此达成各取所需的条件。1945年8月18日，《中法交收广州湾专约》签署，这是第一次收回广州湾。第二次收回则是从日本人手中收回。1945年8月15日，日本投降。9月21日，日本在赤坎签署投降书。1946年，广州湾改名为湛江市，正式建市，广州湾终于重新回到祖国母亲的怀抱。

凤凰卫视摄制组在湛江湾拍摄

① 法国军事家、政治家，曾在第二次世界大战期间领导自由法国运动，并在战后成立法兰西第五共和国，担任第一任总统。

# 雷州半岛日军投降日志（节选）<sup>①</sup>

## （1945 年 10 月 30 日）

## 一、 在接收事务开始之前的雷州支队态势概要 以及平常的治安状况

雷州支队的态势概要如附图第一。

投降后，支队依次集结兵力，9 月 12 日在现在的遂溪地区，独立步兵第 70 大队在遂溪市内和近郊集结完全部兵力，航空关系部队预定赶到广东的人全部在遂溪机场完成集结。

独立步兵第 248 大队让其主力在寸金桥、麻章附近集结，第三中队其配属部队在坡头集结，第四中队的主力在雷州（海康县城），一部分在志满市（麻章西南方约 10 公里），第一中队在西营驻扎，负责警备。

第 64 停泊场办事处和电报第 14 连队通信所各自在西营继续执行任务。

治安一般良好，在支队的警戒地区内清除了土匪、共匪<sup>②</sup>等的蠢动，一部分共匪约有二千人，在城月市东方盘踞，而且，城月市西南方海岸线附近有匪团的游动，坡头周边的保安团镇压了掠夺行为。

---

① 日本国立公文书馆亚洲历史资料中心藏，档案号：C15010535700 – C15010541500。档案标题、内容有处理。雷州半岛日军投降档案，目前还没有找到中方档案。

② 原档如此。是对共产党的诬称，下不再注，读者明鉴。

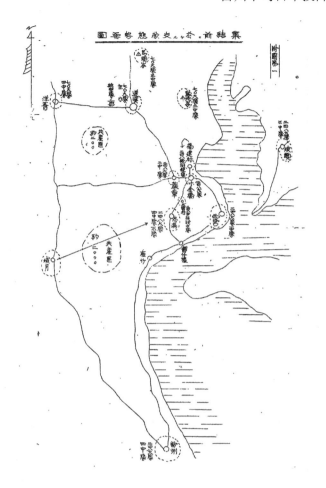

## 二、接管事务准备概要

刚投降不久，支队立即开始准备接收事务，除了随带兵器、被服，选定了四处军用物资的集聚地，分别是遂溪、麻章、寸金桥、西营，按照品种分类着手整理调查数量，随着详细调查的完成兵队开始实施存放，9月12日大体完成集聚整理。

之后，开始进行文件的整理、数量的清点，在正式举行投降仪式的9月21日之前大体完成接收准备。但是，随带兵器、枪弹药、粮草和个人被服需要随身携带。

8月26日8点半接受波集作命甲第26号和于8月28日接受与投降协

定实施准备要点相关的波集参电第 714 号，同时开始和在廉江粤桂南区总指挥邓龙光直接联系，8 月 30 日告知雷州支队的现状（附录第二/二），同时沟通彼此想法，尽量达到事先了解。

随着 9 月 10 日前进指挥所进驻赤坎，更加密切联系，每天派遣军官至少联络一次以上，完成事务交接。

## 三、联合国一方接收主官和部队

接收主官
第二方面军副司令长官兼粤桂南区总指挥
陆军中将邓龙光
铺仔墟、寸金桥、西营、麻章、接管负责人
中国第 175 师师长陆军少将甘成城
接收组组长第 175 师 525 团团长上校卢玉衡

遂溪地区接收负责人
中国第 156 师师长陆军中将□□（不详）①
接收组组长第 156 师 466 团上校钟干雄

## 四、接收经过概要

### （一）投降初期要点（自 8 月 27 日至 9 月 30 日）

城月驻扎部队（独立步兵第 248 大队第四中队的一部分和福岛部队暂编入者）于 8 月 31 日撤离城月，在麻章集结。

独立步兵第 70 大队的遂溪正面第一线阵地分别于 9 月 5 日交接马头岭警备，9 月 6 日交接洋菁墟警备，9 月 12 日交接乌蛇岭警备，然后在遂

---

① 原档如此。

溪附近集结。

之后，独立步兵第 70 大队以遂溪集结态势在 9 月 26、27 日两天解除武装，完成军用物资的接收，于 9 月 29 日从遂溪出发，9 月 30 日在铺仔墟集结。

伴随着 9 月 13 日中国军进驻广州湾地区，其余在麻章、寸金桥、西营附近的部队为了监管在接收之前集聚的军用物资而保留一部分兵力，然后 9 月 13 日在铺仔墟完成集结。

坡头驻扎部队（独立步兵第 248 大队第三中队）在 9 月 11 日撤离坡头，在西营集结。

硇洲岛驻扎部队（独立步兵第 248 大队第一中队的一部分）在 9 月 13 日到达西营。

雷州（海康县城）驻扎部队（独立步兵第 248 大队第四中队主力）在 9 月 16 日从雷州坐戎克船出发，17 日登陆西营，18 日在志满市集结，顺利交接警备，没有发生摩擦纠纷。

随着部队集结，监管兵难以保留，在 9 月 11 日正式接收前，在总指挥部参谋杨乃晞上尉接收官、支队椎崎大尉、停泊场泷口中尉、支队仓库北少尉都在场的情况下，实施位于西营码头仓库的支队仓库相关和停泊场办事处保有的材料的移交。

西营无线电台（收发皆可）和前述理由相同，9 月 13 日由总指挥派遣的第二方面军先遣第二支队司令部曹鸣需接收官，副官椎崎大尉军通信所筱田军曹在场的情况下，完成移交。

随着 9 月 11 日医院要向西营转移，由第二先遣支队司令陈学谈作为责任人，将寸金桥医院和集聚的医疗药物材料、被服、物品暂时转让。

## （二）8 月 27 日至 10 月 3 日的状况

### 8 月 27 日

接受廉字第二号通告（附录第一号）

下面要点答复：

1. 关于马头岭阵地撤离要按照上司的命令实施。

2. 了解在城月部队撤离事项。在与贵部队密切联系后，先撤离到麻章。

3. 了解第三、第四项。

对在城月部队直接下达要点命令：

一、粤桂南区总指挥部匪贼占领部队在 8 月 30 日之后，从安铺经乌泥塘，进入城月、客路。

二、栩本中尉在中国军进入乌泥塘附近时，与第 188 师所属部队取得联系后，和福岛部队暂编入者合并指挥，从现驻地撤离，先在麻章集结。

三、因为要运输城月集聚军用物资，所以 8 月 27、28 日，一部分机动车组要协助城月部队。

四、要严密注意尽量避免和中国军之间特别是意外事态的发生。

**8 月 28 日**

接受廉字第一号备忘录（附录第二号）

对隶属部队下达要点指示：

一、要把指示通知到指挥官以下每一兵，各队要避免和中国军接触，防止有意外事态发生。

二、即使中国方向我们射击，我们也不可以反过来射击。但如果我方出现损伤，会果断采取自卫行动。

三、不可以破坏毁损支队以及各队保有和集聚的军用物资。

四、没有收到支队指示的人员不允许和中国军交接警备，不允许接收军用物资。

五、在 9 月 10 日之前提交集聚的兵器、军需物资以及各队携带的兵器、弹药的品种数量的调查报告。

接受波参电第 714 号。

为了运输城月集聚的兵器、弹药，8 点派遣机动车二辆，16 点归队。

**8 月 29 日**

18 点完成城月军需物资的输送。

**8 月 30 日**

关于对于廉字一、二号的答复，接受粤桂南区总指挥部覆谋（附录第二／一）

派遣将校到廉江，传达雷州支队的现状等通知的雷支警第一二号（附录第二／二）

接受与接收部队相关的粤桂南区总指挥部备忘录第二号（附录第二／三）

**8 月 31 日**

18 点城月驻扎部队完成与中国第 188 师的警备交接，到达麻章。

**9月1日**

接受下面要点的廉字第三号备忘录（附录第二/四）

1. 马头岭阵地的日军要迅速撤离。

2. 为了更简单地交接广州湾的防务，坡头东营的日军要与中国陆军第131师副师长所指挥的部队进行交接，然后完成撤离。

针对上述备忘录，作出答复，要点如下：

一、城月驻扎部队于8月31日16点完成撤离。

二、海康县城驻扎部队完成集聚的兵器、弹药、军需物资的运输，贵方防务交接部队一到达，我方就迅速撤离。

三、命令马头岭和洋菁墟驻地的日军在9月5日之前撤离，详细细节是第一线部队相互之间要在密切联系下完成防务交接。

四、驻扎坡头东营的日军做好准备，在9月5日撤离到西营。

**9月3日**

接受廉字第四号备忘录和江字第二号覆谋（附录第三、四号）

下达要点命令：

马头岭阵地在与中国陆军第46军隶属部队（新编第19师）取得联系后，应尽快交接警备。

**9月4日**

接受关于警备交接的廉字第五号（附录第五号），因此下达要点命令：

坡头警备队要与中国第46军隶属部队交接警备，在西营集结。

在麻章的独立步兵第248大队第四中队的一少队移驻至志满市，10点15分到达志满市，负责该地附近的警备。

**9月5日**

马头岭独立步兵70大队第三中队与新编第19师第56团团长交接警备，16点在遂溪集结。

接受关于解除、归还武装的波参电第952号（附录第六/一，略）

**9月6日**

洋菁墟独立步兵70大队第四中队与新编第19师第57团第三营交接警备，15点在遂溪附近集结。

随着地区交涉委员的编成、官衔变动，向粤桂南区总指挥通告交涉委员（附录第六/二，略）

**9月7日**

接受备忘录第六号以及第七号（附录第七、八号）

因此，彻底通知到隶属部队要完全防止如和中国军之间意外事态的发生，同时进行要点答复并提议：

关于赤坎、麻章、西营部队的移驻，需要向上级司令部询问，同时由于集聚军需物资数量庞大、粮草等运输困难，遂溪、洋菁、志满之间没有合适的宿营地，所以13日晚上之前先实施西营部队的撤离。其余部队先在寸金桥、麻章村地区集结，寸金桥部队的集结地还在搜索，望暂且延期。

**9月8日**

8点撤离法国人集团生活所的卫兵。

接受备忘录廉字第八号（附录第九号）

遂溪飞机场没有障碍物，飞机可以随时着陆，作出答复，要点如下：

西营部队先移至距麻章西方约10公里的高阳村，在福建村的部队准备移驻至麻章，同时实施寸金桥附近部队的宿营地的搜索。

**9月9日**

15点决定把寸金桥医院迁移至西营原法兰西医院旧址并开始迁移。

为了把在雷州的四辆故障机动货车拖拉集结到寸金桥，派遣机动货车。

**9月10日**

12点粤桂南区总指挥部参谋长少将刘其宽为前进指挥所主任，进驻赤坎。

随着支队的密切联系，下达如下迅速完成接收相关准备的指示：

宿营地搜索结果是决定移驻至铺仔墟，准备好西营、寸金桥、麻章附近部队的移驻。

下达雷州支队命令：

一、中国军13日12点之后开始进驻麻章、寸金桥、西营。

二、支队主力移驻至铺仔墟。

三、独立步兵70大队暂时留在遂溪，继续进行现有任务。

四、西营、寸金桥、福建村、麻章的各队在13日12点之前撤离现驻地，各队分别向铺仔墟前进。

五、在西营的航空队的赶到者在遂溪机场集结，从事机场职务。

六、雷州驻扎部队迅速完成军需物资的运输，经东海岸路前进，现在志满市集结。

七、各驻扎地（雷州除外）为了分别监管集聚的兵器、弹药、军需物资，从山本队（西营）、渡边队（麻章）、支队本部（寸金桥）保留十名下级士官以下的士兵，负责监管。

八、在现有态势下，由寸金桥支队仓库负责军需物资的监管。

九、高森大尉在寸金桥，负责指导麻章、寸金桥、西营的保留军需物资的监管。

十、富田大尉指挥机动车组，负责运输不能随行携带的个人被服、粮草和宿营材料。

十一、各队要与中国军准确无误的实施警备交接，在治安维持方面要消除隔阂。

十二、预计在 13 日 13 点到达铺仔墟。

### 9 月 11 日

完成寸金桥医院到西营的迁移，保留的医疗药物、器材等暂时转交给先遣第二支队司令陈学谈。

由于迁移至铺仔墟，所以一整天都在实施用机动货车运输粮草以及携带困难的个人被服和宿营材料。

实施在西营码头野战仓库支库和船舶部队材料的移交，接收官是总指挥部杨乃晞上尉与三名参谋随行人员，交付官副官是椎崎大尉、支队仓库长北主计少尉、停泊场办事处处长泷口中尉。

坡头警备队独立步兵第 248 大队第三中队在 9 点和保安第六团交接警备，20 点在西营完成集结。

由于运输故障车而派遣至雷州的筱井少尉等人于 14 点返回到寸金桥。

### 9 月 12 日

因迁移至铺仔墟而整天实施运输。

硇洲岛驻扎部队完成警备交接，8 点出发，19 点到达西营。

### 9 月 13 日

11 点至 12 点之间在西营、寸金桥、福建村、麻章附近的各队开始一齐撤退至铺仔墟，在同一天 18 点之前完成集结。

16 点由先遣第二支队参谋曹鸣需接收官完成在西营的无线电台（兼通信所）的移交。移交官是支队椎崎大尉、军通信筱田军曹。

### 9 月 14 日

接受美机坠落以及有线通信网等相关前进指挥所备忘录、廉字第三号

及第九号（附录第一〇、一一）

作出答复，要点如下：

自 6 月 25 日雷州支队开始担任警备以来，美国 P51 一机在西营坠落，该机在枪击中撞到西营港内戎克桅杆，坠落到市内，坠落时装载的炸弹发生了爆炸和火灾，空勤人员被炸裂烧死，同时附近数名中国人被炸死，交由中方处理。

随着支队主力在铺仔墟集结，遂溪、西营、寸金桥、麻章之间连接的电话线一部分被切断或者由中国军使用，所以联络不上，志满坪—麻章之间几乎没有电线，也难以构筑，并且终止有线通信，因此用五号无线机实行铺仔墟—遂溪之间的联络。

廉字第三号第二项中任命在寸金桥仓库的陆军大尉高森贤吾负责联络。

除了铺仔墟部队正在携带的物品之外，军需物资、兵器和其他物品的移交准备大体完成。开始制作移交文件。

**9 月 15 日**

接受与正式投降以及武装解除的要点相关的粤桂南区总指挥部代电赤字第 31 号（附件第一二号）

**9 月 16 日**

接受前进指挥所通告廉字第四号（10 点）（附录第一四号）

如下面答复：

一、派遣将校实行有线电话线的接收。

二、架设的电线完全去除，遂溪附近都安全。

接受前进指挥所备忘录廉字第十号（18 点）（附录第一三号）

下面答复：

一、之后，因担心和中方发生误解，即使因公事外出，也严禁携带武器进出市内，并且禁止夜间行动。

二、9 月 18 日粤桂南区总指挥邓龙光预定进驻赤坎，沿路各队要特别注意避免意外事态的发生。

负责雷州（海康县城）警备的独立步兵第 248 大队第四中队主力乘戎克从雷州出发。

雷州警备交接由中国部队第 188 师 564 团长叶照心负责。

**9 月 17 日**

接受与大塘村部队的撤离相关的粤桂南区总指挥部代电赤字第 51 号

（19 点）（附录第十五号）

关于在大塘村的独立步兵第 248 大队步兵炮中队撤离，下达要点命令。

一、步兵炮中队在 9 月 20 日 20 点之前撤离现驻地，前往铺仔墟集结。

二、应携带实际上可携带的随身兵器、枪弹药与马匹（含马具）。

三、关于运输和宿营，由副官指示。

独立步兵第 248 大队第四中队于 15 点在西营入港登陆，在码头附近露营。

## 9 月 18 日

独立步兵第 248 大队第四中队于 15 点从西营出发，到达志满市（20点）。

向总指挥部提交雷州支队组成表同人马一览表以及兵器弹药明细表各两份。

邓龙光总指挥本日 12 点到达赤坎。

## 9 月 19 日

独立步兵第 248 大队步兵炮中队开始移驻铺仔墟。

接受关于正式投降仪式的粤桂南区总指挥部备忘廉字第十一号（附录第十六号）

接受粤桂指挥部代电智字 564、567、575 号（附录第十七、十八、十九号）

由独立步兵第 248 大队通信队长鸭本中尉来实施军用电话线的接收交涉。

希望 8 名侨居的日本人可以在广东渡海，向总指挥部申请西川领事馆申请补办渡海证明交付方法并得到其谅解（后来由于日军下达的通牒而中止）。

## 9 月 20 日

波集团配属双轻一机预计到达遂溪，支队长渡部中佐、臼井少佐、渡部玄少佐、副官前往遂溪机场迎接，等飞机着陆。

独立步兵第 248 大队步兵炮中队在铺仔墟完成集结。

接受关于投降仪式的粤桂南区总指挥部备忘录廉字第十二号（附录第二十号）

**9 月 21 日**

在赤坎粤桂南区总指挥部正式举行投降仪式，八点半由总指挥部陈参谋引导到达铺仔墟，支队长渡部中佐、臼井少佐、渡部玄少佐以及一名翻译共同出行，在 11 点正式在投降书（附录第二十一号，略，书中已有）上签字。

接受关于投降要点整体的粤桂南区总指挥部命令湛字第一号（附录第二十二号）

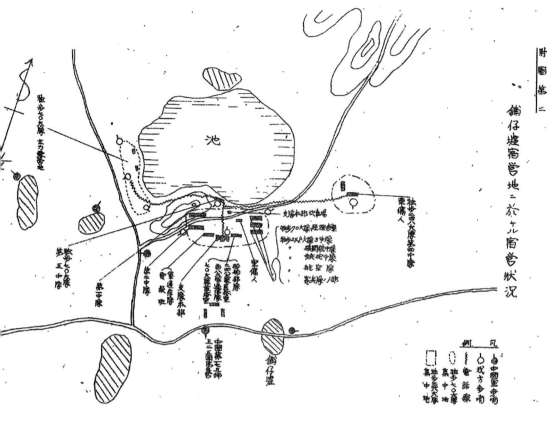

鋪仔墟宿營地二於ケル宿營狀況

附錄第二號

粵桂南區總指揮部通告　康字　第二　號
三十四年八月二十七日

一、據報城月以南有奸匪四千餘共一部約二千餘已竄據廣州灣附近企圖襲擊另二千餘已竄至安鋪市一帶闖出規孫方面秩序已入紊亂狀態

二、本總指揮河運護送雷州半島奸匪計決先以有力一部由安鋪方面進占城月客路間地區肅清鄉紀清肅並進

三、口平常支派遣雷州支隊應本投降及合作戰意旨履行下列各點

　1、中日約定兌無敵對行為則雷州支隊之馬嶺前進應赴日安蔡得減輕得以向南並非近縮

　2、為使中日兩國軍隊不發生誤會計雷州支隊之防已營指岑舊廣州灣以送濾洋菖蘆竹間地區日本廣州支隊在赤正式緣城前應本合作誠意協助廣州君軍警當局處理安務維持治安俾使治安

　3、日本廣州支隊在赤正式緣城前雙方取得連絡後即向予青撤退以便我軍進駐

四、上列數項城徵狀（八月三十日開始施我南下劉軍各隊原決於同日由安鋪方面經爲泥港同城月肅任轉搜以前不發生變亂爲要

密防本部前進希飭沿綫日本軍不可誤會并可隨時派員與我國軍隊取得連絡

右通告

南支派遣軍
雷州支隊長 渡邊中佐

中國陸軍第二方面軍副司令官
粵桂南區總指揮 鄧龍光

附錄第二號

粵桂南區總指揮部備忘錄 康字第一號

大中華民國卅四年八月廿八日 粵桂南區總指揮部致

駐雷州灣日軍最高指揮官雷州支隊長 渡邊中佐

事由

本人以粵桂南區總指揮之地位奉中國戰區最高統帥蔣特級上將蔣中正之命令接受在雷州半島日本高級指揮官及全部陸海空軍與其輔佐部隊之投降

（一）日本駐雷州灣最高指揮官雷州支隊渡邊中佐應自接受備忘錄之時起至明晨行本兼總指揮部日軍之投降切規定在雷州半島各地之日軍亦同此規定并應由渡邊中佐應自接受備忘錄之時起

（二）渡邊中佐於接獲本備忘錄後關於下列事項主即對日本陸海空軍及輔助部隊主即停止一切敵對行為

（三）對於粵桂南區所轄地區內（附第二表所述地區以下同）所有之日本陸海空軍及輔助部隊主即命令一切

不對本兼總指揮所指定之部隊指揮官日本陸海空軍水得伺其投降繳械及接洽左此地區
非將委員長武本兼總指揮指定之部隊指揮官日本陸海空軍水得伺其投降繳械及接洽左此地區

232

與交出任何物資

3. 對本兼總指揮所轄地區內所有日本陸海空軍及補助部隊之武器彈藥航空器材車輛及一切交通通信工具飛行場海港碼頭工廠保管物資與一切建築物及軍事設施以及文獻檔案情報資料等應立即分交為保衛不得移動並願絕對保持完好狀態由渡口中佐暨其全盤聽候本兼總指揮接收

4. 本兼總指揮所轄地區內所有日本陸海空軍及輔助部隊應就現駐地維持地方良好秩序直至本兼總指揮所指定之部隊及員責長官到達接收為止在此期間內絕對不得將行政机關移交於非經本司令或本兼總指揮所指定之行政官吏代表人員

5. 對水兼總指揮所轄地區內同盟國被捕人民及被捕官兵應立即恢復自由並充令給水食住所及醫藥等並進備漁船兼總指揮待之命令送到指定地交

6. 渡辺中佐應親自何本兼總指揮接受有關日本陸海空軍投降之玉式手續

7. 日本軍應全部集中洋青解除武裝後由我方派兵護送至海康城附近候命處置

8. 日本軍除收其小其餘式器彈藥員量驅馬匹及一切物資應全部繳出集稿洋菁并附具清冊二份由我方派員點收

9. 現停泊雷州半岛附近海面之日本艦艇應附全部集泊雷營附近海面聽候我方派員接收

10. 雷州半岛公路水道港口暨名處橋站碼头倘我方派員接管同時日軍應繳出設立之面水座交通路綫要图

11. 雷州半岛一切軍南民用電氣電話撥給我方派員接管同時日軍應繳出該方面既設通訊網要图

12. 雷州半岛日軍一切軍事裝備包含陣地工事壕坑食糧等俟我方派員接收同時日軍應繳出關於上述各障拋坊庫要図

13. 雷州半岛日軍埋藏之地雷水雷及一切爆物要図應繳出并由我方派兵監視日軍全部起出

14. 日本軍繳械投降後我方絕對保証其生命及私有財產之安全並給養扔照國際慣例由我方供應之

中國陸軍第二方面軍副司令官
兼粤桂南區總指揮 鄧龍光

附录·影一

粤桂南区受降指挥部覆谍　江字第一号

（中華民國）三十四年八月三十日

驻雷州半岛雷州支队长速口中佐

事　由

黄参谋於三十四年八月二十九日粤受谍字第一〇号第十一号暨八月三十日粤受谍第一二号三号遍专所示

（一）雷州久发月之日军第一废遣陈本兼遣将接三十四年八月二十六日粤受第二号遍专所示

要件本兼遣指挥均图承认分别核复如左

（一）長崎久发月之日军第一废遣陈本兼遣将接三十四年八月二十六日粤受第二号遍专所示

（二）日本军派投降后令将乘船又乘行料物专运国民党最高统帅核示後另行通知

规定先行撤遣以便安置连驻实行剿匪

承光由日军国空军陈地交锚并将未发生不安事件计对日本雷州支队驻海军部队应即所剿

现在雷州半岛之日台湾籍侨我各位之高人依国际惯例仍应以现役军人看待在未奉

中国陆军级令何指示前不能自由输送至海口

（三）

（四）对日军俘虏官兵之处理又於船舶护送等仍候战请中国陆军级司令何核示後转知

（五）雷州支队日军现有之一切粮秣准予自行也俾尔後雷州部队需给

（六）日军官兵不论公私之刀剑均应集武器在未奉

陆军级司令何特别指示前仍须全数藏出以

得规定

（七）日需正式签约缴枪投降绝对保证日本全体官兵之生命及私有财物之安全

（八）日军缴械枪本中海原後之档由我国定当妥予处置由日军官兵自责缴的

（九）中日两国此次战後徵和平日本军应诚意合作将本總指挥麾下之剿匪部队妥生妥善会导予以周接

协力脔部

中国陆军第方面军副司令官兼粤桂南区總指挥部　郭　龍　光

234

附録　第二ノ二

雷支營第一二號

雷州支隊現況等通報ノ件

昭和二十年八月三十日

雷州支隊長

粤桂南區總指揮龍光殿

一、雷州支隊ノ現況並ニ本官ノ意圖ヲ正式交渉開始前ニ通報シ相互ノ意志ヲ疎通シ以テ正式交渉實施ノ圓滑ナラシムル爲以下數項目ニツキ事前通報ス

一、雷州支隊兵員本國歸還ノ爲必要ナル船舶ハ三千噸級二隻　又ハ五、六千噸級一隻ヲ要ス

貴官ト今後ニ於ケル交渉其他細部ノ關係ハ日本軍ノ乘船出發ニ依リ解消スルモノナリ

八、右船舶ノ斡旋方ヲ依賴ス

2、寸金橋日本陸軍病院ニ目下收容中ノ患者ハ約三百五十名ニシテ其中速ニ廣東陸軍病院ニ還送ヲ要スルモノ約百五十名アリテ之カ輸送ノ爲ノ船舶不足シアリ　此ノ百五十名ハ重傷病患者ニシテ船舶輸送中モ附添人ヲ附シ看護手當ヲ要スルモノナリ

3、雷支隊ハ海南島海口附近ニ相當多量ノ糧、馬糧、食料品、建築材料、セメント等ヲ所有シ部隊自活ノ爲メ目下取克ニ依リ海口ヨリ西營ヘ糧輸送中ニシテ貴官ト地區交渉成立後モ糧輸送ヲ續行シ以テ支隊ノ自活ニ資セントス

在廣東日本軍司令官ヨリ今後三ヶ月分ノ糧ヲ保有スル如ク命ヲ受ケアリ爲メ（主トシテ海賊ニ對シ）兵器隊集結地ニ於ケル自衛裝我ノ爲（完トシテ共産匪ニ對シ）並ニ在國邦人ノ生命武器保護ノ爲メ其程度ノ自衛共器ヲ收容トス

西營―海口間、西營―廣東間、第2、第3項ハ我完例送

右ハ兵交渉、際之ニ小協ス

4、當支隊ハ本國歸還ノ爲メ輸送船舶（際之等兵器ハ全般（日本本土到着者個人帯刀劍除ク）中國政府ニ發送スルモ差支ヘナシ

5、粤桂南區總指揮麾下部隊ノ武装解除並ニ地區交渉解決後ハ速ニ中國政府ニ移管スルモ差支ヘナシ

官兵力ハ約四千名ニシテ各種兵器並ニ軍需品等共ニ收容可能ナリ

235

本官ハ目下又ハ今後ニ於ケル兵力集結、或ハ自党、海上輸送ノ容易ナラシムル意メ、支隊ノ集結地並ニ武装解除位置ヲ左ノ如ク豫定シアリ

第一　兵力集結並ニ武装解除

遂溪、蕭章、寸金橋、西営

第二次　（海南島ヘノ召（欲）集解除若輪送終了後）

蕭章、寸金橋、西営

支隊ハ兵力ヲ西営附近ノ一地ニ集結シ爾後ノ海上輸送ヲ容易ナラシムルヲ可トスルモ兵力、宿営、給養ノ関係上之ヲ許サス　西営ニ於ケル目下ノ空屋収容力ハ約千二百名ナリ

6.　里桂南区掃討報告記録　巻ノ十ノ一号、第八号、第八号ニ於テ日本軍ノ給養ハ国際関係従ヒ責方ニ於テ担任ストアルモ我方ハ責方ト密接ナル連繋協同ノ下ニ現地自力自活ヲ行ヒ希望ヲ有ス

二、武装解除ニ於テ兵器、弾薬、軍需品物資授受ハ其ノ方法適切ヲ缺クトキハ大ナル摩擦ヲ生スル惧レアルヲ以テ事前ニ相互ニ準備ヲ周到ニシ、意ノ疎通ヲ図リ、順序方法ヲ適切ニ行フヲ肝要ト有ス

ナラシムルコト特ニ肝要ナリト思考ス

目下支隊ノ保有シアル兵器、弾薬、軍需品ハ其ノ數量莫大ニシテ之ヵ數量調査、整理ノミニテモ容易ナラサルモノナルコトヲ諒承シ置カレ度

（以上）

附录 第二/三

粤桂南区总指挥部备忘录 兼字第二号

大中华民国三十四年八月三十日

受桂南区总指挥部致

驻雷州半岛日军雷州支队长 凌边中佐

事由

本兼总指挥奉

中国陆军总司令一级上将何应钦未数梭蝶外电指示关于中国境内日军投降除应遵照何总司令未养致日军联军最高指挥官冈村宁次中字第四号备忘录所规定实施外仍应遵守左列两项

(一) 中国境内非法武装组织应视其为匪类绝对不能认其为中国之军队如有上述非法武装阻藏破坏交通通信接乳地方危害治安或擅向日军要求收缴武器时在蒋委员长或何总司令指定之国军接收前日军应依有效之防卫

(二) 蒋委员长或何总司令指定之国军接收前日军现驻地如被股匪所作袭日军应负其责任并应就日军将其收复后交还我接收部队。二

中国陆军第二方面军副司令参谋陆军中将邓龙光

粤桂南区总指挥

附录 第二〇四

粤桂南区总指挥部备忘录

康字第三号

大中华民国卅四年九月一日

粤桂南区总指挥部 致

驻雷州半岛日军雷州支队长 渡边中佐

事由

本备忘录为

中国陆军总司令一级上将何应钦未有午养电令饬各地区受降主官应速饬所属部队令各该受降区内各重要城市推进以便接收防地及房屋便利并经号以第七号备忘录转知冈村宁次饬其所属日本军队知照等因兹将本备忘录处理事项列左：

(一) 我军下辖匪之部队仍饬速撤回该地

(一) 马头令日本军队迅速撤回该区。我第一线部队随派员与马头令日军连络以资连络操防

(三) 屠使我军能适时接收广州湾防务并彻底扫荡匪徒计现驻坡头素营之日本军应即撤回西营所

(四) 查廉参坡顾防地由中国陆军第二三一师团副师长率领部队进驻接替

屠免中日两军队发生不幸事件起见各饬贵方第一线部队随时与我方第一线部队切取

连络

右四项希查照并行遵令日军各部队遵照。

中国陆军第三方面军副司令官兼粤桂南区总指挥陆军中将 邓龙光

附錄　第三號

第二方面軍粵桂南區總指揮部覆牒　　江字第二號

大中華民國卅四年九月三日

粵桂南區總指揮部致

日本雷州支隊長　渡部中佐

事由

該支隊昭和二十年九月三日粵字軍字第一六號函關於接令別核覆如左

（一）接收馬頭糧及坡头军房地者為我中國陸軍第四十六軍之部隊希與溝洲地田西中隊知照並與各該方面我軍第一線部隊切取連絡

（二）日本雷州支隊驟移雷前近之大塚部隊可暫畧其所示不必撤收

（三）日本支隊自海康机年金根胆之自動畧遇遞誰予思裝如附件

（四）本總指揮己通令所属龍飞隊所奸聚繁我倚事随時勤办令中國日西軍防地關如因勦匪而發生槍砲声時布日本軍為生誤會當要

中國陸軍第二方面軍副司令官
兼粵桂南區總指揮陸軍将　鄧龍光

---

附錄　第四號

由中國陸軍第二方面軍粵桂南區總指揮部備忘錄　　庚字第四號

日期　中華民國三十四年九月三日

致　日本軍雷州支隊長　渡辺中佐

由　粵桂南區總指揮部

事由

（一）凡雷州半岛日军现駐陸地內一切行政組織及日軍扰椬之偽組織應立前将各該組織市有人名册應當将檔案案卷暨印信等一律造具清册并指定人員負責保管應候接收不得有遷移燬壞讓渡及其所稱之行段組織包括各項机關銀行学校医院以及各該組織所縉亲戈化有之各項工廠礦埸高煦倉廩公共事業等

（二）凡財物及金融机關不得再有公债股票及類似系辦之票股英己印未發之票券及彩版漂同財產颁發隊服冊選保管之公債應勢基金等現銀执行鈔票之運備金等一切保管財物的及應封存並派送重達司庫經理等一暨當保當穩候接收

（三）日國雷州支隊部及所属各部隊暨各級粮食管理組織在各地所控制之粮食軍需工具包括計料以應歸雷州支隊部及其他各種有關粮食器材應立即造冊列明種類數量存在地點以速進擔理候、

接收在接收以前凡持有倉厫之粮食及一切工员器材設備均由日軍派員負責保管至軍需粮食工厫及日人投资合办之粮食工厫各該票經示人或經理人均應負責保持完整

（四）有関經營生產事業之組織及所仍有或保儲之物資例如液體燃料黃磷檀花紗布紅糖茶葉牛皮莖乾桐油類五金器材及物品等均歸日軍派員同原經營人員負責保管接收其各項組織所經營或仍存有之有関需要各營業務力自来水煤氣燃礦業在接收以前仍應繼續供應

（五）公用事業中公路水理郵政電信各項交通信事業之業務在接收以前均應一律照常維持應應

（六）有関教育文化之公私文物如圖書古籍古物書版與圖建莖藏剝莧斳名及一切文獻器材新河等原經營人員第武徐待不得毀損

中國陸軍第二方面軍副司令韋
兼粵桂南區總指揮 陸軍中將 鄧龍光

附識第五號

中國陸軍第二方面軍總指揮部備忘錄 廉字第三號

期日 中華民國三十四年九月三日

致 日本軍雷州支隊長 渡邊中佐

由 粵桂南區總指揮部

事由

（一）日本軍應迅速撤由遂溪附近以便我軍進駐不得再行延誤

（二）我中國陸軍第三二一師已另有任務現派本部第三旅備忘錄第三項規定率所屬部隊經指定為中國陸軍第四十六軍之部隊飭仍應知照為要

中國陸軍第二方面軍副司令官
兼粵桂南區總指揮 陸軍中將 鄧龍光

附錄 第七號

中國陸軍第二方面軍粵桂南區總指揮部備忘錄 康字第六號

由

致 粵桂南區總指揮部

駐華日軍雷州支隊長 渡邊中佐

日期 大中華民國三十四年九月七日

抄山

一、日本軍雷州支隊應於本（九）月十二日上午七時以前退出赤坎並須章魚雷暫調雷暨遂溪渡漢青志滿關池暨縵指德屬各之軍隊解於同日上午八時開始進入上述三地區接收防務

二、為督飭日本雷州支隊執行本署總指揮之一切命令起見茲派本署參謀長劉其寬少將率領若干人員於九月十日先到赤坎設立本署總指揮前進指揮所凡劉長寬少將所要求應待之事宜應遵照辦理

三、日本雷州支隊長渡邊中佐除切實遵照本署總指揮原案一號備忘錄所列事項外並須催飭所回

本署總指揮接受有關投降事項之正式手續其正式投降日期另行通知

　　中國陸軍第二方面軍副司令官
　　　兼粵桂南區總指揮 陸軍中將 鄧龍光

附錄 第八號

中國陸軍第二方面軍粵桂南區總指揮部備忘錄 康字第七號

由

致 粵桂南區總指揮部

日軍雷州支隊長 渡邊中佐

日期 大中華民國三十四年九月七日

事由 本署總指揮前進指揮所員弁約二百員名決於本（九）月十日正午前後通過遂溪前往赤坎駐處希日本軍多生誤會并妥保護為要

　　中國陸軍第二方面軍副司令官
　　　兼粵桂南區總指揮 陸軍中將 鄧龍光

附錄 第九號

粤桂南區總指揮部備忘錄　　　　廉字第八號

大中華民國三十四年九月八日

粤桂南區總指揮部致

駐雷州半島日軍雷州支隊長　　渡邊中佐

事由

一、遂溪飛機場代表中美安全軍預定於本九月十一日起開始使用茲著由該部分生誤會對遂溪飛機場之一切設備須完整切故倘有窒礙或被壞須即飭屬清除或修補

二、由廉州至遂溪飛機場間所行使之中美車輛及在遂溪飛機場外降之飛機及人員均在我軍未進駐前總飭屬切勿害侵護

四、以上各項要求務於本(九月十一日前答復為要)

中國陸軍第二方面軍副司令官
兼粤桂南區總指揮陸軍中將　鄧龍光

附錄 第一○號

粤桂南區總指揮部前進指揮所備忘錄　　廉字第九號

大中華民國三十四年九月十四日

粤桂南區總指揮部前進指揮所致

駐雷州半島日軍雷州支隊長　　渡辺中佐

事由

現准美國空軍連絡軍官請求

(甲)
駐廉為日軍歷次所棄港灣之飛行易危懷查若何處及其實管……括證章手錶鋼筆手槍及舊筆等日軍應重查等知及轉還

(乙)
駐雷灣日軍歷次所俘得之美國飛行員其姓名及現在送往安置地點日軍應即書面專知
上述兩項希即照辦並分列表報所墜飛員引導現地指示以便知會美軍連絡官接收
日軍所佈設由西營經赤坎至茶章火……線路應前移交本所接收後移轉接收
有線電通信連用鋪設仔竹滿圩經麻章至遂溪之民用舊線至……茶菌陳經破壞段經
飭陳司令……諒查對日修復

粤桂南區總指揮部前進指揮所主任
陸軍少將　劉其寬

242

附錄 第一一號

粵桂南區總指揮部前進指揮所通告　兼字第三號

大中華民國卅四年九月十四日

一、據報港邊附近現有美匪三千餘擬於日本軍投降前繳奪其槍械以充實為其他共匪恐示有同樣企圖希特別注意偵

二、為引便起見將其曾支隊部關連絡起見希派出建絡軍官一員駐於十金橋曾支隊含屬並將該員戰級姓名報所以便連絡

三、各項槍械遺具各種清冊及各屬地附圖列表報所會查車與總指揮部兼字第四號備志銷所

右通告

日本雷州支隊長　渡部中佐

粵桂南區總指揮部前進指揮所主任
陸軍　少將　劉其寬

附錄 第一二號

粵桂南區總指揮部代電　赤字第○三一號

卅四年九月十五日

日本駐雷州支隊長渡部中佐勛鑒第二方面司令官張中丞函圖收電開放中國陸電總司令何通告盟軍最高統帥麥克阿瑟將軍規定(1)日軍繳械時不舉行收繳武器之儀式(2)日軍代表於正式投降時不得佩帶軍刀祗作遺族節一暫交各棄集年內附繳飭日軍23A田中久一將軍遵照水希飭轉飭日軍駐雷州支隊佩帶軍刀祗作遺族節一暫交各棄集年內附繳飭遵照等因特電遵照為要

粵桂南區總指揮部前進指揮所兼主任劉其寬申刪叅

243

附錄第一三號

粵桂南區總指揮部前進指揮所備忘錄　　康字第十號

大中華民國三十四年九月十六日

駐雷州半島日軍雷州支隊長　渡部中佐

粵桂南區總指揮部前進指揮所致

事　由

（一）日軍未正式受降前應先將兵力番號配備武器彈藥裝備及一切軍事設備數量圖表何本所呈出

（二）日軍應即繳械並經以第四號備忘錄及康字第三號通告責官第況即照辦並限於九月十八日前繳驗為免生誤會起見爾後日軍入市視多攜武器彈藥即由守倉軍士兵除佩外亦不准佩帶刀劍隨處行動

（三）奧程南區總指揮新設於九月十八日進駐赤坎準備正式受降希將軍配於漢至赤坎途中軍事保護夜間則日軍官兵均勿入市區防範一律豐饒

陸軍少將　粵桂南區總指揮部前進指揮所主任　劉其寬

附錄第一四號

粵桂南區總指揮部前進指揮所通告　　康字第四號

大中華民國卅四年九月十六日

一、本主任九月十四日發皇軍之康字第九號備忘錄及九月十四日之康字第三號通告並查照皇軍即令分別遵辦

二、日軍所架設由西營至蘇皇段之軍用電話軍線本所指定於明（十七）十時承皇軍校希即恢時撥交

三、貴官九月十三日電支警第二十三號回答件關於地雷起爆及呈報佈雷圖之諸點希即實現

四、右列三項希希本（十六）日下午七時前答復

右　通告

粵桂南區總指揮部前進指揮所主任　陸軍少將　劉其寬

日本駐雷州支隊長　渡部中佐

附錄 第十五

粤桂南區總指揮部快郵代電　赤字第五一號

中華民國三十四年九月十七日

日黑雷州支隊長渡邊中佐查距新圩仔部隊以東約三華里之大塘村尚駐有渡邊勝司中尉所部之日軍一百五十名聲稱與我駐新圩仔部隊近處接近為避免不必有之誤會起見希即飭渡邊勝司中尉所率日兵移駐志滿市東南地區勿延為要（本）粤桂南區總指揮部前進指揮所兼主任劉其乂衛筱申

附錄 第十六號

粤桂南區總指揮部備忘錄　赤字第十一號

致　粤桂南區總指揮部

日期　大中華民國三十四年九月十九日

由　駐雷州半島日軍雷州支隊長　渡部中佐

事由　粤桂南區總指揮部

一、茲定本（九月三十一日上午九時起舉行本總部舉行投降儀式

二、貴官應率必要人員於本（九月二十一日）八時五十分到達本市東本總指揮部簽約按序

三、貴官收到本電應速飭隨表降人員照職性名見復

中國陸軍第二方面軍副司令官

兼　粤桂南區總指揮　陸軍中將　鄧龍光

附錄 第十七號

粵桂南區總指揮部快郵代電

中華民國三十四年九月十九日　智字集〇五六四號

日軍駐雷州支隊隊長渡部中佐希即對青支隊由遂溪至十金橋西學段之軍用電話線路所有器材列表查照章支隊通訊隊長帶呈部又上述鐵路之移交仍希遵照於本十九日小班聯行勿延

為要〈兩次〉粵桂南區總指揮鄧龍光申皓嚴訊

附錄 第十八號

粵桂南區總指揮部快郵代電

中華民國三十四年九月十九日　智字第五六七號

日本駐雷州支隊隊長渡部中佐為期通訊器材交接容易起見茲特規定如下（1）日軍既設有線電通訊網着於正式接管後即行撤收集中寄村列冊移交（2）無線電通訊器材亦同上述洽妥辦理〈…〉線電反我我軍通訊器材概与繳械時一併列冊移交以上三項希分別遵辦粵桂南區總指揮鄧龍光申皓嚴訊

附錄　第十九號

粵桂南區總指揮部　快郵代電

智字第五七五號
中華民國卅四年九月六日

日本駐雷州支隊長渡邊中佐申明嚴訊代電計達除遵照至十金橋及西營之有線電訊幹線著就地移交中國產電第一七五師接收外其餘通訊網希仍連照前電辦理為盼與粵桂南區總指揮
鄧龍光皓夫豪訊

24

附錄　第二十

粵桂南區總指揮部佚志錄

康字第十二號

日期　大中華民國三十四年九月二十日
致　日本駐雷州半島　雷州支隊長　渡邊中佐
申　粵桂南區總指揮部
事由　貴官電令第二四號文件閱悉

（一）九月二十一日准參加投降簽字儀武官取名氏如下
　　雷州支隊長　　　　　渡邊市藏中佐
　　獨立步兵第248大隊附　井七郎少佐
　　獨立步兵第70大隊附　　凌部玄藏少佐
　　通譯　　　　　　　　一名

（二）九月廿一日上午八時本部派上尉參謀康稀前赴錦仔圩該支隊部引導來本部藏隊此直官員應引
各軍齎掉白旗並不得攜帶武器

中國陸軍第二方面軍副司令官陸軍中將
兼粵桂南區總指揮　陸軍中將　鄧龍光

附錄 第二十二

粤桂南區總指揮部命令　　港字第一號　中華民國三十四年九月二十日

(一)茲將雷州半島區域內之日本陸海空軍及輔助部隊立刻命令並保証其完全施行各項

(一)責令將雷州半島區域內日本陸海空軍須佈本命令各項

(甲)責令立即令全雷州半島所屬各部隊同本兼總指揮無條件投降

(乙)凡雷州半島投降之日本部隊暨本兼總指揮之節制其行動須受本兼總指揮之命令規定所有雷州半島日軍一切武器彈藥裝交通信器材及其他作戰有關之工具均為所...

(丙)雷州半島日軍...之一切資產除奉令補充或變移者外一律不准拉目移動或破壞銷毀令繳納於本兼總指揮指定所指定之部隊或行政官吏點收

(丁)雷州半島日軍之航空器艦艇及船舶應即停由原地聽候本兼派員點收

(戊)雷州半島陸海空軍又輔助部隊官佐須証所居嚴準維建及秩序旦總負責藏監視其部

(二)責令本...

(三)貴官須將雷州半島有關下列各項資料同本兼總指揮提出報告

(三)下不得有傷害及累北人民並劫掠或毀損文化之公私文物又一切公私資產...此項命令命彼應即將雷州半島有關下列各項資料同本兼總指揮提出報告

(甲)雷州半島日軍一切陸海空軍及防禦部隊兵冊籍數表明其所在地及官兵之實力

(乙)雷州半島日軍一切陸海空軍飛机圖表冊籍報告其數量型式性能駐地及狀況

(丙)雷州半島日軍控制下之一切輔助船隻約須以圖表冊籍報告其式位置及情況

(丁)擬其雷州半島佈雷設處之詳細報告連同地圖標明有地雷水雷及其他陸海空交通運河物之地點同時須指定安全區域...

(戊)凡雷州半島一切日方所管逕道或直達間提利用之工廠棧運廠研究机關實驗場所收存資料...

(己)凡雷州半島一切日軍用設施及建築包括飛机場海軍航空基地海港及要塞暨永久之...

(庚)雷州半島所有日僑之姓名住址詳細列明問本兼總指揮報告並收繳日僑之一切武器

(四)貴官須將雷州半島所有日軍事要基及其設防區之位置又詳情未須報告

(五)茲再另控制下之一切軍政官員分有場助本兼總指揮遇或所指定之部隊執行一切受降...

各項

（二）本总部得视实际情形或授权机关代表之，如系主管或行政官近所下达之命令日军各部队及其控制下之一切，文武官兵军人人民均须遵服从命令中之一切规定。故意违延致违背立刻严惩，违抗者及其负责之官兵。

（三）现距驻近之日军向仍驻营地。

（四）现距西营藤寮附近之日军应即移驻铺仔圩其营防由中国陆军第一七五师派队接替，集中缴交之日军由中国陆军新十九师高高监视就地解除武装集中铺仔圩之日军由中国陆军

第一七五师负监视就地解除武装

（九）日军所解除之一切武器装备即自行搬其到存由本兼总指挥派员接收保管

（十）铺仔圩缴械后即移驻海康待令遣回国

（十一）日军缴械後每步兵得保留带枪六枝交枝进就光，论於技其化装神诸队每中队着保留枪六枝交枝进就光，

（十二）日军官兵田固权期固所属私人所藏者仍即相数量止天暂延确定应作渡过冬季之准备集予留用冬季被服

时代教脱乐

（十三）日军尝中海康炎之给养除淮使用其自储粮食外即由中国陆军兵站局负责拨给其副食与我当地正规部队同

（十四）雷州半岛日军除愿遣返外本令之一切规定外本部前所给予各支队之各储志绿文固志愿服其与本令不相抵触而尚未责施之部分实营仍应遵照

右令给雷州半岛日军雷州支队长渡边郎少佐
中国陆军第二方面军别司令部
雷州纵队接前进指挥博棠濂郎濂澄

# 入侵雷州半岛日军各部队大致路径<sup>①</sup>

## 一、独立混成第 23 旅团司令部的大致经历

陆军少将　下河边宪二
代理陆军少佐　冈谷新作

**1943 年**
1 月 31 日
依据军令陆甲第 5 号，在台湾台北组编，组编定员是旅团长以下
146 名。
2 月 6 日
从高雄港出发。在香港完成关于战役的陆海协定后。
2 月 16 日
奇袭登陆雷州东侧海岸后不久便北上，确保遂溪附近的要塞。
2 月 20 日
广州湾法租界地实施平稳进驻后，在寸金桥确保雷州半岛的重要地
区，负责维持治安。

---

①　日本国立公文书馆亚洲历史资料中心藏，档案号：C12122445300。档案的标
题、内文有处理。

**1944 年**

从 7 月开始，为了参加湘桂战役，首先突袭廉江附近，歼灭对方后，暂时返回驻地。

9 月 8 日

再次发起行动，把手下的部队分为几个梯队，开始北上。经过黎村墟容县，丹竹平南，占领桂平。确保蒙圩附近的要地，掩护军队主力的进军。在所在地遭到第四战区派兵反攻，一番恶战后，终于把对方击退，紧接着猛追败敌。

11 月 3 日

占领贵县。占领贵县后，掩护军队的左侧背后继续北进。

11 月 14 日

在来宾附近集结，在该地接到占领南宁的军令。

11 月 16 日

开始行动，远远地挺进南宁。

11 月 24 日

占领该地，占领南宁后没多久便接到返回雷州半岛的军令。

12 月中旬

从该地出发，经过钦县、合浦、北海。

12 月 28 日

返回雷州半岛旧警备地寸金桥。

其间美国机动部队的行动活跃，进入南支那海，使海南岛的状况变得紧迫，遵从军队的要旨命令。

**1945 年**

1 月 13 日

从半岛南端白沙港开始渡海。该月末，全部兵力（雷州半岛步二大队留守）渡航完成。直接协助所在海军一方确保占领各要地，专门应对美军的登陆。然而这些准备还没有完成就接到海南岛撤退的军命。

4 月

在海南岛三亚接受增加分配将校以下约 75 名（密码兵 25 名，财会人员 50 名）。

6 月

开始行动，从海口掉头渡航，暂且在雷州半岛集结。各项准备完成后，把步二大队留守在雷州半岛，成为雷州支队。

6 月 27 日

主力开始行动。经过化县—梅菉—水东—电白—阳江—恩平—江门，撤退到广东地区。

8 月 13 日

佛山（广东西南方约 20 公里）。

8 月 15 日

接受投降诏书。

## 二、独立步兵第 128 大队的大致经历

陆军中佐　谷村静夫
陆军少佐　福嶋忠弘

**1943 年**

1 月 17 日

依据军令陆甲第五号，成为台湾军司令官组编管理官，台湾步兵第一联队补充队长组编负责官，着手组编台北市该补充队。

1 月 31 日

组编完毕。

组编完毕后不久，编入独立混成第 23 旅团长长渡少将的指挥下。

2 月 1 日

从台北出发，在高雄集结兵力，准备下期行动。

2 月 5 日

在高雄港实施登陆训练以及其他剧烈训练。

2 月 6 日

从高雄港出发。

2 月 8 日

停靠香港。

2 月 16 日

天未亮，奇袭登陆雷州东岸，一举占领雷州半岛的要塞，进驻广州

湾。负责附近的阵地构建以及警备。

3 月

给予要塞马头岭附近的国军第 155 师、第 163 师大打击。

7 月 28 日

开始行动（"卜"号前段第一期战役）马头岭—两家滩—攻占廉江县城。接着攻占遂溪西北的要塞安铺市。为了准备下期战役（湘桂战役）分散驻扎地，专门从事战斗训练。

9 月 7 日

在遂溪县城集结兵力。为了湘桂战役开始移动，再次攻打廉江县城，接着根据军令，首先向台山前进，中途在广西省中桐墟附近，前进目标从台山县改为容县，不久后便攻打容县，接着攻陷丹竹—桂平—贵县—来宾—宾阳—南宁等广西省的各要塞。

11 月 27 日

在南宁附近集结兵力，为对方的反攻做准备。

12 月 8 日

纯兵团从该地出发，接到雷州半岛撤退的命令，第 128 大队成为兵团的第一梯团，在南宁—钦县（钦州）—合浦—北海—青平—廉江等沿道占领并扫荡。

12 月 27 日

进军安铺附近。大队在该地被命令负责警备，随后，为了兵团主力的海南岛撤退，大队被命令转移驻扎遂溪附近，集结主力，准备下期行动。

**1945 年**

1 月下旬

被命令转移驻扎在雷州半岛南端的徐闻县附近，属于雷州支队。（独步第 70 大队队长村冈中佐指挥）从事和兵团主力的联络以及整肃纲纪工作。

3 月 15 日

接到广东地区撤退的命令，同天，回归到兵团主力。

6 月 29 日

开始撤退，中途一边扫荡化县—电白—阳江—恩平—新会—九江各主要地区附近一带，同时还会进行安抚工作。

7 月 28 日

到达南海县佛山后，在广州市河南附近集结并教育训练兵力。

8 月 15 日

投降。自那以来，转变成集中营生活。其间兵士的衣服、被子和其他军需材料都交付给中方，实施武装解除。后来主要待在集中营。在当地自食其力，从事相关作业，并持续进行复员退伍业务。

## 三、独立步兵第 129 大队的大致经历

陆军中佐　野野木文雄
陆军少佐　水野孝之助

**1943 年**

1 月 18 日

依据军令陆甲第五号，在台湾台南市组编而成，以台湾步兵第二联队补充队在队者为根基，从部分征集者以及东部军营区中填补。

1 月 31 日

组编完毕。

2 月 4 日

从驻扎地出发。

2 月 5 日

为了派遣华南，从高雄港启航。

2 月 5 日至 2 月 23 日

参加广州湾进驻战役。

2 月 5 日从高雄港启航后在香港的海上集结，训练并做好准备后，于 2 月 16 日天未亮断然在对方阵前登陆雷州半岛东侧海岸。同天接连攻占雷州与城月，19 日攻占遂溪县城。攻占了雷州半岛一带。

2 月 24 日至 1944 年 9 月 6 日

其间从事雷州地区的警备以及占领。

自占领广州湾以来，到为了整顿雷州半岛一带的治安，向整理警备态势过渡，为湘桂战役做准备的期间，在下述各地辗转移动，负责警备以及

占领：

遂溪、麻章、寸金桥、雷州、城月、洋菁墟。

主要战斗以及占领：

马头岭附近的战斗（第155师）。

雷州半岛南部地区的占领（杂军）。

洋菁墟的战斗（第155师）。

湘桂战役准备的战役：

第一次廉江战役 ｜ 第155师保安第10团。
第二次廉江战役 ｜

## 1944 年

9月7日至11月26日

参加湘桂战役。

在参加的战斗中主要的如下所示：

第三次廉江战役（第155师）9月7日从洋菁墟发起行动。

容县攻占战斗。

丹竹攻占战斗。

蒙墟攻占战斗。

家坪附近的防御战斗（第四战区派兵主力）。

贵县攻占战斗。

来宾附近的撤退。

南宁攻占战斗。

11月26日进军南宁时，大队长野野木中佐受到对方枪击死亡。第一中队长水野大尉替代了该职位。

11月27日至12月31日

参加雷州半岛撤退战役。

12月9日

从南宁开始行动。掉头折回的中途，在钦县附近打败若干对方兵力。

12月31日

回到城月。

**1945 年**

1 月 1 日至 5 月 17 日

海南岛撤退并负责该地的警备以及占领。

回到雷州半岛后立即发起行动，扫灭雷州半岛南部地区（徐闻县）的对方兵力，1 月 14 日横渡海洋到达海南岛。进驻加来地区。为防备敌军机动部队的来袭，破坏了机场，以及协助海军共同负责警备与占领。其次，藤桥地区撤退进行防备。专心于构建海岸防御阵地。

5 月 18 日至 8 月 15 日

参加广东附近撤退战役。

5 月 18 日从藤桥市开始行动。在雷州半岛集结。6 月 27 日从遂溪县附近发起行动。在化县附近受到稍有组织的抵抗，一举战胜。8 月 15 日在广州市集结投降。

## 四、独立步兵第 130 大队的大致经历

陆军大尉　曾根崎幸人

**1943 年**

1 月 27 日

依据军令陆甲第 5 号，在台湾高雄州凤山街下令组编。

1 月 31 日

组编完毕。

2 月 5 日

从高雄港启航。

2 月 16 日

登陆广东省海康县东海岸。

3 月 20 日

占领广州湾（赤坎）法国租界。

2 月 23 日至 1944 年 7 月

日军向赤坎方向进发

8 日

广东省遂溪附近的警备。

**1944 年**

7 月 9 日至 12 月 31 日

参加"卜"号前段第一期战役以及湘桂战役（湘桂战役经过的驻地：遂溪—容县—平南—桂平—贵县—来宾—宾阳—南宁—北海—广州湾）。

日军在广州湾

**1945 年**

1 月 1 日至 1 月 15 日

海南岛撤退。

1 月 16 日至 5 月 15 日

海南岛黄流市附近海岸的防备。

5 月 16 日至 8 月 14 日

广东撤退（遂溪—梅菉—阳江—恩平—九江—广州）。

8 月 14 日

投降诏书发布。

# 五、独立步兵第 247 大队的大致经历

陆军中佐　堀之内新藏
陆军少佐　宫崎光次

**1944 年**
3 月 15 日
部队依据军令陆甲第 5 号下令组编（步兵第 8 联队补充队）。
3 月 19 日
组编完毕（组编人员 810 名）。
5 月 16 日
从大阪出发。
5 月 23 日
从门司港出发。
6 月 9 日
登陆吴淞港。
7 月 12 日
从吴淞港出发。
7 月 18 日
登陆广东，参与湘桂战役。
11 月下旬
进入独立混成第 23 旅团长的指挥下。
12 月下旬
进出南宁后紧接着经过雷州半岛。

**1945 年**
1 月 18 日
在海南岛海口登陆。负责该地附近的警备。
3 月 23 日
依据军令陆甲第 18 号改正组编。在当地征集，增强兵力（改正组编

后是 1317 名）。

5 月 20 日至 8 月 15 日

参与广东附近撤退战役。

6 月 27 日从廉江出发，作为独立混成第 23 旅团先进队，经过化县、梅菉、电白，击破所在地的敌军。在阳江与大约 4000 名敌军交战。击破后旅团的撤退变得容易了，随后，经过阳江、恩平、三埠、九江到达佛山，投降。

## 六、独立步兵第 248 大队的大致经历

陆军中佐　渡部市藏
陆军少佐　臼井七郎

**1944 年**

3 月 19 日

在大阪组编。

3 月 8 日

依据命令于 3 月 15 日着手组编。

3 月 19 日

组编完毕。

3 月 21 日

设立步兵炮中队、机关枪中队、通信队，将校主官 1 名，军医 1 名，兵科将校共计增加 10 名。

3 月 25 日

依据波参编第 17 号，着手改正组编。

5 月 19 日

派遣南宁。为了组编独立混成第 23 旅团从大阪站出发。

6 月 9 日

登陆吴淞。

7 月 12 日

从吴淞启航。

7 月 15 日

停靠台湾高雄港。

7 月 28 日

从高雄港启航。

7 月 30 日

登陆广东省九龙。

8 月 3 日

从该地出发，到达佛山。

9 月 3 日至 11 月 26 日

其间参与湘桂战役。

12 月 5 日

到达南宁。负责该地附近的警备。

**1945 年**

1 月 2 日

从该地出发。

1 月 30 日

到达雷州半岛徐闻县白沙洲埠。

到达海南岛琼山县秀英。

2 月 2 日

从该地出发。

1 月 9 日

崖县三亚省附近的警备。

5 月 21 日

到达琼山县琼山。

6 月 3 日

从海口启航。

6 月 4 日

登陆雷州半岛徐闻县海安。

到达徐闻，负责该地附近的警备。

6 月 30 日

为了转移驻地，从该地出发。

7月1日

到达遂溪县寸金桥，负责该地附近的警备。

8月14日

投降诏书发布。

8月18日

下令复员。

9月13日

在遂溪县铺仔墟集结。

## 七、独立混成第23旅团炮兵队的大致经历

陆军少佐　冈本长之助

**1943年**

1月18日

依据军令陆甲第5号，在台北下令组编。

1月30日

组编完毕。

台湾台北市台湾第5部队，组编完毕。

2月6日

从高雄港启航。

2月16日

登陆雷州半岛渡头。

2月19日

到达广东省遂溪县。

2月19日至9月6日

在遂溪县从事当地的警备及占领。

8月1日

第三中队作为军队直接管理，从事广东地区黄埔地区的防空警备。

**1944 年**

9 月 7 日至 11 月 26 日

参加湘桂战役（部队主力）。

11 月 27 日至 12 月 31 日

负责南宁附近的警备以及雷州半岛撤退。

**1945 年**

1 月 1 日至 5 月 18 日

海南岛撤退以及负责海南岛的警备。

5 月 19 日至 8 月 15 日

广东地区撤退（到达广东省番禺县沙河）。

8 月 14 日

投降诏书发布（撤退中）。

8 月 25 日

下令复员。

9 月 2 日

签订投降协议。

# 八、独立混成第 23 旅团工兵队大致经历

陆军少佐　吉田三郎

**1943 年**

1 月 23 日

依据 1943 年军令陆甲第 5 号下令组编。

1 月 31 日

台湾高雄州凤山郡工兵第 48 联队补充队，组编完成。

2 月 6 日

从高雄港启航。

2 月 16 日

登陆雷州半岛东侧海岸。参与入侵广州湾战役。

2月19日至1944年9月6日

负责广东省遂溪附近的警备以及占领。

**1944 年**

9 月 7 日

为了参加湘桂战役从遂溪出发。

12 月 28 日

经过广西省容县—大鸟坪—桂平—贵县—南宁—钦县—合浦—北海—廉江，到达廉江县安铺。在该地负责警备。

**1945 年**

1 月 8 日

为了海南岛撤退，从安铺出发。

1 月 13 日

海南岛秀英登陆。随后一部分留在海口黄流，主力在三亚负责警备以及战役准备。

5 月 19 日

为了广东撤退从三亚出发。

6 月 12 日

从遂溪出发。

6 月 30 日

为了广东撤退从遂溪出发。经过化县—梅菉—电白—阳江—恩平—新会—江门—九江。

8 月 13 日

到达海南县佛山镇。

8 月 16 日

在佛山接受投降。

# 九、独立混成第23旅团通信队大致经历

陆军少佐　堤敏一
总人数175名（将校7名、准士官2名、下士官24名、兵143名）。

**1943 年**
1 月 23 日
依据军令陆甲第 5 号，在台湾台北市第 48 师团通信队补充队着手组编。
1 月 31 日
组编完毕。
2 月 6 日
从高雄港启航。
2 月 8 日
到达香港。从事战役准备。
2 月 16 日
在对方阵前登陆广东省海康县北家村东侧海岸。
2 月 18 日
攻占城月。
2 月 19 日
攻占遂溪县。

**1944 年**
6 月 28 日
28 日之前继续负责该地附近的警备。
6 月 29 日至 12 月 28 日
其间参与湘桂战役。

**1945 年**
1 月 18 日

向海南岛撤退。

6 月 18 日

18 日之前负责海南岛的警备。

6 月 19 日

从海南岛出发，向广东撤退。

8 月 12 日

到达广东省南海县佛山。

8 月 15 日

投降。投降不久从佛山转移到广州市，在中山大学设集中营。

# 国民政府接收广州湾法方官有房屋及地皮清册①

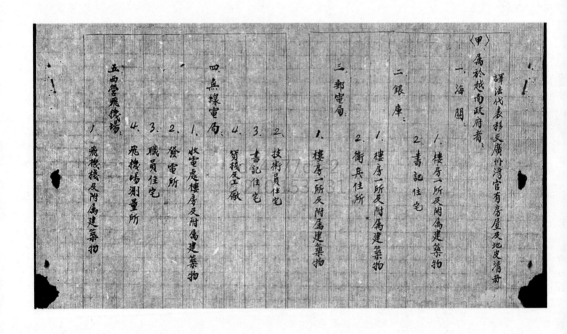

① 台北"国史馆"藏，登记号：001000005291A。

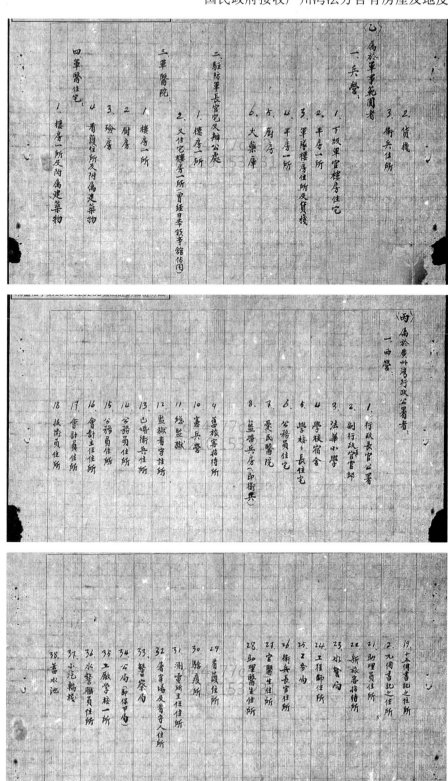

（乙）属于军事范围者

一、兵营
3. 卫兵住所
2. 货栈
1. 下级军官楼房住宅
2. 平房一所
3. 军队楼房住所及货栈
4. 平房一所
5. 方厨房
6. 犬药库

二、驻防军长官宅及办公处
1. 楼房二所
2. 文住宅楼房一所（曾经日本领事馆借用）

三、军医院
1. 楼房一所
2. 厨房
3. 验房
4. 看护住所及附属建筑物

四、军医住宅
1. 楼房一所及附属建筑物

（丙）属于广州湾行政公署者

一、西营
1. 行政长官公署
2. 副行政长官官邸
3. 法华小学
4. 学校宿舍
5. 学校、长住宅
6. 公务员住宅
7. 廉民医院
8. 监带兵房（即卫兵）
9. 万旅客招待所
10. 宪兵营
11. 总监狱
12. 监狱看守住所
13. 已婚卫兵住所
14. 公务员住所
15. 分务员住所
16. 会计主任住所
17. 会计员住所
18. 技术员住所
19. 文佣书记之住所
20. 助佣书记之住所
21. 九佣书记之住所
22. 新旅客招待所
23. 水警局
24. 工程邮住所
25. 工务局
26. 衛兵官长住所
27. 官医生住所
28. 助理医生住所
29. 看护住所
30. 验疫所
31. 涸雷所主住所及看守入住所
32. 醫审场及看守人住所
33. 警察局
34. 公局卧保甲局
35. 工厂学校一所
36. 水警职员住所
37. 小汽轮栈
38. 善水池

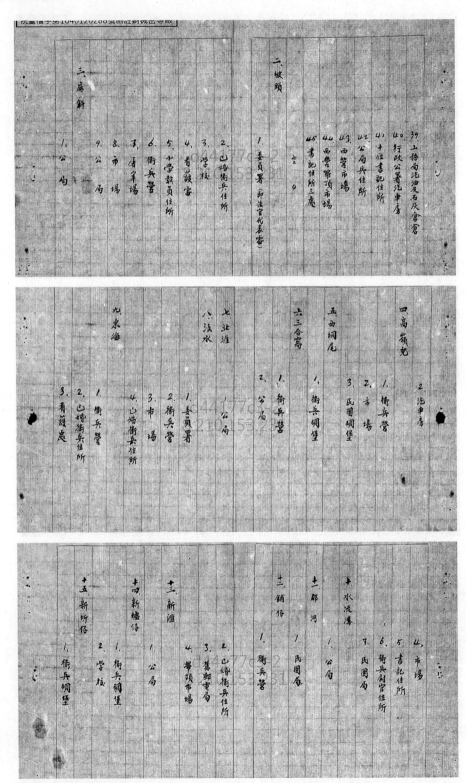

十六、志满
1. 衔兵营
2. 山婚街兵住所

十七、太平
1. 衔兵营
2. 山婚街兵住所
3. 舊郵電局
4. 學校
5. 碉堡

十九、赤坎
1. 市長住宅
2. 警察局
3. 市政府籌辦公處
4. 市政府辦公處
5. 警察局住所
6. 監獄
7. 舊監獄傳移及辦事處
8. 警察住所

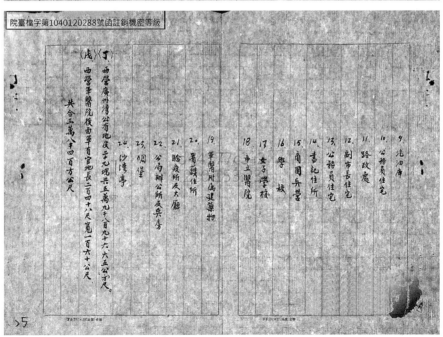

9. 污泥庫
10. 公拍員住宅
11. 路政處
12. 副市長住宅
13. 公務員住宅
14. 書記住所
15. 甯園兵營
16. 學校
17. 女子學校
18. 市立醫院
19. 軍醫附屬建築物
20. 看護住所
21. 晗疫所及大廳
22. 分局辦公所及兵房
23. 碉堡
24. 沙灣亭

(戊)(丁)
西營廣州灣公有地皮平九坰共五萬九千八百九十六、六五公方尺。

西營軍醫院後面草房地長二百四十六尺寬一百六十公尺

共合三萬六千四百方公尺

# 后　记

　　书要出版了，喉头千言万语，一时却又不知从何说起。不敢说皓首穷经，却的确是白了头发。无数个夜晚翻阅史料，不眠不休，所得的结果不过是落实一个索引，更多的时候是寻而不得，满腹惆怅。"黯淡了刀光剑影，远去了鼓角铮鸣"，历史风光无限，摇曳多姿，引无数英雄竞折腰，研究的日常却是如此孤寂而烦琐——虽然，这也是一种生命的历练过程。

　　研究实苦，却也要苦中作乐，苦中寻趣。讲几件趣事吧。

　　作为新闻人，喜欢奔赴新闻现场，采写鲜活的新闻。历史的现场如何还原？要还原历史的现场，史料的选择很重要。历史当事人、知情人、目击者的日记，官方新闻报道等一手史料中，可以找到丰富的现场细节。

　　2015年，为纪念中国人民抗日战争暨世界反法西斯战争胜利70周年，客观反映高雷人民抗战的光辉历史，弘扬高雷人民爱国主义精神，我应中共湛江市委党史研究室的邀请，参与编写《高雷抗战纪事》一书，虽然我手上积累了一些高雷抗战的史料，但总想找到当年日军在雷州半岛投降时的现场细节。为此，我去了南京中国第二历史档案馆，去了广东省档案馆，也上网查阅了日本国立公文书馆，结果都让我失望，这种失望感一直缠绕着我。正所谓日思夜想，"寤寐思服"。多年后的一次午间小憩，忽然在梦中被告知这部分档案公开了，在日本国立公文书馆。一经查阅，果真公开了，本书的《雷州半岛日军投降日志》（节选）就来自此档案馆。这件趣事，也许要归结于我和档案的缘分吧。

　　2016年，我去湛江市档案馆办事，邂逅了一位美国华侨，他叫陈家骐。陈家骐在他写的家史中也纪录了这场邂逅：

　　　　1941年末，日本人实际控制海防，要找父亲出来搞维持会。父亲听到风声，不愿当汉奸，逃亡广州湾（今湛江市）。他在广州湾居住了快两年，还开设了才源行，售卖木材、花阶砖、水泥、石灰。我希望能找到父亲在当地的蛛丝马迹。

姐姐陈家璧告诉我，她的故东安同班同学潘佩珍的丈夫林铁现在湛江，可以找他帮忙。我跟铁哥联系。他很爽快，马上答应。

2016年10月，我去湛江找铁哥。他带我去湛江图书馆翻阅旧报纸《大光报》。可是，图书馆收藏的《大光报》都是1942年中之后的，没有1942年中之前的。找不到任何资料。

图书馆阅览室涂主任很好，带我们去马路对面的湛江档案馆碰碰运气。可是，档案馆收藏的《大光报》也都是1942年中之后的，没有1942年中之前的。也找不到任何资料。

正在有点丧气的时候，有一位先生来找阅览室涂主任。涂主任告诉我，这位何杰先生是《湛江日报》记者，专门研究广州湾的历史，可以找他帮忙。我赶紧请何先生告诉我他的联系方式。何先生很爽快，都告诉了我。离开湛江后，我开始跟何先生建立联系，让他知道我的目的。

2017年6月，我和堂弟陈家聪一起去湛江。何杰主任编辑给我带来一份厚礼，才源行在《大光报》刊登的广告。他还告诉我，广州湾的资料，重要的法国人都带回Aix-en-Provence了（陈智强校友的前越南领导吕仲龙先生也如是说），次要的留在越南，现藏河内越南国家第一档案馆。

后来，何杰主任编辑告诉我，广东省立中山图书馆馆藏的《大光报》很齐全。我浏览了14个月的《大光报》，加上姐姐们保存的父亲和亲朋在广州湾拍的照片，相当可信地印证了父亲在广州湾的活动情况。

后来，陈家骐老人两次去法国、两次去越南，给我带回来了数万份有关广州湾的档案。现在陈家骐老人90多岁了，由于他精通法语、越语、英语，还有地方语粤语等，至今他仍在为广州湾的档案翻译孜孜不倦地工作。

结识陈老先生，让我意识到连接的重要性，陈老先生因为血缘的连接，萌生了对历史的兴趣，间接地助力了更多的地缘性的历史研究，这种缘分，不可谓不奇妙。

再说广州湾"国际通道"的学术观点的提出。1937年7月7日，随着抗日战争全面爆发，广州湾的战略地位更加凸显。香港沦陷后，抗战物资通道随之转移，法国租借地广州湾成为抗战物资可自由出入的重要港口，有力地支持了中国抗战。当时天上有驼峰航线，地上有滇缅公路，海上便是广州湾通道。

书中第三部分专门论述国际通道。如《美国轮船驶入广州湾运"特矿"》《统制物资桐油的贸易和走私》《从广州湾运入的军火足够国民政府用两年？》《抗战时期广州湾至遂溪的国际邮路》《广州湾中国国货公司》等文章，奠定了广州湾国际通道学术研究的基石，翔实的数据为我们研究广州湾的物资转运提供了支撑，同时也拓展了战时广州湾与西南大后方联系的研究。

国际通道还涉及"人"的研究。广州、海南、香港沦陷后，大批难民在广州湾避难，各界精英、名流云集广州湾从事文化抗战，如夏衍、陈寅恪、高剑父、马师曾和红线女等。这是广州湾与世界更深层次的连接。历史在这里以一种更为生动的面目出现，光华灿烂，引人遐想。本书的姊妹书《名人与广州湾》已在编辑中，期待能与读者见面。

最后，有太多的感谢要说，感谢文史前辈们的教诲；感谢家人们的无私奉献；感谢读者们的海量胸怀。在时间的长河中，人是如此的微不足道，我以一个新闻从业者的身份，误打误撞闯进这五光十色的领域，从此目光再也无法移开，与广州湾这片热土结下的缘分，无论深浅，只能惜缘。

何 杰
2023 年 4 月